中国经济文库·应用经济学精品系列

代 飞◎著

资本管理视角下央企混合所有制改革效应研究

Research on the Reform's Effect of Mixed in Central Enterprises under Capital Management

中国经济出版社
CHINA ECONOMIC PUBLISHING HOUSE
北京

图书在版编目（CIP）数据

资本管理视角下央企混合所有制改革效应研究/代飞著．--北京：中国经济出版社，2021.12
ISBN 978-7-5136-6390-8

Ⅰ.①资… Ⅱ.①代… Ⅲ.①国有企业-混合所有制-企业改革-研究-中国 Ⅳ.①F279.241

中国版本图书馆 CIP 数据核字（2020）第 223240 号

责任编辑　罗　茜
责任印制　马小宾
封面设计　华子设计

出版发行	中国经济出版社
印 刷 者	北京艾普海德印刷有限公司
经 销 者	各地新华书店
开　　本	710mm×1000mm　1/16
印　　张	15.25
字　　数	202 千字
版　　次	2021 年 12 月第 1 版
印　　次	2021 年 12 月第 1 次
定　　价	68.00 元

广告经营许可证　京西工商广字第 8179 号

中国经济出版社 网址 www.economyph.com　社址 北京市东城区安定门外大街 58 号　邮编 100011
本版图书如存在印装质量问题，请与本社销售中心联系调换（联系电话：010-57512564）

版权所有　盗版必究（举报电话：010-57512600）
国家版权局反盗版举报中心（举报电话：12390）　　　服务热线：010-57512564

前　言

积极发展混合所有制经济，推动国有资产管理由"管人管事管资产"向"管资本"转化，是当前经济改革的趋势。资本管理成为混合所有制改革的重要内容和国有资本保值增值的主要手段。随着央企混改试点范围的逐步扩大，基于资本管理视角研究央企混合所有制改革效应，具有较高的理论价值和现实意义。

本书依托国家社科基金项目（15BJY065）和国家发改委重大改革项目（20142S0112），对资本管理视角下央企混合所有制改革效应展开深入研究。全书共分为8章，第1章为导论，主要介绍该效应的研究背景、研究现状和研究内容等；第2章对央企混合所有制改革效应等概念进行了界定，并对资本管理等理论进行了梳理；第3章提出了本书研究的问题，并搭建了基于资本管理的央企混合所有制改革效应研究框架；第4章以政治关联理论为基础，分析央企混合所有制改革中国有资本的优势富集效应，并综合运用多元回归分析法、分位数回归方法进行实证检验；第5章以公司治理理论为基础，分析央企混合所有制改革中非国有资本的鲇鱼效应，并综合运用多元回归分析法、变异系数—加权法进行实证检验；第6章以共生理论和价值创造理论为基础，分析央企混合所有制改革资本价值创造效应，并对资本混合度与混合所有制改革央企价值创造之间的关系进行实证检验；第7章分析央企混合所有制改革社会效应和经济效应的构成要素，构建效应评价指标体系，并对研究样本进行综合评价；第8章为全书研究结论和展望。

本书的研究表明：央企混合所有制改革中的国有资本与非国有资本存在异质性，国有资本能为企业带来资源获取和壁垒行业准入的优势富集效应,并能为企业带来资本的聚集与吸纳效应;非国有资本能为央企带来提高内部治理能力的鲇鱼效应,并能显著提高央企的资本投资效率;国有资本与非国有资本通过深度融合、优势互补,可以实现资本的价值创造效应;央企混合所有制改革能够带来社会效应和经济效应,不同行业之间效应差异明显。

本书的创新点体现在以下三个方面:

(1)提出了资本管理视角下,央企混合所有制改革鱼缸效应模型和逻辑分析框架。

在混合所有制改革层面,针对"管资本"的研究尚处于起步阶段。本书通过分析国有资本与非国有资本的特质,依据鲇鱼效应原理,提出了资本管理视角下央企混合所有制改革鱼缸效应模型和逻辑分析框架,以期为央企混合所有制改革"管资本"提供理论支撑。

(2)构建了基于资本价值创造的生态学 Logistic 共生模型。

本书通过分析央企混合所有制改革中的资本共生系统,借鉴生态学 Logistic 模型,构建了央企混合所有制改革的资本价值创造 Logistic 共生模型。通过分析可知,在特定条件下,该共生模型存在互惠共生平衡稳定点。该模型能够为央企混合所有制改革中的最佳资本混合度提供理论借鉴。

(3)建立了央企混合所有制改革社会效应和经济效应评价指标体系。

本书以资本管理为研究视角,分别构建央企混合所有制改革社会效应评价和经济效应评价指标体系,可以为相关部门制订央企混合所有制改革社会效应和经济效应的考核方案提供理论支撑和方法借鉴。

目 录

第1章 导 论 ... 1
1.1 研究背景 ... 1
1.2 研究目的与意义 ... 3
1.2.1 研究目的 ... 3
1.2.2 研究意义 ... 4
1.3 国内外研究现状综述 ... 6
1.3.1 资本管理的相关研究 ... 6
1.3.2 混合所有制的相关研究 ... 11
1.3.3 资本管理与混合所有制改革的相关研究 ... 17
1.3.4 研究述评 ... 18
1.4 研究内容与方法 ... 20
1.4.1 研究内容 ... 20
1.4.2 研究方法 ... 22

第2章 概念界定及理论基础 ... 25
2.1 混合所有制企业 ... 25
2.1.1 混合所有制企业的内涵 ... 25
2.1.2 混合所有制企业的分类 ... 27
2.2 资本及资本管理 ... 28
2.2.1 资本的内涵与外延 ... 28

2.2.2　资本管理的内涵 ·· 30
2.3　央企混合所有制改革效应 ·· 32
2.3.1　央企 ·· 32
2.3.2　混合所有制改革央企 ·· 33
2.3.3　央企混合所有制改革效应 ···································· 34
2.3.4　基于资本管理的央企混合所有制改革效应 ···················· 34
2.4　相关理论基础 ·· 35
2.4.1　优势富集效应 ·· 35
2.4.2　鲇鱼效应 ·· 36
2.4.3　资本异质性理论 ·· 37
2.4.4　政治关联理论 ·· 38
2.4.5　公司治理理论 ·· 39
2.4.6　共生理论 ·· 40
2.4.7　价值创造理论 ·· 42
2.5　本章小结 ·· 43

第3章　研究问题的提出与研究框架 ···································· 44
3.1　央企混合所有制改革的发展历程 ·································· 44
3.2　以"管资本"为主导的央企混合所有制改革动因 ···················· 46
3.2.1　国有资产运营效率呈下行趋势 ································ 46
3.2.2　国有资产管理体制不健全 ···································· 47
3.2.3　央企定位布局不合理 ·· 48
3.2.4　央企内部治理机制不完善 ···································· 48
3.3　以"管资本"为主导的央企混合所有制改革目的 ···················· 49
3.3.1　转变经济增长方式 ·· 49
3.3.2　盘活国有资产存量 ·· 50

3.3.3 促进央企顺利转制 …………………………………………… 51
  3.3.4 实现从"管资产"向"管资本"转型 ……………………… 51
 3.4 基于资本管理的央企混合所有制改革鱼缸效应模型 …………… 53
  3.4.1 国有资本与非国有资本的特质分析 ……………………… 53
  3.4.2 央企混合所有制改革"管资本"的本质 ………………… 55
  3.4.3 央企混合所有制改革鱼缸效应模型 ……………………… 56
  3.4.4 央企混合所有制改革效应研究框架 ……………………… 59
 3.5 本章小结 …………………………………………………………… 60

第4章 央企混合所有制改革中国有资本的优势富集效应分析 …… 61
 4.1 理论分析与研究假设 ……………………………………………… 62
  4.1.1 央企混改中国有资本的税收优惠优势富集效应 ………… 63
  4.1.2 央企混改中国有资本的融资便利优势富集效应 ………… 64
  4.1.3 央企混改中国有资本的行业准入便利优势富集效应 …… 65
  4.1.4 央企混改中国有资本的政府补贴优势富集效应 ………… 66
  4.1.5 央企混改中国有资本的资本聚集与吸纳效应 …………… 68
 4.2 研究设计 …………………………………………………………… 68
  4.2.1 样本选取与数据来源 ……………………………………… 68
  4.2.2 变量定义与模型构建 ……………………………………… 69
 4.3 实证分析 …………………………………………………………… 75
  4.3.1 描述性统计 ………………………………………………… 75
  4.3.2 多重共线性检验 …………………………………………… 76
  4.3.3 实证检验 …………………………………………………… 77
  4.3.4 稳健性检验 ………………………………………………… 86
 4.4 研究结论与启示 …………………………………………………… 93
 4.5 本章小结 …………………………………………………………… 96

第5章 央企混合所有制改革中非国有资本的鲇鱼效应分析 ········ 97

5.1 理论分析与研究假设 ································ 98
5.1.1 央企混改中的非国有资本与股东会治理能力 ······· 98
5.1.2 央企混改中的非国有资本与董事会治理能力 ······ 100
5.1.3 央企混改中的非国有资本与监事会治理能力 ······ 102
5.1.4 央企混改中的非国有资本与管理层治理能力 ······ 103
5.1.5 央企混改中的非国有资本与资本投资效率 ········ 105

5.2 混合所有制改革央企公司内部治理能力的衡量 ·········· 105
5.2.1 公司内部治理能力评价指标体系 ················ 105
5.2.2 公司内部治理能力指数 ························ 107

5.3 混合所有制改革央企资本投资效率的衡量 ·············· 110
5.3.1 资本投资效率衡量模型的选择 ·················· 110
5.3.2 资本投资效率衡量模型的构建 ·················· 111

5.4 研究设计 ······································· 112
5.4.1 样本选取与数据来源 ·························· 112
5.4.2 变量定义与模型构建 ·························· 112

5.5 实证分析 ······································· 115
5.5.1 描述性统计 ·································· 115
5.5.2 多重共线性检验 ······························ 116
5.5.3 实证检验 ···································· 117
5.5.4 稳健性检验 ·································· 120

5.6 研究结论与启示 ·································· 129
5.7 本章小结 ······································· 132

第6章 央企混合所有制改革中资本的价值创造效应分析 ············ 133

6.1 理论分析与研究假设 ······························· 134

6.1.1 央企混改中的资本共生系统分析 ·············· 134
6.1.2 央企混改中资本价值创造共生模型构建与分析 ·· 136
6.1.3 央企混改中资本共生实现价值创造的路径 ······ 140
6.1.4 央企混改中的资本混合度对企业价值创造的影响 · 142
6.2 研究设计 ··································· 144
6.2.1 样本选取与数据来源 ····················· 144
6.2.2 变量定义与模型构建 ····················· 145
6.3 实证分析 ··································· 147
6.3.1 描述性统计 ··························· 147
6.3.2 实证检验 ···························· 148
6.3.3 稳健性检验 ··························· 150
6.4 研究结论与启示 ······························· 152
6.5 本章小结 ··································· 154

第7章 央企混合所有制改革的社会效应与经济效应 ········· 155
7.1 央企混合所有制改革社会效应与经济效应构成要素 ········ 155
7.1.1 央企混合所有制改革社会效应构成要素 ········ 155
7.1.2 央企混合所有制改革经济效应构成要素 ········ 157
7.2 央企混合所有制改革社会效应与经济效应评价指标体系 ····· 163
7.2.1 评价指标体系构建原则 ··················· 163
7.2.2 央企混合所有制改革社会效应评价指标体系 ····· 164
7.2.3 央企混合所有制改革经济效应评价指标体系 ····· 167
7.3 央企混合所有制改革社会效应与经济效应评价 ·········· 171
7.3.1 样本选取与数据来源 ····················· 171
7.3.2 评价方法与模型构建 ····················· 172
7.3.3 央企混合所有制改革社会效应评价 ··········· 174

7.3.4 央企混合所有制改革经济效应评价 …………………… 184
7.4 本章小结 ……………………………………………………… 195

第8章 研究结论与展望 …………………………………………… 196
8.1 全书总结 ……………………………………………………… 196
8.2 主要创新点 …………………………………………………… 200
8.3 研究展望 ……………………………………………………… 201

参考文献 …………………………………………………………… 203
附　录 ……………………………………………………………… 219
附录 A　混合所有制改革央企公司内部治理能力指数 ………… 219
附录 B　混合所有制改革央企社会效应综合指数 ……………… 226
附录 C　混合所有制改革央企经济效应综合指数 ……………… 229

第1章 导 论

1.1 研究背景

（1）混合所有制改革是央企改革的重要突破口

混合所有制改革在我国经历了30多年的发展，在激发国有企业（以下简称国企）和中央企业（以下简称央企）市场活力、优化法人治理结构、建立现代企业制度、完善市场化运行机制等方面发挥了重要作用。中国共产党第十八届中央委员会第三次全体会议（以下简称党的十八届三中全会）在全面深化改革的相关文件中指出，混合所有制是实现社会主义基本经济制度的重要途径之一，强调国企应进一步强化和加速改革的进程，积极发展混合所有制经济，在确保国有资本保值的基础上实现国有资本增值的目标，最终达到放大国有资本功能的目的。

近年来，央企改革成效显著。截至2017年底，98家央企集团公司包括各级子公司，基本实现了公司制改制，2/3以上的央企引入了多种所有制资本，实现了混合所有制经营。其中，2017年央企新增混合所有制公司超过700家，引入的各种社会资本高达3386亿元[1]，有效激发了央企的发展活力，在一定程度上实现了国有资本的放大功能。但部分央企仍然存在改革不到位、经营机制僵化、国有资产流失、混改意愿不足等问题，制约着企业的可持续发展。因此，中国共产党第十九次全国代表大会（以下简称党的十九大）报告明确指出，在推进深化国企改革进程的基础上，发展混合所有制经济，实现有效提升企业市场竞争力的目标。

可见，混合所有制改革既是央企改革的重要突破口，也是央企未来发展的必然趋势。

(2)混合所有制改革是实现央企经济效益与社会效益的重要保障

央企在我国经济发展中处于支柱地位,占据了大量的社会经济资源,代表着国家的经济实力和综合竞争力。但从现阶段的发展来看,我国央企整体效益较差,发展状况与所拥有的资源不匹配,央企改革的许多重点、难点仍未获得实质性突破,如公司治理结构改革、国有资本适度退出、隐性利益集团阻挠、运营机制落后、经营活力欠缺等。随着央企改革的全面推进,党的十九大报告进一步强调,发展混合所有制经济是改革的重要实施路径,下一发展阶段将致力于扩大央企改革试点范围,如竞争性行业、垄断行业等,积极实现股权的多元化发展,提高央企内部治理效率,充分发挥各类所有制资本的比较优势,提高资本管理效率。

同时,我国将建立健全配套的制度体系,使混合所有制改革走向市场化、专业化和国际化。混合所有制改革对促进央企保持内生动力和市场动力具有积极影响,对国有资本价值创造和价值增值意义重大,是实现央企经济效益与社会效益的重要保障。

(3)资本管理是央企混合所有制改革的应有之义

在央企以往的改革进程中,国有资产管理体系的核心主要集中于资产的占用情况、价值形态等"管资产"的层面,鲜少涉及国有资本运行效率、资本配置效率等"管资本"的层面,国有资产监管错位、不到位等问题较为突出,国有资产流失严重,政企不分、政资不分、出资人权利分散等现象时有发生。

为更好地管理国有资产,实现国有资产的保值增值,党的十八届三中全会在《中共中央关于全面深化改革若干重大问题的决定》(以下简称《决定》)中,进一步强调了国企应加快转变国有资产改革方向,以"资本管理"为核心加强对国企的监管,使国企更多触及资本领域,在不断优化国有资本布局结构的同时,促进国有资产的监管所有权和经营权相互分离、相互制约,提高国有资本管理效率。

资本管理是央企混合所有制改革的关键,更加注重各种所有制资本的投入产出效率,为资本价值最大化提供了重要支撑,也是央企混合所有制改革的应有之义。

综上所述,我国央企混合所有制改革取得了一定成效,但在新的时代背景下面临着新的问题和困惑。在"管资本"时期,有必要对混合所有制企业和资本管理的内涵进行清晰界定,分析央企以"管资本"为主导的新一轮混合所有制改革的动因和目的,提出资本管理视角下央企混合所有制改革效应研究的逻辑分析框架,并以此为基础展开深入研究。

1.2 研究目的与意义

1.2.1 研究目的

党的十八届三中全会将央企混合所有制改革提升到"管资本"的新高度,但并未给出相关具体要求。随着央企改革的全面推进和央企混改试点范围的逐步扩大,党的十九大明确指出,应进一步深化国企改革、发展混合所有制经济,以提升企业市场竞争力。究竟该如何管好国有资本以及如何评价央企混合所有制改革效应,是当前央企实行新一轮改革所面临和待解决的现实问题。因此,本书基于资本管理的视角,研究央企混合所有制改革效应,主要解决以下四个问题,以期能为政府相关部门和业界提供借鉴和参考。

1)在梳理央企混合所有制改革发展历程的基础上,分析新时期央企以"管资本"为主导的混合所有制改革动因,明确当前央企实行混合所有制改革的目的;基于资本异质性理论,分析国有资本与非国有资本的特质,提出资本管理视角下央企混合所有制改革鱼缸效应模型和逻辑分析框架,为"管资本"提供参考。

2)引入优势富集效应,基于政治关联理论揭示国有资本优势富集效应的形成机理,并探索国有资本在央企混合所有制改革中的资本聚集与吸纳效应;引入鲇鱼效应,基于公司治理理论揭示非国有资本鲇鱼效应的形成机理，并探讨非国有资本对混合所有制央企资本投资效率的影响；通过实证分析验证两种资本是否存在通过深度融合实现价值创造的空间。

3）基于共生理论和价值创造理论，分析央企混合所有制改革中资本的价值创造路径和效应，为实现国有资本保值增值、放大国有资本功能提供理论支撑和实践启示。

4）基于资本管理的视角分析央企混合所有制改革社会效应和经济效应的构成要素，并构建相应的评价指标体系，为政府相关部门评估央企混合所有制改革社会效应和经济效应提供理论支撑和方法借鉴。

1.2.2 研究意义

本书结合资本管理理论、资本异质性理论，引入生态学的鲇鱼效应，在分析央企混合所有制改革发展历程、央企以"管资本"为主导的新一轮混合所有制改革动因与目的的基础上，构建资本管理视角下央企混合所有制改革鱼缸效应模型和逻辑分析框架；结合政治关联理论、公司治理理论、共生理论和价值创造理论，对央企混合所有制改革中国有资本的优势富集效应、非国有资本的鲇鱼效应以及资本的价值创造效应进行理论分析和实证检验。在此基础上，进一步分析央企混合所有制改革社会效应和经济效应的构成要素，构建相应的评价指标体系，并对央企混合所有制改革样本企业的相关效应进行评价和分析。本书所做的研究，具有一定的理论意义和现实意义。

（1）理论意义

一是基于资本管理视角构建的央企混合所有制改革鱼缸效应模型和逻辑分析框架，可以丰富资本管理理论及其研究内容。

本书基于资本异质性理论，分析国有资本与非国有资本的特质，引入生态学的鲇鱼效应，探索央企混合所有制改革中国有资本与非国有资本存在深度融合的价值创造空间，分析两种资本通过优势互补实现共同发展的价值创造路径。在此基础上，构建资本管理视角下央企混合所有制改革鱼缸效应模型和逻辑分析框架，能够丰富资本管理理论及其研究内容。

二是基于共生理论和价值创造理论构建的央企混合所有制改革资本价值创造 Logistic 共生模型，可以拓展共生理论的研究领域、丰富价值创造的研究方法。

本书基于共生理论分析央企混合所有制改革中国有资本与非国有资本共生系统。在此基础上，以生态学 Logistic 模型构建国有资本与非国有资本价值创造共生模型，并分析两种资本价值创造互惠共生的平衡条件，可以为央企混合所有制改革中资本价值创造的实现路径提供理论支撑，同时，可以拓展共生理论的研究领域，并丰富价值创造理论的研究方法。

（2）现实意义

一是本书的研究成果可以为实施混合所有制改革的央企实现国有资本保值增值、放大国有资本功能提供理论借鉴和路径支持。

本书构建的央企混合所有制改革鱼缸效应模型和资本价值创造共生模型，均是基于新一轮央企混合所有制改革"管资本"的背景建立的，鱼缸效应模型可以为实施混合所有制改革的央企盘活国有资产存量、健全公司治理机制、提升资本投资效率提供路径支持；资本价值创造共生模型的互惠共生平衡解能够为央企混合所有制改革中的最佳资本混合度提供理论借鉴。

二是本书的研究成果可以为政府相关部门评价和考核央企混合所有制改革的社会效应和经济效应提供理论支撑和方法借鉴。

本书从资本管理视角出发，基于利益相关者理论构建的央企混合所有制改革社会效应评价指标体系，以及基于混合所有制改革对央企经济效应的作用机理构建的经济效应评价指标体系，能够科学、客观地对央企混合所有制改革的社会效应和经济效应进行综合评价，且选择的指标数据均可以直接获得或通过简单计算间接生成，具有易操作性。该套评价指标体系的构建思路和指标选取方法，可以为政府相关部门制订考核央企混合所有制改革社会效应和经济效应的方案提供理论支撑和方法借鉴，且该套评价指标体系能被政府相关部门直接采用。

1.3 国内外研究现状综述

1.3.1 资本管理的相关研究

资本管理既是现代企业制度管理的核心,也体现了企业和资本所有者之间的契约关系[2],国内外学者在理论和实践发展的基础上进行了深入研究和探讨,并围绕营运资本管理[3]、经济资本管理[4]、智力资本管理[5]、银行资本管理[6]、心理资本管理[7]、社会资本管理[8]和客户资本管理[9]等方面进行了大量研究。

通过对现有文献进行梳理,我们可以发现,当前学术界对资本管理理论的研究可以归纳为三个方面,即资本结构、资本价值创造和资本异质性,如图1-1所示。

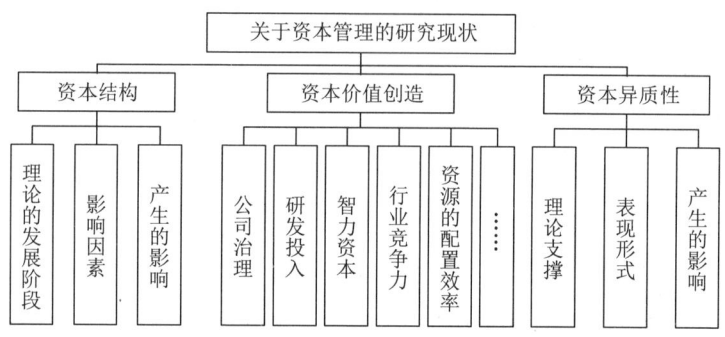

图1-1 关于资本管理的研究现状

(1) 资本结构的相关研究

国内外学者对资本结构的研究主要集中于资本结构理论的发展阶段、资本结构的影响因素及其产生的影响等方面。

1) 资本结构理论的发展阶段。资本结构理论大致经历了早期阶段、现代理论阶段、新资本结构阶段和后资本结构阶段。在早期阶段,杜兰德(Durand,1952)[10]系统地总结了古典资本结构理论的观点,将其划分为净收益理论、净营业收益理论和折中理论。莫迪利亚尼(Modigliani)和米勒

(Miller，1958)[11]在此基础上进一步提出了MM理论，开创了现代资本结构理论研究的先河，指出企业价值与资本结构无关。随后，莫迪利亚尼和米勒（1962）[12]在考虑公司所得税的前提下对MM理论进行了修正，认为企业投资价值、资本结构均和企业价值有着紧密联系，且企业资产负债率与企业价值成正相关。之后，法勒（Farrar）等（1967）[13]提出了税收差异理论，认为现金所得税和资本利得所得税之间存在一定差异，理性投资者可以通过推迟资本收益的获得达到延迟缴纳所得税的目的。在将MM理论基本假设放宽的基础上，巴克斯特（Baxter，1967）[14]提出了破产成本理论，认为破产成本的增加将抵销债务税收屏蔽效益带来的收入。罗比切克（Robichek）和迈尔斯（Myers，1966）[15]从风险的角度出发提出了权衡理论，指出负债在为企业带来税盾效应的同时也会增加企业的破产风险。

20世纪70年代后，随着信息不对称理论与资本结构的融合研究，出现了新资本结构理论。其中，比较有代表性的是詹森（Jensen）和麦克林（Meckling，1976）[16]，其在研究中指出，企业投资者、经理人和债权人由于各自目标不同，会使企业产生代理成本，在代理成本最小情形下形成的资本结构是企业最优的资本结构，这也是代理成本理论的基本内涵。在后资本结构阶段，迈尔斯和麦吉勒夫（Majluf，1984）[17]在前面学者研究的基础上，进一步提出了新的优序融资理论，指出企业外部融资成本高于内部融资成本。这一阶段更加强调股权和债权对公司治理能力的重要影响（夏天，2014）[18]。

在不同发展阶段，资本结构理论伴随着其他经济理论和实践的发展不断完善，阐明了企业价值与负债结构、资本成本等要素之间的内在关系，对阐释企业融资行为和建立现代企业制度具有一定借鉴意义。

2）资本结构的影响因素研究。企业资本结构的主要影响因素包括企业规模、获利能力、资产担保价值、企业成长性、非负债税盾以及盈利变异性等[19]。陆正飞和辛宇（1998）[20]以1996年上海证券交易所机械及运输设备业上市公司为研究对象进行实证分析，证明了获利能力对资本结构的负向影响效果。冯根福等（2000）[21]从我国上市公司独特的股权结构出发，对其与资本结构的关系进行研究，认为两者之间存在着显著的相关关系。邢天才和袁野（2013）[22]基于企业规模和资产有形性的视角，指出这两个因素与企业财务杠杆率均有显著的正相关性。弗兰克（Frank）和戈亚尔（Goyal，2003）[23]对美国企业1950—2000年的数据进行分析，得出企业市场价值和账面价值的财务杠杆比率分别与盈利能力成负相关和正相关的结论。

3）资本结构产生的影响研究。企业的资本结构能对盈利能力、绩效水平等产生影响。王静和张悦（2015）[24]利用我国房地产上市公司2010—2012年的财务数据分析了资本结构与盈利能力之间的关系，研究结果表明，资产负债率、负债权益比率分别与盈利能力成负相关和正相关。张怡晨（2013）[25]认为资本结构会通过影响治理结构间接影响企业绩效。梁文潮和龙瑶（2016）[26]从交易成本理论的视角研究了资本结构对企业战略转型绩效的影响，发现负债与战略转型绩效之间成负相关。杨楠（2015）[27]和武力超等（2016）[28]对资本结构与企业绩效之间的关系进行了实证研究，均发现两者之间存在显著的相关性。

此外，资本结构会影响企业价值。金辉和李秋浩（2015）[29]以我国中小型制造业企业为研究对象，通过实证分析发现企业负债水平影响企业价值，且二者成正相关。李露（2016）[30]研究指出企业负债水平与企业价值存在"倒U形"关系，只有中等程度的负债水平才对企业价值的提升有利。阮素梅等（2015）[31]认为资本结构能够通过直接和间接方式影响上市公司的价值创造能力。

（2）**资本价值创造的相关研究**

资本是一种处于运动中的价值，其运动的目的是实现价值增值，企业的资本通过运动既可以实现自身的价值增值，又可以为企业创造价值。国内外不少学者围绕公司治理、内部控制、研发投入、共享经济、增值税转型、智力资本等与资本价值创造的关系进行了研究，如表1-1所示。

表 1-1 关于资本价值创造的相关实证研究成果

解释变量		被解释变量	相关性	文献来源
公司治理	外部股东持股比例	资本价值创造	正相关	王茂昌（2011）[32]
	董事会规模		正相关	扎马尼（Zamani）等（2012）[33]
	公司规模		正相关	
	股东人数		负相关	
	大股东持股		N 形的三次曲线型关系	傅传锐（2016）[34]
内部控制能力			正相关	曾蔚和周光琪（2016）[35]
研发投入			正相关	李连燕和张东廷（2017）[36]
增值税转型			正相关	傅传锐（2015）[37]
共享经济			正相关	邵洪波和王诗梓（2017）[38]
智力资本			正相关	郝晓彤和何岗（2006）[39]，李冬伟和李建良（2010）[40]

在公司治理与资本价值之间的关系方面，王茂昌（2011）[32]以生产医疗产业为样本进行实证研究，结果表明，外部股东持股比例对组织资本效率存在显著的正向影响。扎马尼等（2012）[33]研究了德黑兰股票交易所上市公司治理与资本价值创造的关系，发现董事会规模、公司规模与资本价值创造呈现显著的正相关关系，股东人数与资本价值创造则成负相关。傅传锐（2016）[34]的研究结果表明，大股东持股对资本价值创造存在着显著的区间性特征影响，表现出 N 形的三次曲线型关系。曾蔚和周光琪（2016）[35]在公司治理、资本价值的基础上加入内部控制要素，利用 VAIC 模型对三者的关系进行研究，发现良好的公司治理水平和内部控制能力能够有效提升企业资本价值创造的效率。

基于其他视角与资本价值之间的关系，国内学者进行了有益研究。李连燕和张东廷（2017）[36]从研发投入强度的层面进行分析，指出研发投入对高新技术企业资本价值创造效率有着显著的正向影响，而行业竞争程度在两者关系之间存在着明显的调节效应。傅传锐（2015）[37]运用面板双重差分法分析了增值税转型对企业资本价值创造效率的影响，发现增值税转型对资本价值创造呈显著的正向影响，最终会提升企业总体资源价值创造的效率。邵洪波和王诗桦（2017）[38]分析了共享经济与资本价值创造之间的关系，认为共享经济由于存在资源配置效应和资源开发效应，最终会提高企业的价值创造能力。此外，也有学者从资本的角度对其与企业价值创造的关系进行了研究。郝晓彤和何岗（2006）[39]认为智力资本可以通过强化企业核心竞争力和提高企业现金流水平提升企业价值。李冬伟和李建良（2010）[40]以我国高新科技上市公司为样本，研究了智力资本与企业价值之间的关系，进一步证明了智力资本可以显著提升企业价值。李博和李桦（2013）[41]以中小企业为研究对象，从智力资本的不同维度实证检验了其与企业价值之间的关系。

(3) **资本异质性的相关研究**

1) 资本异质性的理论支撑。自奥地利经济学派首次提出资本具有异质性的观点以来，国内外学者对其进行了大量研究。拉赫曼（Lachmann, 1956）[42]认为所有的资本资源都具有异质性，主要表现在资本用途上，且资本"最优"取决于拥有者的"资本计划"和"资本结构"，即具有一定环境和使用范围的限制性。随着现代企业理论的不断发展，资本异质性的观点得到了各种理论的支持，如交易成本理论、产权理论和资源基础观等（徐静和茅宁，2010）[43]。此外，不少学者从不同角度论证了资本异质性，如赖尔登（Riordan）和威廉森（Williamson, 1985）[44]与格罗斯曼（Grossman）和哈特（Hart, 1986）[45]研究发现资产具有专用性，且在使用过程中产生的价值是不同的。李普曼（Lippman）和鲁梅尔特（Rumelt, 2003）[46]认为异质性资源只有通过资源组合才能产生竞争优势。阿尔奇安（Alchian）和德姆塞茨（Demsetz, 2007）[47]则从资源具有不同等级和种类的价值属性断定资源具有异质性。

2) 资本异质性的表现形式。在资本异质性的表现形式上，拉赫曼（1956）[42]认为资本的异质性主要由资本拥有者或企业家的"资本计划"和"资本结构"的安排决定。由于权益资本与债务资本的组合决定了企业的资本结构，权益资本和债务资本具有异质性。其中，权益资本表现为企业中的资本拥有者（即股东或所有者）的出资，而企业中不同性质的股东对公司治理表现出不同的追求以及不同的报酬率要求（汪平等，2015）[48]，股东之间的利益具有相互抗衡性，最终在发生冲突时可以相互抵消。因此，股东同样具有异质性，权益资本的异质性能够通过股东的异质性表现出来。债务资本则表现为企业中的长期负债和短期负债，李心合等（2014）[49]认为经营性负债（短期负债）和金融性负债（长期负债）具有异质性和互补性。故企业中的资本异质性会以不同性质的股东、长期负债和短期负债等为载体表现出来。

3）资本异质性产生的影响。国内学者围绕资本异质性进行了实证研究，如汪平等（2015）[48]认为股东的异质性会导致资本的成本差异，最终会影响公司的资本成本。陈艳等（2016）[50]从债务异质性视角出发，探讨了企业负债融资成本与企业投资效率之间的关系，通过实证检验发现，经营性负债水平越高，债务资本成本则越低，企业投资效率将越高；金融性负债水平越高，债务资本成本就越高，企业投资效率将越低。

1.3.2 混合所有制的相关研究

学术界对混合所有制进行了大量研究，国外学者的研究主要集中于西方学术界提出的"混合经济"，国内学者则偏向于我国目前实施的"混合所有制经济"（兰俏枝和尹晶晶，2015）[51]。我国混合所有制的实践远早于混合所有制的理论，混合所有制企业在实践活动中出现后，才受到理论界的广泛关注（赵春雨，2015）[52]。混合所有制萌芽于1978年，至党的十八届三中全会明确将"积极发展混合所有制经济"作为全面深化改革的指引，已经历经30多年的发展。混合所有制成为国内学术界关注的热点。

国内外学者关于混合所有制的研究，主要集中于混合所有制的内涵、混合所有制的制度优越性、我国混合所有制改革的发展历程、混合所有制改革的模式、混合所有制改革的效应研究等方面。

(1) 混合所有制的内涵

西方学术界所提出的"混合经济"源于凯恩斯在1936年出版的《就业、利息和货币通论》一书中提出的国家干预经济理论（刘长庚和张磊，

2016)[53]。汉森在《财政政策与经济周期》一书中对混合经济的概念进行了系统阐释。萨缪尔森、科斯和诺斯等人对凯恩斯的国家干预经济理论做了进一步的完善和发展,并提出了混合经济理论。该理论认为,西方国家的混合经济是私人资本主义经济和社会化公共经济的融合,其实质是在以私人经济为基础的市场经济中施加国家和政府的干预机制,具有政府干预经济的决策集中特征和市场调节决策的分散特征(黄群慧,2013)[54]。由此,混合经济在改变西方国家以往自由竞争市场经济机制的同时,建立了以国家调节和私人资本经济相融合的混合所有制市场经济机制(兰俏枝和尹晶晶,2015)[51]。

在国内,自薛暮桥(1987)[55]在我国首次提出混合所有制的概念以来,国内学者相继对混合所有制的内涵进行了深入研究,但至今没有达成共识(刘长庚和张磊,2016)[53]。国内学者对混合所有制内涵的论述可以被概括为宏观、中观和微观三个层面,即分别以社会经济成分、资本性质及企业的股权性质为研究视角,具体如表1-2所示。

表1-2 混合所有制经济内涵的界定

层面	研究视角	观点	文献出处
宏观	社会经济成分	指不同所有制经济之间的融合,即两种或两种以上单一所有制结合而成的新的所有制结构	潘石(1999)[56]、何伟(2004)[57]
中观	资本性质	指公有资本和非公有资本之间的融合	余菁(2014)[58]、刚成军和刘玉廷(2014)[59]
微观	企业的股权性质	指企业内部存在由不同所有制经济相融合而成的新的所有制结构	王华荣(1998)[60]、黄速建(2014)[61]、荣兆梓(2014)[62]、刘伟(2015)[63]

由表1-2可知,近年来越来越多的学者从微观层面研究混合所有制经济的内涵,基于企业的股权性质对混合所有制展开研究。董梅生和洪功翔(2017)[64]认为混合所有制企业改革不等同于国企私有化,而应当通过改革进一步做强、做大和做优国企。混合所有制企业的改革不应该被视为各种所有制资本的简单混合,而是在保证企业内部各种所有制资本平等的条

件下，构建现代企业管理制度和产权制度，完善企业治理机制，最终实现国有资本与非国有资本相互合作、优势互补，实现互利共赢的目的，放大国有资本功能。杜媛等（2015）[65]认为企业混合所有制改革的实质是企业利益相关者的资本管理，是国有资本和其他非国有资本所有者将多种不同所有制性质资本进行融合和渗透而形成企业自有资本，并按现代企业产权制度重新分配控制权的过程。

（2）混合所有制的制度优越性

国内学者分别从宏观、微观层面研究了混合所有制的制度优越性。在宏观层面上，非公有制经济的贡献具有优势地位（裴长洪，2014）[66]。发展混合所有制经济能够放大国有资本功能、增强公有制主体地位（刘长庚和张磊，2016）[53]，实现公有制与私有制的相互融合，增强经济发展活力并达到"国民共进"及各种所有制资本的共赢互利（陈东和董也琳，2014；张卓元，2014）[67,68]。但目前我国公有制经济仍占绝对主导地位，混合所有制经济改革空间较大（陈宗胜和高玉伟，2015）[69]。在微观层面上，发展混合所有制企业，更有利于国企实现政企分开（周绍朋和朱晓静，2015）[70]，建立现代企业制度，完善法人治理结构，实现国有资本与非国有资本的协同效应（刘凤义，2015）[71]。此外，员工持股等措施的出台，有助于资本所有者同劳动者达成利益共同体（顾钰民，2014）[72]。

随着我国社会经济的不断发展，部分学者认为公有经济的主体地位呈现快速下滑的趋势（刘长庚和张磊，2016）[53]。在宏观层面上，公有经济在国民生产总值和就业人数方面的比重已经明显低于非公有制经济（李成瑞，2006）[73]。由于我国基本经济制度的性质属于社会主义，公有制经济在国家经济运行中必须占据主导地位，而混合所有制经济改革是公有制经济巩固其主体地位和发挥其主导作用的有效途径。在微观层面上，传统国企存在产权不清晰、权责不明确、政企不分等问题导致所有者缺位或错位现象时有发生，最终造成企业内部发展缺乏活力、外部市场缺乏竞争压力的混乱状态（周绍朋和朱晓静，2015）[70]，一度处于国有资本投资效率低下、资本配置效率不高的局面，其深层原因在于缺乏现代企业制度和相应的公司治理机制。混合所有制企业改革能够在各种所有制资本平等的基础上，构建现代企业制度，完善企业的治理结构，提高企业治理能力，实现各种所有制资本的共同发展，同时放大国有资本功能。

(3) 我国混合所有制改革的发展历程

我国混合所有制萌芽于1978年的改革开放和经济转轨，四川化工厂等6家国企率先实行了放权让利，并于1984年进一步深化了放权让利相关政策。随着股份制经济的发展，中国共产党第十三次全国代表大会（以下简称党的十三大）将股份制企业作为社会主义企业财产的一种重要组织形式，中国共产党第十四届中央委员会第三次全体会议（以下简称党的十四届三中全会）阐释了以股份制为特征发展混合所有制经济的必然趋势，中国共产党第十五次全国代表大会（以下简称党的十五大）正式提出"混合所有制经济"这一概念。为解决国有资本"一股独大"的问题，中国共产党第十六届中央委员会第三次全体会议（以下简称党的十六届三中全会）提出"大力发展国有资本、集体资本和非公有资本等参股的混合所有制经济"，极大地提高了混合所有制的发展速度，实现了以公有制经济为主体、其他多种非公有制经济共同发展的经济格局。党的十八届三中全会在《决定》中将"积极发展混合所有制经济"作为国家未来经济发展的政策指引，并将混合所有制经济定位为我国基本经济制度的重要实现形式，以此推动国企的改革进程和推进非公有制经济的大力发展。党的十九大报告进一步强调发展混合所有制经济是改革的重要实施路径，下一发展阶段将致力于扩大央企改革试点范围，如竞争性行业、垄断行业等，积极实现股权的多元化发展，提高央企内部治理效率，充分发挥各类不同所有制资本的比较优势，提高资本管理的效率。

分析和梳理我国国企混合所有制改革的发展历程，应从政策制定和学术研究两条路径进行。在政策制定方面，国企混合所有制改革先后经历了初步探索、制度创新、进一步推进和全面深化四个阶段；在学术研究方面，相应地经历了经验总结、宏观研究、微观研究和创新研究四个阶段（周娜和鲍晓娟，2017）[74]。在经验总结阶段，薛暮桥（1987）[55]认为在我国经济体制改革实践中呈现的所有制形式日益复杂，提出应大力发展股份制企业、探索各种混合所有制企业的形式；在宏观研究阶段，顾钰民（2006）[75]从制度经济学的视角，分析了混合所有制作为微观经济制度所具有的优势，认为混合所有制有利于国企改革；在微观研究阶段，张文魁（2010）[76]提出了混合所有制企业公司治理的具体路径。自党的十八届三中全会开始，学术界对混合所有制改革的研究进入创新阶段，何自力（2014）[77]、郭放和潘中华（2015）[78]对我国新一轮国企混合所有制改革的目的和意义进行了探讨；周娜和庄玲玲（2016）[79]对国企混合所有制的分类改革进行了研究；郑志刚（2015）[80]从公司治理的视角分析了国企混合所有制改革的逻辑原理和实现路径；殷军等（2016）[81]认为国企混合比例的大小受其承担社会性责任大小和能力的制约，并对国企混合所有制改革中国有资本最优占有比例的影响因素和影响程度进行了深入探讨。

（4）混合所有制改革的方式

关于国企实行混改的路径，中共中央、国务院印发《关于深化国有企业改革的指导意见》（以下简称《指导意见》）明确提出，应采用"分类改革"的方式进行。按照国企的不同功能，将其划分为"商业类"和"公益类"，并对不同类别的国企采取不同的资本运作方式进行改革。我国商业类国企实行混合所有制改革的资本运作方式如表1-3所示。

表1-3 我国商业类国企实行混合所有制改革的资本运作方式

行业或领域	资本运作方式
国家安全	国有全资
国民经济命脉	国有控股
承担重大专项任务	业务板块独立运作
充分竞争	股权多元化
其他	

庄序莹和丁珂（2016）[82]通过对各省市国有资产和国企改革方案进行分析，将国企混合所有制改革的实现方式划分为四种，即开放式改革重组、整体上市或核心上市、员工持股和引入战略投资者。周娜和鲍晓娟

(2017)[74]则认为国企可以通过股权多元化、分类分层、员工持股、职业经理人制度等方式实现混合所有制改革。梁永福等（2017）[83]认为我国国企改革的最优顺序受制于改革深入推进的程度和政府管理层的级别，而国企改革的顺序是由国家、企业和社会三方博弈之后形成的合意。

（5）混合所有制改革的效应研究

国内学者针对我国国企混合所有制改革效应展开了大量研究，本书对改革效应的不同视角及其观点进行了整理，如表1-4所示。

表1-4 国企混合所有制改革效应研究

视角	观点	文献
社会效应	混合所有制改革能促进经济增长并带来财政收入效应和收入分配效应	吴振宇和张文魁（2015）[84]、潘妙丽和邓舒文（2015）[85]、庄序莹和丁珂（2016）[82]
绩效效应	混改后的国企社会性负担和战略性负担下降且不存在软约束，企业绩效将会增加	陈林和唐杨柳（2014）[86]、张辉等（2016）[87]
	混改后的国企解决了治理问题，从而有利于资源的优化配置、强化内部监督、选择更有效的生产技术，最终提高企业的经营绩效	佟健和宋小宁（2016）[88]
	混合所有制改革能有效管理不同性质的资本，以提升资金管理效率，从而最终提高企业绩效	杜媛等（2015）[65]、江玮滢等（2016）[89]
投资效率	混合所有制改革能提高国企的投资效率。由绝对控股变为相对控股的混改国企投资效率最高，而混改后的股权制衡度越高，国企的投资效率就会越低	李春玲等（2017）[90]
创新效应	混合所有制改革能显著提升国企的创新效率，并使其高于民营企业、外资企业和港澳台企业；混合所有制改革对国企创新效率的正向影响主要体现在对创新研发效率的提升方面	赵放和刘雅君（2016）[91]、王业雯和陈林（2017）[92]
全要素生产率	在消除选择性偏差和异质性偏差后，国企混改后的全要素生产率将显著升高	刘晔等（2016）[93]

续表

视角	观点	文献
博弈效应	国有资本与非国有资本在参与垄断性行业的混合所有制改革中存在博弈行为，非国有资本参与混合所有制改革的期望收益更高	李建标等（2016）[94]
治理效应	混改后的国有资本与非国有资本形成多元化产权结构的合理制衡机制，能够健全监督约束机制，避免"内部人控制"，并改善激励效果	杨志强等（2016）[95]
福利效应	相比民营企业而言，在技术效率相同时，参与混合所有制改革的企业能给社会带来更高的福利	董梅生和洪功翔（2016）[96]
企业活力	混合所有制改革可以整合国有资本活力和非国有资本活力，最终提升国企活力，并提高其竞争力	张卓元（2015）[97]
文化效应	我国发展混合所有制企业需要对国民"公"与"私"的价值观进行融合，并形成一种兼容各种价值观、充分发挥各种价值观积极作用的观念文化基础	程承坪和黄华（2017）[98]

1.3.3 资本管理与混合所有制改革的相关研究

党的十八届三中全会提出新一轮国企混合所有制改革以"管资本"为主，实现国有资本放大功能，并达到国有资本保值和增值的目的。通过梳理文献发现，结合资本管理与混合所有制改革的研究成果屈指可数。

王竹泉等（2014）[99]认为混合所有制改革的实质是企业资本管理，是一种将多种所有制资本融合成企业资本、对企业控制权进行重新分配并实施的管理过程。混合所有制从本质上说是企业资本的组织形式，是对企业资本结构进行重构和优化的过程，是提高国企治理效率的基础性制度安排（张兆国等，2016）[100]。

在如何提高混合所有制改革效率方面，不同学者从不同角度提出了解决方案。杜媛等（2015）[65]认为资本改革是混合所有制企业改革的关键，有效的资本管理是混合所有制改革顺利进行的重要保证,资金管理效率的提升是资本管理效果上升的外在表现,同时反映了资金管理对企业绩效的提升作用。刘树艳(2015)[101]认为要从根本上解决混合所有制企业主导动力匮乏等问题,应降低竞争性国企中国有资本的比例,并建立和完善国有资本评估机制、管理者激励机制和公司治理结构,最后形成市场化交易机制。张炳雷和王振伟(2016)[102]通过分析国有资本管理现存的问题,从顶层设计、管理模式、公司化运营及监管路径等方面提出了有关国有资本管理的对策建议。王淼(2016)[103]通过研究发现,国有资本运营管理公司持股和建立独立董事制度等公司治理措施能够提高国企资本配置效率。由于国有资本具有政策性和收益性功能,传统国有资产流失类的标准已不再适用于国企考核评估,否则将不利于管理部门做出有效的经营决策,在新的考核标准中,应考虑是否放大国有资本功能、使国有资本保值增值等因素(吴国鼎和鲁桐,2017)[104]。

1.3.4 研究述评

梳理上述国内外学者对资本管理、混合所有制、资本管理与混合所有制改革关系的研究文献,不难发现其研究成果主要体现在以下几个方面。

1)关于资本管理的研究,国内外学者主要围绕资本结构、资本价值创造和资本异质性等方面进行了有益研究。在资本结构方面,资本结构理论伴随着其他经济理论和实践的发展不断完善,学者们就资本结构的影响因素以及不同资本结构产生的影响进行了理论研究和实证分析;在资本价值创造方面,国内外学者主要对资本价值创造的影响因素及各影响因素对资本价值创造的影响效果进行了实证研究,并以企业智力资本为主对其与企业价值创造之间的关系进行了深入探讨;此外,由于资本所有者的"资本计划"和"资本结构"安排不同,权益资本和负债资本存在异质性,国内外学者围绕股东异质性、长期负债和短期负债等进行了实证分析。

2)关于混合所有制的研究,主要分为混合所有制的内涵、混合所有制改革两个层面。学者围绕"混合经济"和"混合所有制"进行了研究,并从宏观、中观、微观等不同角度，对混合所有制进行了界定，围绕混合所有制经济制度的优越性，我国混合所有制改革发展历程、改革模式、改革效应展开了研究。

3）关于资本管理与混合所有制改革关系的研究，国内学者主要围绕党的十八届三中全会提出的新一轮国企改革以"管资本"为主的政策指引，定性分析了国企混合所有制改革"管资本"的逻辑和路径。

上述国内外学者的研究成果为本书提供了理论基础和有益借鉴，但也存在一定的局限性，主要表现在以下几个方面。

1）在资本结构方面，现有文献主要围绕资本结构的影响因素和资产负债率对盈利能力、企业绩效和企业价值的影响关系进行研究，鲜少涉及不同资本结构（尤其是不同股权结构）对企业价值创造的影响，且这方面的实证分析也很少，还有待进行深入探讨；在资本对企业价值创造的影响方面，现有研究主要从高新科技上市公司智力资本的视角进行了分析，但资本的外延不仅包括智力资本，还包括物质资本、社会资本等，需要进一步扩大研究对象和研究视角；在资本异质性方面，国内外学者主要研究了股东异质性、长期负债、短期负债的融资成本以及由此产生的对企业投资效率的影响效果，但并未深入分析股东异质性的优缺点，对异质性权益资本与企业价值创造之间关系的研究则更少，还有待进一步展开研究。

2）在国企混合所有制改革效应方面，现有文献对混合所有制改革的经济效应虽做了定量研究，但分析经济效应的视角比较片面，并不能对混合所有制改革的经济效应进行客观的综合评价；在分析混合所有制改革的社会效应时，用的多是定性的分析，显得过于主观，需要构建混合所有制改革社会效应的综合评价指标体系，并在此基础上对国企混合所有制改革社会效应展开定量的评价；同时，现有关于国企混合所有制改革效应的研究过多强调混合所有制改革带来的经济效应，但我国央企在实现国有资本保值增值的同时，相比其他性质的企业，会为国家和社会承担更多的社会责任，且现有以央企作为混合所有制改革研究对象的情况较少。

3）在资本管理与混合所有制改革的关系方面，国内学者只是基于混合所有制"管资本"的逻辑和路径进行了探讨,强调由国有资本与非国有资本的融合带来现代企业制度的健全和治理机制的完善,从而实现放大国有资本的功能。现有文献并未深入分析国有资本和非国有资本的优劣势以及两种不同性质资本融合后实现资本保值增值的机理。

基于上述分析,本书拟在对央企混合所有制改革发展历程和央企以"管资本"为主导的新一轮混合所有制改革动因和目的分析的基础上,分析国有资本和非国有资本的异质性,提出资本管理视角下央企混合所有制改革鱼缸效应模型及央企混合所有制改革效应研究的逻辑分析框架,对央企混合所有制改革中国有资本的优势富集效应、非国有资本的鲇鱼效应以及资本的价值创造效应进行定性和定量分析,并综合评价央企混合所有制改革的社会效应和经济效应。

1.4 研究内容与方法

1.4.1 研究内容

本书基于资本管理、混合所有制改革以及效应评价等方面的相关研究成果,结合资本管理理论、资本异质性理论、政治关联理论、公司治理理论、共生理论以及价值创造理论等,综合运用多元回归模型、分位数回归方法、变异系数—加权法、混合截面数据模型、生态学 Logistic 模型等研究方法,对资本管理视角下的央企混合所有制改革效应进行深入研究。本书沿着"概念界定与理论基础—研究问题的提出与研究框架—优势富集效应—鲇鱼效应—价值创造效应—社会效应和经济效应评价"的研究思路展开,具体研究内容有以下几点。

1)混合所有制企业和资本管理等概念的界定和相关理论基础的梳理。界定混合所有制企业的概念,划分混合所有制企业的种类;厘清资本的内涵,分析资本的性质和外延,并厘清资本管理的内涵;界定基于资本管理的央企混合所有制改革效应研究的范围;梳理优势富集效应、鲇鱼效应、资本异质性理论、政治关联理论、公司治理理论、共生理论和价值创造理论等，为后续章节研究内容提供理论支撑。

2）研究问题的提出与研究框架。分析央企混合所有制改革的发展历程，新时期以"管资本"为主导的央企混合所有制改革的动因和目的；基于资本异质性理论，对央企混合所有制改革中国有资本与非国有资本的特质进行分析；提出资本管理视角下央企混合所有制改革鱼缸效应模型，在此基础上搭建央企混合所有制改革效应研究的逻辑分析框架。

3）以政治关联理论为基础，对央企混合所有制改革中国有资本的优势富集效应进行理论分析和实证检验。基于产权属性政治关联的视角，分析央企混合所有制改革中的国有资本在税收优惠、融资便利、壁垒行业准入便利和政府补贴等方面存在的优势，在此基础上分析国有资本在央企混合所有制改革中的资本聚集和吸纳效应；通过实证分析和稳健性检验，验证央企混合所有制改革中国有资本的优势富集效应以及资本聚集与吸纳效应；依据研究结论提出发挥国有资本在资源获取、壁垒行业准入方面的优势以及由此带来的资本聚集与吸纳效应的相关启示。

4）以公司治理理论为基础，对央企混合所有制改革中非国有资本的鲇鱼效应进行理论分析和实证检验。基于公司内部治理能力的视角，探索央企混合所有制改革中非国有资本的进入所带来的提高公司内部治理能力的鲇鱼效应，分析非国有资本对混合所有制央企资本投资效率的影响；通过实证分析和稳健性检验，验证央企混合所有制改革中非国有资本对股东会治理能力、董事会治理能力、监事会治理能力、管理层治理能力以及公司内部治理能力的影响，检验非国有资本对混合所有制央企资本投资效率的正向影响作用；根据实证结果提出发挥非国有资本治理机制优势以及提升企业资本投资效率的相关启示。

5）以共生理论和价值创造理论为基础，对央企混合所有制改革中的资本价值创造效应进行理论分析和实证检验。基于共生理论和价值创造理论，分析央企混合所有制改革中的资本共生系统，构建资本价值创造 Logistic 共生模型并探索国有资本和非国有资本价值创造存在互惠共生平衡点的条件，分析两种资本共生实现价值创造的路径以及资本混合度对混合所有制改革央企价值创造的影响。通过实证分析和稳健性检验，验证资本混合度与混合所有制改革央企价值创造能力之间的函数关系。在此基础上，提出提升央企混合所有制改革资本价值创造能力的启示。

6）分析央企混合所有制改革社会效应和经济效应的构成要素，构建相关效应评价指标体系，并对研究样本进行综合评价。基于利益相关者理论对社会效应进行研究，并对央企混合所有制改革经济效应与经济效益、企业价值、公司治理和投资效率之间的关系进行分析；依据系统性、科学性、可获取、可量化、动态性等原则，以可量化的财务指标数据为主，基于资本管理的视角构建央企混合所有制改革的社会效应和经济效应评价指标体系，利用变异系数—加权法对各级指标赋权，对央企混合所有制改革样本企业的社会效应和经济效应进行综合评价。

1.4.2 研究方法

在资本管理视角下央企混合所有制改革效应研究中，本书主要采用了文献研究法、多元回归分析法、分位数回归分析法、变异系数—加权法、生态学 Logistic 模型等方法。

（1）文献研究法

通过查找中英文文献和书籍，收集大量关于资本管理和混合所有制改革的相关资料，分析、归纳和总结关于资本管理、混合所有制改革的研究现状，界定混合所有制企业、资本管理的内涵以及基于资本管理的央企混合所有制改革效应研究的范围；通过文献梳理，分析基于资本管理的央企混合所有制改革的理论机理，提出央企混合所有制改革中国有资本优势富集效应、非国有资本鲇鱼效应以及资本价值创造效应的相关研究假设。

（2）多元回归分析法

构建央企混合所有制改革中国有资本对税收优惠、融资便利、壁垒行业准入便利、政府补贴和企业资本聚集与吸纳效应影响的回归模型，构建非国有资本对股东治理能力、董事会治理能力、监事会治理能力、管理层治理能力、公司内部治理能力和资本投资效率影响的回归模型，构建资本混合度对混合所有制改革央企价值创造能力影响的回归模型，通过 Stata（数据管理统计绘图软件）12.0 软件，采用聚类稳健标准差普通最小二乘法（Ordinary Least Squares，OLS）对相关模型进行回归分析。

（3）分位数回归分析法

对构建的央企混合所有制改革中国有资本对税收优惠、融资便利、壁垒行业准入便利和政府补贴影响的回归模型，采用 0.1、0.25、0.5、0.75 和 0.9 等不同分位数水平进行分位数回归分析，验证央企混合所有制改革中国有资本的优势富集效应。

（4）变异系数—加权法

对本书构建的央企公司内部治理能力评价指标体系、央企混合所有制改革社会效应和经济效应评价指标体系，以 178 个年度观测值作为研究样本，采取变异系数法确定各级指标权重，并通过加权法计算各级指标指数，最终得到各级评价指标的综合指数。

（5）生态学 Logistic 模型

在分析央企混合所有制改革资本价值创造共生系统的基础上，借鉴生态学 Logistic 模型构建资本价值创造共生模型，在求解模型平衡点解集的基础上，探讨国有资本与非国有资本实现价值创造互惠共生的条件。

本书研究技术路线如图 1-2 所示。

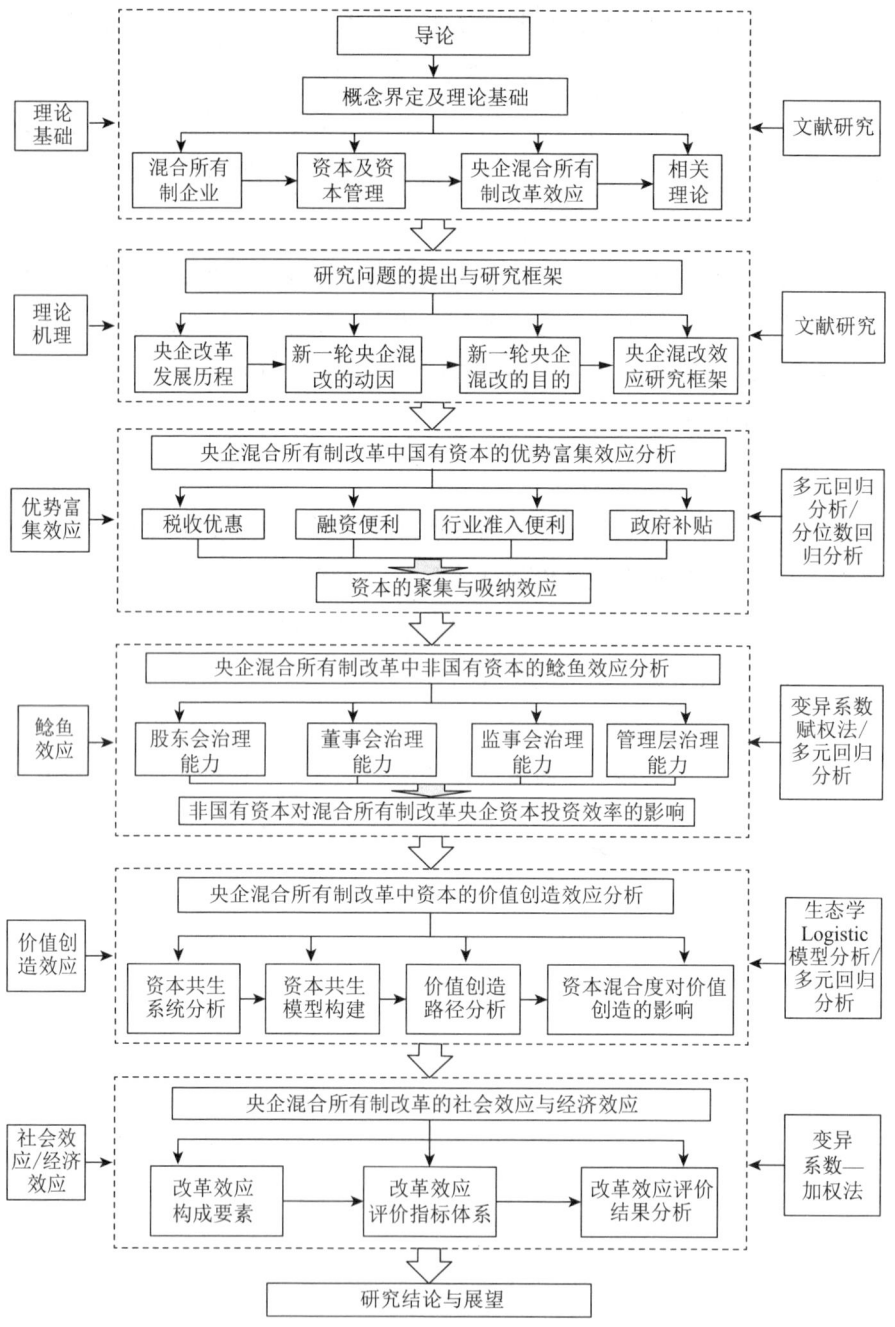

图1-2 本书研究技术路线

第 2 章　概念界定及理论基础

本章对混合所有制企业、资本及资本管理、央企混合所有制改革效应等概念进行了界定，同时对优势富集效应、鲇鱼效应、资本异质性理论、政治关联理论、公司治理理论、共生理论和价值创造理论进行了梳理。

2.1　混合所有制企业

2.1.1　混合所有制企业的内涵

（1）所有制及所有制改革

所有制是指人们对生产资料等物质资料的占有形式，是能够对所有人行使所有权活动进行规范的制度，其性质取决于处于支配地位的制度性质[105]。所有制改革是指通过对传统社会主义经济模式和与产品经济相适应的全民所有制和集体所有制进行改革，以形成适合社会主义商品经济发展的新的所有制结构（厉以宁，2010）[106]。我国所有制结构变革大致经历了以下发展阶段：以生产资料公有制为唯一发展形式阶段，片面追求"一大二公"；多种所有制经济共同发展阶段，公有制居于主体地位；大力发展混合所有制经济阶段，追求公有制形式的多样化。在不同发展阶段，所有制结构反映了不同所有制形式在社会经济形态中的地位、作用及相互关系，即所有制的外部关系与我国经济发展相适应。

（2）混合所有制

混合所有制经济是指财产权属于不同性质所有者的经济形式（杨明宜，1998）[107]。在社会层面，混合所有制是多种不同所有制结构并存的状态,"公有制为主体,多种所有制共同发展"是其主要表现形式;在企业发展层面,公有制与非公有制成分联合形成的企业所有制形态是企业混合所有制,即由不同所有制的所有权主体对企业进行投融资,使国有、非国有、外资等所有制资本相互融合,打破企业发展的地域限制、行业限制和国别限制,有利于资本流动。可以从两方面对混合所有制经济进行分析:在宏观层面上,混合所有制经济是多种所有制共同发展的社会形态,是对所有制实现形式和经营形式的有益补充,进一步拓宽了社会主义基本经济制度的内涵(邹硕,2016)[108];在微观层面上,混合所有制经济是由两个及两个以上单一所有制结合形成的所有制形式,包括股份制、合作制、中外合资等(周叔,2005)[109]。党的十八届三中全会定义的混合所有制经济是指微观层面的混合所有制(张卓元,2014)[110],也是本书研究的主要内容。

(3) 混合所有制企业

混合所有制企业是一种由公有资本和其他资本共同参股形成的企业形式。关于混合所有制企业的概念,国内外学者从不同视角进行了研究。在微观层面上,混合所有制企业是实现混合所有制经济的微观主体。范恒山(2003)[111]认为混合所有制企业的产权结构更为多元化,是公有与非公有资本交叉持股、相互融合形成的组织形式;在宪法层面上,混合所有制企业是不同性质股权在国企中的混合,张晓玫和朱琳琳(2016)[112]在此基础上进一步提出混合所有制企业是前十大股东中同时存在国有股和非国有股的公司;在产权结构上,混合所有制企业可被划分为国有股份与非国有股份融合、国有股份与集体股份融合、集体股份与非国有股份融合形成的企业(黄速建,2014)[61];从企业形成的来源看,张文魁(2015)[113]认为混合所有制企业是经过所有权改造的国企,是经股权收购、民营企业吸收合并等形成的混合所有制企业。

在现有学者研究的基础上,参照张文魁(2015)[114]对混合所有制企业的定义标准,结合《中华人民共和国证券法》对持有上市公司5%及以上股份有信息披露的要求和对交易有相关限制的规定，考虑到在公司内部治理中的话语权问题以及对公司经营决策的影响力度，本书将混合所有制企业界定为在公司前十大股东中同时存在单个股东持股比例在5%及以上的国有股股东和非国有股股东的上市公司。

2.1.2 混合所有制企业的分类

根据前文的分析，混合所有制企业不同于国企，是由多种不同所有制资本在同一企业相互融合形成的产权组织形式，克服了传统所有制在性质、行业、地域等条件上的约束，保持了国企的基本性质，同时拥有非国企的竞争优势，符合市场化发展要求，是市场经济与社会主义相结合的产物。

我国混合所有制企业从发展来看，主要包括公有和私有股权融合的股份制企业、股份合作制企业、中外合资经营企业、中外合作经营企业等。其中，股份制是混合所有制的主要实现形式。在具体分类标准上，谢军（2013）[115]根据国有资本与非国有资本相互融合的程度，将其划分为简单混合和交叉持股的混合所有制企业。2015年9月，《国务院关于国有企业发展混合所有制经济的意见》对混合所有制改革进行了详细分类。在此基础上，结合上文对混合所有制企业的界定，本书将混合所有制企业划分为国有股东控股及非国有股东参股的混合所有制企业、非国有股东控股及国有股东参股的混合所有制企业、国企与非国企合营的混合所有制企业，具体如图2-1所示。

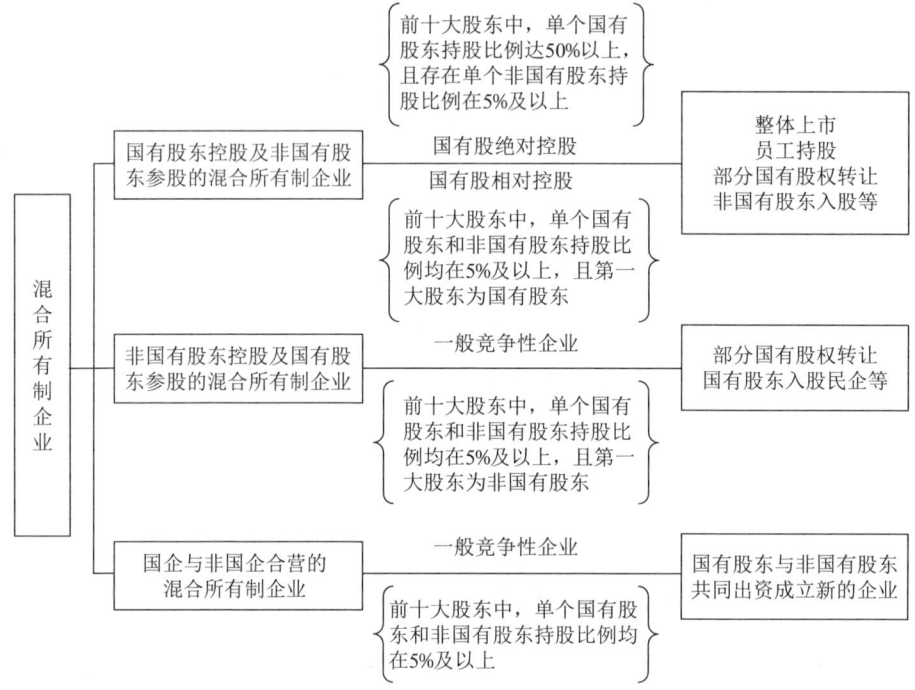

图 2-1 混合所有制企业的分类

2.2 资本及资本管理

2.2.1 资本的内涵与外延

(1) 资本的内涵

基于不同视角,人们对资本的定义存在较大差异。从经济学的角度分析,资本广泛存在于人类社会生产经营活动中,资本既是厂商用于生产其他产品和提供服务的经济货物,也是生产其他产品和提供服务的"人造资源"(吴振信,2006)[116]。在不同时期,经济学家从不同角度对资本进行过多种定义。英国早期经济学家麦克劳德(Macleod,1872)将资本定义为用于利殖目的的经济量,凡可以获取利润之物都是资本;奥地利经济学家欧根(Eugen,1964)认为资本是那些可用来作为获取财货手段的产品[117];美国诺贝尔经济学奖获得者萨缪尔森(Samuelson,1982)则指出资本既是生产要素,也是投入品,其具有生产性、经济产出性和耐用性等特性[118]。

从企业的角度来说,资本代表着厂商的总财富,既包括诸如厂房、投入生产过程的原材料、机器和设备等有形资本,又包括商标、商誉、非专有技术和专利权等无形资本(吴振信,2006)[116];从会计学的角度解释,企业中的资本代表股东的全部出资、企业提留和未分配利润的总和(曾艳玲,2003)[119]。将资本的范畴进一步延伸,凡能为企业带来收益的所有资源都可以被称为"资本",这也是广义上资本的内涵。

结合上文对资本内涵的界定,本书将资本定义为企业会计学理论下的权益资本,即资本是企业所有者投入企业用于生产经营并可以产生经济效益的资金。按照资本所有者性质的不同,将资本分为国有资本和非国有资本。

(2)资本的性质

资本具有自然属性和社会属性。资本作为企业生产力的重要要素,在通过自身运动实现其使用价值的过程中,可以达到增值和获取收益的目的,从而展现其自然属性;而资本在通过所有权获取收益分配权的过程中,表现其社会属性。从本质来说,资本的自然属性决定了其社会属性,因为资本的自然属性能够实现价值增值,并最终在收益的分配过程中实现其社会属性(郭元晞,1998)[120]。

因此,资本的自然属性和社会属性体现了资本逐利的本性,其通过与其他生产要素结合而不断运动,流向具有效益或高效益的领域,实现资本的价值创造和再投资,进而形成良性的资本循环。

在混合所有制企业中,国有资本和非国有资本按照各自持股比例行使股权,决定了两种资本在混合所有制企业中具有相同的地位,即两种资本在公司股权结构中具有同股同权的地位。但国有资本与非国有资本因其产权属性不同,各自存在不同的基本属性,国有资本因其具有资金雄厚、来源稳定以及全民所有的公共属性,决定了其在资源获取上的优势以及在资本管理上追求稳定发展的保守性，实现稳健的资本保值和增值是其追求的主要目标之一；而非国有资本相对国有资本具有更强的逐利性，具有市场运营机制灵活、流动性强和发展活力较强等特点，获得较高的资本收益及提高资本投资效率是其追求的核心目标。因此，两种资本在混合所有制企业中存在比较优势，可以通过深度融合达到优势互补，从而实现不同性质资本的运动和价值增值。这是我国央企实施混合所有制改革的重要目标之一——激发国有资本的活力和提高非国有资本的实力。

（3）**资本的外延**

资本的外延包含资源、资产和资金。

1）资源。狭义上，资源是指人类赖以生存和持续发展的自然因素和条件，并能在一定时期和地点等情况下产生特定的经济价值，一般指自然资源或天然资源；广义上，资源是指一切可以被人类开发、利用的自然物和为人类带来财富的社会资源，存在于自然界和人类社会中，并随着人类技术进步和生产力的不断发展而拓展。

2）资产。资产是指企业由过去的交易或事项形成的，并由企业拥有或控制，且预期能为企业带来经济利益的经济资源的总称，是一种可以通过货币进行计量的经济资源，是企业从事生产经营的物质基础，既包括专利权和商标权等无形资产，也包括货币资金、固定资产等有形资产。

3）资金。资金是社会扩大再生产过程中具有一定价值的物资和货币，能被用于创造新价值，同时可以提高社会剩余产品价值的媒介价值。在资金的运动中，资金的投入是起点，并经过供应、生产和销售等循环和周转阶段，资金最后的退出是终点。企业中的资金表现为以各种形式存在的财产和物资，并通过运作实现保值和增值。

2.2.2 资本管理的内涵

资本管理是将企业现有的资金、资产等财富转化为生产经营活动所需资本的过程，是实现资本保值增值和资本收益最大化的重要途径。资本的聚集与吸纳、资本的组织与优化以及资本的流动与扩张，是资本管理的核心问题（吴振信，2006）[116]。

(1) 资本的聚集与吸纳

在现代企业中，资本是一切生产经营活动开展的基础。首先，企业要进行资本管理，要选择资本的来源，即对投资者和投资方式进行选择，这涉及企业基本组织形式的确定。在现代企业制度中，企业最重要的组织形式是公司制，即按照《中华人民共和国公司法》设立的有限责任公司和股份有限公司，特别是能够公开面向社会发行股票的上市公司，这类公司由于具有其他类型企业无可比拟的资本吸纳能力和广泛的融资渠道，成为现代社会化大生产条件下最先进的企业组织形式。其次，企业应具备资本吸纳能力。企业资本吸纳能力的强弱受制于自身的实力、信誉乃至发展前景和经营管理策略的好坏，是决定企业能否不断发展以及发展到何种程度和规模的基本要素之一。因此，在资本管理的过程中需要不断提高企业的资本吸纳能力。最后，应确定资本聚集与吸纳的方式。企业聚集和吸纳资本的方式取决于自身发展的需要，主要有股权融资和债权融资两种方式。兼并、收购、重组、联合、租赁、承包等是企业聚集与吸纳资本的有效途径。

(2) 资本的组织与优化

对于企业聚集和吸纳的资本，需要考虑其能否达到预期的资本使用率和资本回报率，对资本进行合理的组织和优化是提高资本使用率和回报率的关键。资本的组织包括两个层次的问题：一是企业新进资本投资者的构成状况，是企业原始出资者最为重视的问题；二是企业资本的使用方向，是每个出资者都关心的问题。但无论属于哪个层次，其根源都在于企业资本的扩张和资本收益的最大化。为了实现资本收益的最大化，企业要根据生产经营的实际情况，不断剔除不良资本和无效资本，聚集和吸纳优良资本和有效资本，实现资本结构的优化和重组。资本优化和重组的最高形式是收购、兼并等资本运营手段，资本主体多元化是资本组织和优化的重要途径。

(3) 资本的流动与扩张

资本的生命力在于资本的流动，社会资源的优化配置过程实质上就是资本在不同地区、不同行业和不同企业之间的流动过程。为了追求收益最大化，资本总是不停地在利润的引导下从劣势行业流向优势行业，从夕阳产业流向朝阳产业，从亏损企业流向盈利企业，并在选优汰劣的流动过程中推动资源配置不断优化，产业结构不断升级。资本形态之间的相互转化是资本流动的主要表现形式，即实物形态的资本和货币形态的资本之间的相互转化，并包括作为实物形态资本或货币形态资本的所有权、使用权的让渡。产权转让、投资兴办企业、投资入股、有价证券买卖、资金借贷等都是资本流动的具体方式。把处于静态的、凝固的资本变为动态的、流动的资本，对社会经济发展具有重要意义，能够使资本拥有新的增值契机，并在收益最大化的目标驱动下，将资本投入社会最需要发展的部门、行业和产品中，使之取得更好的经济效益。

综上，本书认为资本管理的实质是以实现资本的保值增值和价值创造为目标，通过扩大资本存量、优化资本结构、提高资本流动性、发挥资本集聚效应，最终提高资本的投资效率。在央企混合所有制改革中，国有资本和非国有资本的深度融合能实现优势互补，两种资本合作共赢达到各自资本的价值创造，并实现整个企业的价值创造。

2.3 央企混合所有制改革效应

2.3.1 央企

央企是我国国企的主力军，是国民经济的重要支柱，在与国家安全和国民经济命脉密切联系的行业中占据着重要地位。

国有资产按其使用途径可以分为经营性资产和非经营性资产。在经营性资产中，根据政府对国有资产管理的权限进行划分，国企被分为由中央政府监督管理的国企和由地方政府监督管理的国企。

在我国，对央企的定义可以从广义和狭义两方面界定，其中广义的央企包括由国务院国有资产监督管理委员会（以下简称国务院国资委）管理的国企，包括提供公共产品的国企、提供自然垄断产品的国企和提供竞争性产品的国企；部分隶属于金融行业的国企，主要是由中国证券监督管理委员会（以下简称中国证监会）、中国银行保险监督管理委员会（以下简称中国银保监会）管理的国企；隶属于国务院其他部门或群众团体组织管辖的国企。而狭义的央企则是指由国务院国资委监督管理的国企。此外，由于个别央企在国家社会经济发展中承担着特殊的责任，所以直接归国务院管理。

截至2018年1月，由国务院国资委监督管理的央企共有97家。本书定义并研究的央企是隶属于97家央企集团，且在中国沪深A股上市，并由国务院国资委监督管理的二级和三级央企上市公司。

2.3.2 混合所有制改革央企

混合所有制是我国国企改革的基本方向，完善的产权制度改革是国企改革的基础，健全的现代企业制度和规范的治理机制是其进行改革的主要目标。我国国企混合所有制改革，在政策制定方面先后经历了初步探索、制度创新、进一步推进和全面深化四个阶段（周娜和鲍晓娟，2017）[74]。

《指导意见》明确提出国企混合所有制改革应采用"分类改革"的方式进行。按照国企的功能将其划分为"商业类"和"公益类"，并对不同类别的国企采取不同的资本运作方式进行改革。对于关系国家安全、国民经济命脉的重要行业、领域和承担重大专项任务的商业类国企，采用国有全资、控股或业务板块独立运作等方式；对于其他商业类国企，尤其是主业处于充分竞争的行业和领域的国企，原则上按照市场化要求，通过资本运作引入其他非国有资本，实现股权多元化改革。国企混合所有制改革的实现方式主要有开放式改革重组、整体上市或核心上市、员工持股和引入战略投资者等（庄序莹和丁珂，2016）[82]。

本书将研究的混合所有制改革央企定义为：在企业中引入了能参与公司治理的非国有资本（单个非国有资本股东持股比例在5%及以上）并由国务院国资委监督管理的央企集团下属的二级或三级央企上市公司。

2.3.3　央企混合所有制改革效应

央企是我国国民经济健康发展的重要支柱，在很多关系国计民生的重要领域中占据着大量的社会资源，承担着主要的经济责任和政治责任。实施混合所有制改革的央企在引进民营资本、社会资本和外资资本等各种非国有资本的过程中，一方面，国有资本通过与非国有资本的深度融合实现优势互补，提高国有资本的活力，增强非国有资本的实力（张卓元，2015）[97]，健全现代企业制度建设和完善公司治理机制（杨志强等，2016）[95]，实现两种资本各自价值的保值和增值并为企业创造价值；另一方面，在为企业带来经济效应的同时，相应地带来了社会效应的提升（吴振宇和张文魁，2015；潘妙丽和邓舒文，2015；庄序莹和丁珂，2016）[84,85,82]。

2.3.4　基于资本管理的央企混合所有制改革效应

资本管理是现代企业管理的核心，资本管理的主要内容是通过资本的聚集与吸纳、组织与优化、流动与扩张（吴振信，2006）[116]对企业资本结构进行优化，提高资本的投资效率和资本收益，最终实现资本的保值和增值，并为企业创造价值。央企在国民经济发展中承担着重要的经济责任和社会责任，通过引入非国有资本可以提升央企中国有资本的活力和非国有资本的实力，在健全现代企业制度的同时完善公司治理能力。央企在实施混合所有制改革的过程中，首先，通过国有资本产权属性的政治关联优势实现资源获取和壁垒行业准入便利的优势富集效应，并以该优势为基础为自身带来资本的聚集与吸纳效应。其次，非国有资本的进入能够带来提升企业活力并提高公司治理能力的鲇鱼效应，最终提高企业资本投资效率。再次，通过国有资本和非国有资本的深度融合实现优势互补，在资本的组织与优化中实现资本结构的优化,并在资本共生系统中实现两种资本自身的价值创造和企业的价值创造。最后,由于资本的流动和扩张不仅在企业所有者之间流动,还在企业利益相关者之间进行,因此资本管理视角下的央企混合所有制改革,还存在着基于利益相关者的社会效应和以资本投资效率和资本收益为核心的经济效应。

2.4 相关理论基础

2.4.1 优势富集效应

优势富集效应理论由王健(2004)[121]提出,是指起初的微弱优势通过重要过程的放大,最终会形成更高的优势积累效应,其形成机理在于:一个优先发展的系统之所以能形成强大的富集效应,其根本原因在于系统内部和外部扩张的需求。从内部来看,系统自身强烈的扩张要求使社会性使用成本发挥了积极作用。以企业生产经营活动为例,其生产第一件产品所耗费的成本要高于第二件相同产品的成本,前提是必须达到一定的生产量。因此,规模扩张成为企业降低成本、增加利润至关重要的生产策略。从外部来看,技术附加和利益附加导致的规模集聚符合低成本演化策略。其中,技术附加是指相关技术向主导技术的集聚,当某一技术在某一地区异常发展后,会迅速吸引更多新的技术、人才和资金,为企业带来规模效应,大大降低交易成本,并产生更大的引力作用。利益附加是指一种进化上的趋势策略,优势资源的集中为企业带来更高的利益附加,进一步吸引更多的优势资源,形成优势的"雪崩效应",推动企业和地区的发展。

在逐利性的驱动下,资源会将注意力以分散态势加注到已经领先的单元上,致使市场上的大部分资源向以微小优势领先的单元汇聚,最终使单元呈几何级数增长。本书以图 2-2 表示优势富集效应的整个过程。在区域 A 中,单元在起始点抢先取得优势,虽然能够受到关注并吸引到一些资源,但其范围受到局限,单元在这个区域表现出渐进性的增长,其增长曲线相对平滑；单元一旦经过富集，优势便会凸显，最后致使各种资源向其趋附。在区域 B 中，单元增长率呈几何级数增长，增长曲线较为陡峭。在区域 C 中，一旦单元发展壮大到一定规模，资源的富集将保持平稳态势，单元增长率的增长趋向于 0，增长率在一个较高的点保持平稳，处于平稳的发展态势。

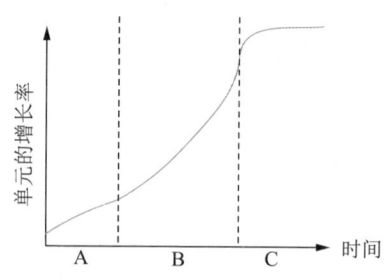

图 2-2 优势富集效应的形成过程

注：本图参考李宏巍（2008）[122]一文并做了适当修改。

通过对优势富集效应形成机理的分析可以发现，引入优势富集效应能够为我国央企改革提供实践指导。国有资本凭借其产权属性政治关联的优势，能为央企带来资源获取和行业准入等方面的优势，并能形成优势凸显和富集效应。优势富集效应为本书分析央企混合所有制改革中国有资本的优势建立—优势凸显—优势富集的路径奠定了理论基础。

2.4.2 鲇鱼效应

鲇鱼效应来源于挪威的一个典故：挪威人喜欢吃沙丁鱼，尤其是活鱼，但是沙丁鱼在运输过程中极易因窒息而亡，只有极少数沙丁鱼能够活着到岸。因此，市场上活沙丁鱼的价格远远高于死沙丁鱼的价格。商家为了延长沙丁鱼的寿命以获得更大的经济收益，在装满沙丁鱼的鱼槽中放入了几条沙丁鱼的天敌——食肉动物鲇鱼，鲇鱼在鱼槽中会四处寻找小鱼吃。为了避免被异己分子吞食，沙丁鱼不得不在运输过程中加速身体游动，因此在长途运输中，大部分的沙丁鱼仍能够保持旺盛的生命力。

随着社会经济的发展,"鲇鱼效应"这一原理被频繁运用到经济活动中,并被逐渐演化为企业内部竞争的机制和人才管理的手段。对企业而言,鲇鱼效应是指企业在激烈的市场竞争中,采取某种手段或措施激发企业内部的活力,进而提升企业的核心竞争力和市场地位。同样,当"鲇鱼效应"作为一种竞争机制和管理手段被引入混合所有制企业改革时,也能够带来一定的竞争效应和刺激作用。对传统国企而言,国有资本在很多关系国计民生和国家经济发展的重点行业和领域中占据垄断地位或绝对优势,对其他非国有资本设置了较高的进入门槛,导致国企市场竞争不足。在混合所有制改革中,国家逐渐降低了非国有资本的进入门槛,使更多的社会资本也能参与到关键行业和重点领域的发展中,在一定程度上对国企造成竞争威胁,逐步实现国有资本和非国有资本的完全市场竞争,刺激国有资本提高自身竞争优势。而且,鲇鱼效应是一种压力效应,沙丁鱼由于鲇鱼的压力产生活力,国企中的国有资本也是一样。长期以来,国有资产占据主导地位,且经营亏损通常由政府承担,导致国企缺乏市场活力和创新活力,在引入非国有资本后,能充分发挥不同资本的比较优势,通过优化国企的资本结构,盘活优质国有资产存量,改善内部治理结构等提高国企运行效率。

央企混合所有制改革不仅是对资本结构的调整,更是对多种所有制资本的管理过程,通过引入非国有资本这条"鲇鱼",在提高公司内部治理能力的同时,能够充分发挥各种资本的协同效应,显著提高央企的发展活力和市场竞争力。同时,鲇鱼效应为本书构建央企混合所有制改革鱼缸效应模型提供了有益的启示。

2.4.3 资本异质性理论

奥地利经济学家拉赫曼(1956)[42]认为所有的资本资源都具有异质性,主要表现在资本用途上,且资本"最优"取决于拥有者的"资本计划"和"资本结构",即资本具有一定环境和使用范围的限制性。由于资本结构是权益资本和债务资本的组合,因此权益资本和债务资本具有异质性。其中，权益资本表现为企业中的资本拥有者（即股东或所有者）的出资，而企业中不同性质的股东对公司治理表现出不同的追求以及不同的报酬率要求（汪平，等，2015）[48]，股东之间的利益具有相互抗衡性，最终在发生冲突时可以相互抵消。因此，股东同样具有异质性，权益资本的异质性能够通过股东的异质性表现出来。

本书以资本异质性为出发点，对不同所有制资本各自的优缺点进行分析，在"逐利"本性的驱使下揭示央企混合所有制改革中国有资本和非国有资本的优势互补效应。

2.4.4 政治关联理论

政治关联理论的起源最早可以追溯到克鲁格（Krueger，1974）[123]对企业寻租行为的研究，企业与政府之间保持良好的关系能为自身提供有利的外部环境，从而促使企业愿意花费大量时间和金钱与政府或官员建立联系，以求为企业创造额外收益。

对政治关联的认定主要集中在企业高管同政府之间的隐性关系上，通过企业高管自身所具备的政治背景体现。布什曼（Bushman）等（2004）[124]和阿迪卡里（Adhikari）等（2006）[125]在研究中将企业中有股的比例用作衡量企业政治关联的标准和程度。

政治关联存在两个效应：一是"扶持之手"效应，政治关联可以为企业带来税收优惠、融资便利、壁垒行业准入便利和获得政府补贴等利益，有助于提高企业绩效和企业价值；二是"掠夺之手"效应，政治关联容易促使企业过度投资，增加企业的非生产性支出和产生企业的寻租成本，同时，企业容易成为政府实现经济、社会以及政治目标的工具，最终有损企业价值并对企业长期发展产生不利影响。

本书基于政治关联理论，将央企混合所有制改革中的国有资本认定为一种基于产权属性的政治关联，具有"扶持之手"的效应，可以为企业带来资源获取和壁垒行业准入便利的优势。

2.4.5 公司治理理论

公司治理理论的分析框架涵盖三个层次：基于企业所有权与经营权相分离形成的委托—代理关系；委托人与代理人之间由于实际利益不一致而产生利益冲突，造成代理成本；基于信息不对称和契约不完善的情景，在确保委托人利益不为代理人侵害的要求下，形成了公司治理。詹森和麦克林于1976年对公司治理进行界定，指出公司治理是为了协调股东和管理者之间的动机，并将难以避免的自利管理行为产生的成本降至最低的过程[16]。

（1）委托—代理理论

委托—代理理论是在信息不对称理论的基础上，为解决企业内部信息不对称和激励问题产生的，主要研究委托代理关系，是对契约理论的重要发展。委托—代理理论认为，两权分离使所有者与经营者之间的利益不一致，从而产生委托—代理关系。虽然公司治理结构先后经历了以管理层为公司治理中心、以股东大会为公司治理中心和以董事会为公司治理中心的一系列改革，但均未解决所有者与经营者之间的委托—代理问题。

在公司实践中，虽然外部股东持股在公司权益资本中占绝大部分，但并不能对公司进行有效控制，整个公司的主要控制权却被持有少量股份或不持有股份的经营管理层掌握。在信息不对称和公司所有者与经营者利益目标不一致的双重原因下，经营者就会存在为追求自身利益最大化而牺牲公司所有者及公司利益的动机。因此，委托—代理理论能够解释公司实践中的问题，为解决公司治理问题提供了借鉴。

在本研究中，基于委托—代理理论分析央企在实施混合所有制改革前因国有资本在企业中"所有权缺位"导致对公司内部治理的不利影响，为引入非国有资本的鲇鱼效应创造了空间。

（2）利益相关者理论

利益相关者理论起源于20世纪60年代，其核心思想为外部控制型公司治理。弗里曼（Freeman）和里德（Reed，1983）[126]分析了影响公司目标实现的诸多因素，将股东、债权人、员工、供应商以及消费者等视为微观影响因素，同时也认为政府、社区和环境保护等是影响公司目标实现的宏观因素，并将这些因素统一纳入利益相关者管理的范畴。

利益相关者理论认为，公司各利益相关者在追求自身利益最大化的过程中，单个个体的行为会受到其他利益相关者行为的制约，不可能无限度地扩充自己的利益目标而损害其他利益相关者的利益，否则公司既定的契约条款会被破坏而形成新的利益相关者群体。可见，股东在公司承担的是有限责任和风险，其他利益相关者则必然担负着剩余风险。

因此，在现代公司实践中，公司除了维护股东利益和自身利益外，还必须承担一定的社会责任。

利益相关者理论为本书分析央企混合所有制改革社会效应构成要素提供了理论支撑，同时也为构建央企混合所有制改革社会效应的评价指标体系提供了框架借鉴。

2.4.6 共生理论

"共生"一词最早源于生物学，是指不同类型、种类的生物利用彼此的特性共同生活、相依为命的现象。袁纯清（1998）将生态学中的共生概念及相关理论应用到国家的小型经济研究中，指出共生不仅是一种生物现象，也是一种社会现象，并在辩证唯物主义和系统科学思想的基础上构建了共生理论的基本框架[127]。

（1）共生的基本要素

共生主要体现了两种及两种以上的生物之间在生理上彼此平衡的状态，既是广泛存在的生态现象，又是生物体顺应生态环境的一种动态适应过程和达到平衡状态的结果（王德利和高莹，2005）[128]。共生单元、共生模式和共生环境是共生的三大基本要素，如表2-1所示。

表 2-1 共生的三大基本要素

基本要素	定义	分类		重要性	备注
共生单元	指组成共生体的基本单位，实现能量之间的生产和交换	—		基础	采用质参量和象参量两个指标进行描述
共生模式	指不同共生单元之间相互影响的手段以及相互联合的形式，并反映共生单元之间的物质关系、信息关系以及能量关系	按照行为方式划分	寄生	关键	—
			偏利共生		
			非对称性互惠共生		
			对称性互惠共生		
		按照组织程度划分	点共生		
			间歇共生		
			连续共生		
			一体化共生		
共生环境	指共生模式形成和发展的环境	—		重要	用共生单元以外的所有因素对共生环境进行综合描述

注：本表由作者根据袁纯清（1998）[127]所著文章及其他研究文献整理而成。

三大基本要素之间的相互关系，一方面反映了共生单元之间实现共生的条件、性质和特征，另一方面反映了共生的动态演化方向以及共生系统的发展规律，任何共生关系都是三者之间相互影响的综合结果。

（2）共生系统

共生系统是指在各共生单元之间依据一定类型的共生模式形成的关系集合的总称。将 $\vec{S}=(\vec{M},\vec{P})$ 记为共生系统状态向量，则可以通过对共生模式按照组织模式和行为模式进行不同的组合，进而得到共生系统的基本状态，如图2-3所示。

图2-3是共生系统可能存在的基本状态。对这些基本状态及其变化进行分析，既可以促进人们对共生系统进行充分的认识和探索，也为人们优化共生系统指明了方向，即较优的共生系统总是趋向一体化共生和对称互惠共生。

	点共生模式M1	间歇共生模式M2	连续共生模式M3	一体化共生模式M4
寄生P1	S11 (M1, P1)	S12 (M2, P1)	S13 (M3, P1)	S14 (M4, P1)
偏利共生P2	S21 (M1, P2)	S22 (M2, P2)	S23 (M3, P2)	S24 (M4, P2)
非对称互惠共生P3	S31 (M1, P3)	S32 (M2, P3)	S33 (M3, P3)	S34 (M4, P3)
对称互惠共生P4	S41 (M1, P4)	S42 (M2, P4)	S43 (M3, P4)	S44 (M4, P4)

共生组织化程度提高，共进化作用增强 →

共生能量分配对称性提高 ↓

图 2-3 共生系统的状态

注：本图根据袁纯清（1998）[127]所著文章图片进行了适当修改而成。

共生理论认为，共生的本质是协调与合作，在整个自然界和社会中普遍存在，互惠共生是社会发展的必然趋势。因此，本书将共生理论的概念和原理应用到央企混合所有制改革效应的研究中，并作为分析国有资本和非国有资本价值创造效应的理论和方法，分析两种资本在共生环境下能否实现双赢以及能否实现企业层面的价值创造。

2.4.7 价值创造理论

价值创造理论主要研究价值是如何产生的。法国经济学者萨伊在《政治经济学概论》一书中指出，价值是消费者对产品使用价值的主观效用评价，这种效用性价值离不开劳动、资本、土地等要素的投入，并呈现出协同效应和收益性。协同效应是指在价值创造过程中，需要劳动、资本、土地等要素的"生产性服务"；收益性是指各要素均能获得各自的收益，如劳动要素获得工资报酬、资本要素获得利息收入、土地要素获得地租等。工资报酬、利息收入、地租等反映了各要素在价值创造过程中的成本耗费，进而决定了商品的价值大小。

从管理学的角度来说，价值创造既是企业发展的最终目标，也是企业长期生存的基本保证。自亚当·斯密于1776年提出劳动分工以来，学术界对企业性质、企业价值等进行了深入探索，并逐渐形成了以能力、价值链、竞争优势为基础的企业价值创造理论。本书主要对能力价值创造中的动态能力理论进行分析。动态能力理论认为，企业在整合内外部要素的基础上，能够充分利用优势资源形成自身竞争优势，如企业内部克服组织惯性，激发企业创新活力；从企业外部吸收和聚集优势资源与资本，发挥资源协同效应，进而获得更大的企业价值。

对实施混合所有制改革的央企而言，国有资本和非国有资本都有各自的优缺点，央企的价值创造离不开这两种资本的参与。价值创造理论为本书分析央企混合所有制改革中资本的价值创造效应提供了理论支撑。

2.5 本章小结

本章首先厘清了所有制及所有制改革、混合所有制的内涵，并对混合所有制企业进行了界定。其次，界定了资本的内涵，分析了资本的性质和外延，进一步界定了资本管理的内涵，并对央企及央企混合所有制改革效应等概念进行了界定。最后，对相关理论进行了系统性的梳理，奠定了本研究的理论基础：资本异质性理论揭示了国有资本与非国有资本的优缺点，以及两种资本实现优势互补的可能性；政治关联理论为央企混合所有制改革中国有资本基于产权属性政治关联的"扶持之手"效应提供了理论支撑；优势富集效应揭示了央企混合所有制改革中国有资本基于政治关联产生的优势富集；鲇鱼效应为央企混合所有制改革鱼缸效应模型构建提供了有益启示，同时揭示了非国有资本这条"鲇鱼"为央企带来的积极效应；公司治理理论为分析非国有资本与提高央企公司治理能力的关系提供了依据；共生理论是对央企混合所有制改革中国有资本和非国有资本共生发展的理论支撑；价值创造理论系统阐述了央企混合所有制改革中国有资本和非国有资本如何在共生环境下实现价值增值。

第3章 研究问题的提出与研究框架

在第2章对相关概念进行界定和理论梳理的基础上,本章对央企混合所有制改革发展历程进行进一步梳理,探讨央企在全面深化混合所有制改革新时期中以"管资本"为主导的动因,分析新一轮以"管资本"为主导的央企混合所有制改革的目的。最后,在对国有资本和非国有资本特质进行分析的基础上,结合"管资本"的本质,依据鲇鱼效应原理,构建资本管理视角下央企混合所有制改革鱼缸效应模型,并基于该模型搭建央企混合所有制改革效应研究框架。

3.1 央企混合所有制改革的发展历程

我国国企改革始于1978年中国共产党第十一届中央委员会第三次全体会议(以下简称党的十一届三中全会),在经济体制大框架下产生并进行,改革的方式和内容逐渐从激进型控制权改革转向渐进型所有权改革。经历了40多年的发展,国企逐渐形成了不同经济成分相互融合的混合所有制结构。随着我国社会生产力的发展,国企改革不断深化,其发展历程大体上可分为四个发展阶段,如图3-1所示。我国央企改革的真正起步阶段是在2003年,该年国务院国资委的成立正式确立了央企的范围,随后央企在原有国企混合所有制改革初步探索和制度创新的基础上,经历了大力发展混合所有制的推进阶段,并随着党的十八届三中全会的全面召开,进入了以"管资本"为主导的全面深化改革新时期。

从党的十八届三中全会召开至今,混合所有制改革步入全面深化新时期。该阶段进一步增强了对非公有制经济的重视,为混合所有制经济的发展营造了良好的氛围,同时将对国有资产的监管进一步转向"资本管理",大力推进央企混合所有制改革。

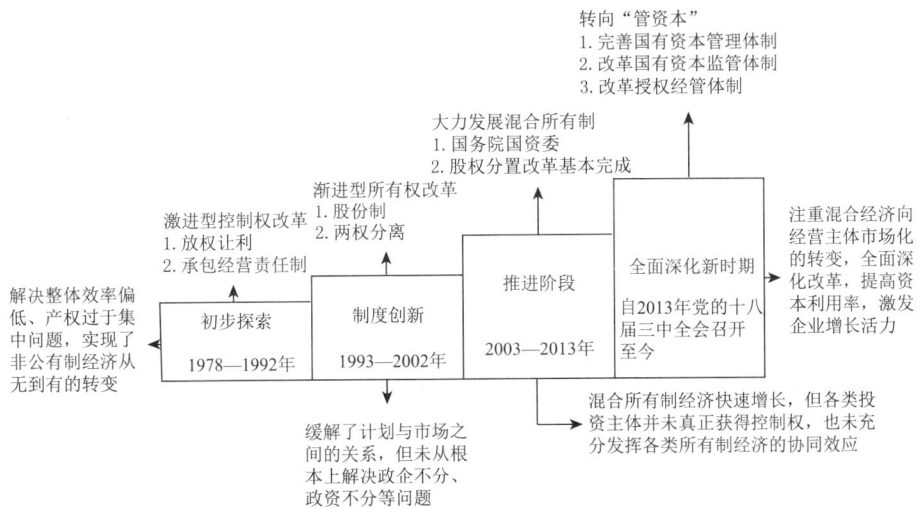

图 3-1 我国国企混合所有制改革的发展历程

在以股份制为主体的前提下,央企混合所有制改革从混合经营逐渐转为经营主体的市场化发展。2013 年,党的十八届三中全会重新确立了公有制和非公有制经济的性质,明确指出两种经济形式都是社会主义市场经济的重要内容,并首次将二者放在同等重要的地位,这成为我国央企混合所有制改革的重要转折点。此外,党的十八届三中全会的《决定》进一步确立了我国基本经济制度的实现形式,即公有资本和非公有资本交叉持股、共同发展的混合所有制经济,既改变了传统的"参股"形式,也解除了非国有资本持股比例的限制,打破了国有资本控股的历史地位,这不仅是对我国基本经济制度理论的丰富和完善,更是混合所有制改革的重大突破,能够从根本上增强企业创新增长的活力。随后,中央、地方政府相继出台改革方案,成立全面深化改革领导小组,改革思路和改革方式日益成熟。在央企改革的大背景下,长期处于低迷的行业也迎来了新的市场发展前景。为继续深化央企混合所有制改革,国务院于 2015 年出台了《指导意见》，提出促进混合所有制经济发展的多种途径，如鼓励非国有资本入股国企、鼓励国有资本入股民营企业、鼓励国有资本与具有成长性的企业合作、鼓励员工持股试点等，极大地提高了国有资本的利用效率。

在新的时代背景下，针对央企改革面临的新形势、新任务和新目标，2017年党的十九大报告进行了深入剖析，指出国企改革的最终目的是实现国有资本做大做强。在今后的发展中，要不断完善各类国有资产的管理体制，改革国有资本的监管体制和授权经营体制，将所有权和经营权分离。该报告为全面深化混合所有制改革指明了新的方向，至此，央企混合所有制深化改革步入全面推进阶段。

3.2 以"管资本"为主导的央企混合所有制改革动因

央企混合所有制改革基于中国特殊的社会、经济和政治背景逐步推进。多年的改革在一定程度上有效缓解了央企政企不分、产权过于集中、整体效率偏低的问题。但在新的时代背景下，国有资产运营效率低、国有资产管理体制不健全、企业定位布局不合理、公司治理机制不完善等仍是央企当下所面临的突出问题，也是新一轮央企混合所有制改革以"管资本"为主导的动因。

3.2.1 国有资产运营效率呈下行趋势

2003年是我国实行混合所有制改革制度创新阶段的第一年，该年央企的总资产报酬率为4.60%，净资产收益率为4.50%。随后几年，央企的总资产报酬率和净资产收益率呈现一路上行的趋势，在2007年达到顶峰，总资产报酬率为8.60%，净资产收益率为12.30%。之后，央企的总资产报酬率和净资产收益率出现明显下滑，在2014年，分别降至4.30%和6.80%。相关数据的滑落折射出央企经营困难日益加剧、活力逐渐丧失的现实。由此可见，原有"管人、管事和管资产相结合"的国有资产管理方式已经不再适用,如果不能提高央企的管理水平和运营效率,就可能再次束缚我国经济的增长。作为现代企业管理的核心,资本管理成为央企在新一轮混合所有制改革中提高国有资本活力和效率的主要手段。2003—2014年,我国国企总资产报酬率和净资产收益率走势如图3-2所示。

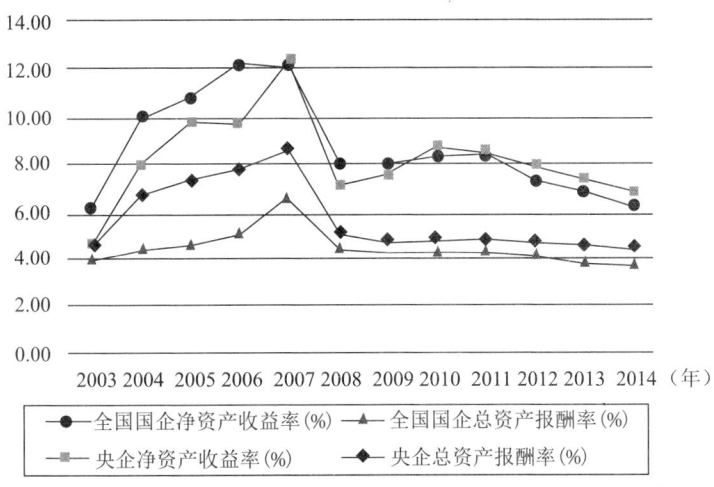

图 3-2　2003—2014 年我国国企总资产报酬率和净资产收益率走势

资料来源:万得资讯数据库、财政部官网和长江证券研究所。

3.2.2　国有资产管理体制不健全

虽然央企在以往的混合所有制改革中取得了一定的突破和多方面的创新,但对国有资产经营管理体制的健全和完善始终难以破冰,以致难以根除国有资产经营效率低下和流失严重等问题,其主要原因在于国有资本的所有者缺位造成无法对代理人行使有效的监督和激励(袁东升,2012)[129],具体表现有以下两个方面。

1)国务院国资委存在"裁判员"和"运动员"双重身份。在国有资产管理中,国务院国资委扮演着委托人和代理人双重身份,国有资产所有者缺位,导致缺乏对国务院国资委的有效监督。同时,国务院国资委的决策过于集中,导致政企不分、多头管理的现象严重,最终造成央企在日常经营管理中权、责、利不明问题日益突出（罗华伟和干胜道，2014）[130]。

2）政府干预严重。承担着国家政治责任和社会责任的央企在其经营活动中，在一定程度上受制于政府的干预，从而表现出国家的行政信号优先于市场的价格信号，最终造成央企以牺牲能够实现的经济效率为代价执行国家的政治任务（Boycko et al，1996）[131]。

此外，国有资产管理行政化问题严重，一方面极易加剧央企经营的道德风险，另一方面容易引起央企政策性亏损和预算软约束等问题。

因此，国有资本产权导致的所有者缺位问题和国有资产管理行政化问题是央企在新一轮混合所有制改革中实施资本管理的另一原因。

3.2.3 央企定位布局不合理

央企在国民经济中占有主导地位，并承担着实现国家政治功能和经济功能的重任，但存在定位布局不合理的现状，主要表现在以下两点。

1）央企功能定位不明晰。在前三轮改革中，政企分离的改革目标难以落实，导致央企无法建立真正的现代企业制度，从而造成混合所有制经济在央企中难以达到通过深度融合实现优势互补的终极目标（荣兆梓，2014）[62]。

2）国有经济布局不合理。从宏观层面看，国有经济存在布局过宽、资源配置优势不突出、产业结构差异不明显、难以实现规模经济等问题；从微观层面看，央企资本化水平较低、资产流动性不高（卢俊，2014）[132]。

因此，央企功能定位不明晰、现代企业制度不健全、国有资本化水平低和资产流动性差等现实情况要求央企应当以"管资本"为主导推动新一轮混合所有制改革。

3.2.4 央企内部治理机制不完善

尽管央企混合所有制改革经历了多年的发展，且大多数央企初步建立了现代企业制度和公司治理结构，如设立董事会、监事会、股东大会等治理机构，但由于国有资本的特殊性，各机构的职能并未得到有效发挥，央企重大人员任免、重要项目投资决策、经营决策等仍由政府部门决定，"内部人控制"现象屡见不鲜（卢俊，2014）[132]，各经营主体也未真正获得控制权，导致国有资本"一股独大"现象严重。尤其是存在资源垄断性行业的央企，往往具有政策优势，在进入门槛上对私有资本设置较高的要求，使国有资本经常处于绝对控股地位，国有股东的意见起着决定性作用，其他中小股东占比较小，"同股同权"难以实现，无法真正形成所有权、经营权、监督权相互制衡的局面，极大地降低了央企独立法人治理结构的有效性。

在约束机制方面，部分央企出现董事会和经理层人员的重叠，如董事长兼任总经理等，造成董事会的监管职能弱化。当然，也有部分央企建立了完善的约束机制，但缺乏与之匹配的激励机制（Jiang F et al., 2014）[133]，经营管理层的绩效考核收效甚微，工作积极性大打折扣，甚至出现国有资产的严重流失。因此，公司治理现状迫切要求央企推进全面深化改革，真正发挥各权力机构的监管职能，提高资本管理效率。这也是新一轮央企混合所有制改革实施以"管资本"为主导的动因之一。

3.3 以"管资本"为主导的央企混合所有制改革目的

3.3.1 转变经济增长方式

改革开放以来，我国社会经济实现了高速增长，但部分行业由于前期投资过热出现产能过剩、资源利用效率偏低等问题。尤其在2003年之后，多数企业的发展逐渐受制于资源瓶颈问题，面临的环境压力也不断增大。转变经济增长方式、实行体制机制改革、提高经济活动效益成为我国经济可持续发展的应有之义。

现阶段，全球经济复苏面临巨大挑战，我国经济发展也面临新的矛盾和问题。在中国经济转型升级、深化改革的重要时期，央企发挥着主力军作用，与国家经济结构有着密切关系，是我国经济体制改革的基础和核心。2016年，基于资本管理的央企混合所有制改革致力于在重点领域和关键环节取得新的进展，一方面影响我国经济的增长方式，另一方面对国有资本的保值增值等方面产生重大影响。通过充分利用各种所有制经济，发挥各自的优势，实现优质资源的共享，如央企拥有丰富的政府资源，民营企业具有较强的市场竞争力和创新驱动力，外企具有技术革新优势等。通过优质资源的共享，可以有效解决公有制与市场经济相结合的重点难点问题，这既是社会主义制度下的经济体制改革创新，也是推动我国社会发展、提高综合经济实力的强大动力。

3.3.2 盘活国有资产存量

由于种种原因，央企出现国有资源闲置、国有资产流失、经营效率较低、持续亏损等问题，国有资产长期处于停滞的存量状态。与具有其他产权属性的企业相比，央企盈利能力明显偏低，且债务规模不断扩大，直接拉低了国有资产投资回报率。尽管近年来各地方政府推出国有资产证券化的措施，鼓励跨地区、跨所有制的整合重组，但成效并不明显，央企大多将主营业务的部分或个别环节上市，使资产证券化率整体偏低。

从全球市场经济发展的角度来看，随着国际市场竞争的日益激烈，资本集合和联合已成为企业发展的趋势和潮流，若想在竞争中占领优势地位，就必须遵循市场效率原则聚集各类资本。而基于资本管理的混合所有制改革能够将不同性质、不同类型的经济要素组合起来，实现国有资本与非国有资本的深度融合，扩大资本规模，发挥集聚效应，并在动态调整过程中达到资本的优化配置。通过充分利用各种所有制资本的优势发展混合所有制企业，有利于形成跨部门、跨行业、跨区域的大型企业，同时能够根据市场需求，将总资本划分为不同规模的资本进行分立经营，在市场竞争环境中确保国有资本的增值，促进国民经济的持续发展。此外，基于资本管理的混合所有制改革重要形式之一，就是实行国有资产的证券化，将越来越多的优势资产带入央企的生产经营，释放更多的市场空间，有效盘活国有资产存量，增强资产的流动性和透明性，促进资产的变现、交易。因此，基于资本管理的混合所有制改革是盘活国有资产存量的有效途径（袁恩桢，2014）[134]。

3.3.3 促进央企顺利转制

21世纪以来，我国民营资本迅速增长，民营企业的数量已远超央企数量，但民营股份的比重远低于国有股份的比重，尤其是石油、电力等行业，进入门槛较高。尽管央企在发展中占有绝对优势地位，但与民营企业相比，盈利能力明显偏低，且缺乏发展活力，其中最主要的原因就是央企缺乏市场约束，同时又无须自负盈亏，而是转嫁给政府，并未形成真正的市场竞争主体。

基于资本管理的混合所有制改革强调政企分离，要求企业的生产经营活动不受政府部门的过多干预，而是以市场主体的身份参与市场竞争，所以政企分离的关键是在央企内部引入社会资本等其他形式的所有权，实现央企股权的多元化、分散化发展，促使各利益主体相互制衡。基于资本管理的混合所有制改革打破了央企中国有资本"一股独大"的现象，企业不再是其利益的载体，而是不同性质经济利益的代表。同时，基于资本管理的混合所有制改革要求央企建立现代企业制度，形成科学的决策机制，发挥董事会、监事会、股东大会等机构的职能，减少企业短视行为，提高国有资本投资效率。通过建立奖励激励机制，提高员工积极主动性和创造性，激发企业活力。因此，基于资本管理的混合所有制改革有利于推动央企的公司制股份制改革，使其转变为真正独立的市场主体，为改制上市提供了良好契机。

3.3.4 实现从"管资产"向"管资本"转型

在新一轮央企改革中，基于资本管理的混合所有制改革从原有的以产品经济为核心（实现生产产品）转向以资本管理为核心（实现资金、资产和资本的良性循环），如图3-3所示，即从传统的管理资产转向管理资本。

资本管理是国有资产监管体制的实质性改革，不仅是对央企某一项资本的管理，更是对央企所有资金、资产等各项资源的管理，将其转化为企业生产经营活动所需的资本，通过优化资本结构，实现资本价值最大化。在内部管理方面，央企应根据发展需求确定和保持合理的资本量，制订资本使用计划；在外部管理方面，应加强对资本运用的监督和调节。以资本管理为核心，有助于央企在经营过程中不断优化资本结构，进而提高资本投资效率和运行效率，获得更多的资本收益。同时，资本管理与央企公司治理也有着密切关系（杨红英和童露，2015）[135]，对改善央企公司治理结构，提高公司治理能力发挥了积极作用。

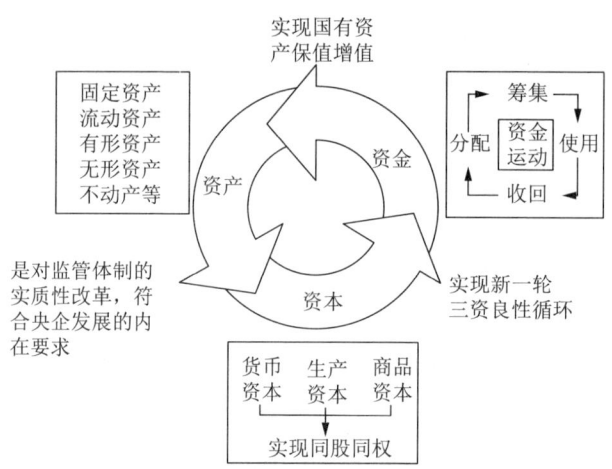

图 3-3 资金、资产与资本循环

"管资本"是新时期央企改革的重要突破口，既符合国有资本管理的国际化做法，也是央企转变为完全市场化主体的内在要求。在强化资本管理的同时，混合所有制改革要求央企遵循现代企业制度，发挥监事会职能，对企业重大决策、财务问题、重要事项等进行事前和事中监督，推动央企资产和重大信息的公开透明，建立问责机制。从成本的角度来看，基于资本管理的混合所有制改革有助于央企简政放权，加快体制机制转换，降低交易成本，通过优化经营模式和成本结构，提高企业管理水平和成本增值力。因此，基于资本管理的混合所有制改革有利于放大国有资本功能，通过资本运作增强国有经济的市场竞争力，提高央企公司治理能力，这也是改革的主要目的之一。

3.4 基于资本管理的央企混合所有制改革鱼缸效应模型

3.4.1 国有资本与非国有资本的特质分析

（1）国有资本的特质分析

国有资本作为国家和政府投资部门或机构持有的经营性资产，存在两个特性：一方面，国有资本具有一般资本的属性，是一种能够实现价值的价值，具有资本的逐利性特征；另一方面，国有资本具有社会属性，在国民经济发展中有其特殊的经济地位，承担着更多的经济责任、政治责任和社会责任，表现出一定的社会属性。因此，国有资本在资本市场中的目标并非以收益最大化为导向，而具有一定的政策导向作用。国有资本与政府之间存在很强的基于产权属性的政治关联，这种政治关联能为国有资本投资对象带来显著的优势，主要表现在以下四个方面。

1）税收优势。长期以来，央企或国企作为国有资本投资对象的主体，一直是国家和政府部门扶持的对象，其大部分的税收收入也被投入相应企业的经营发展中，国家在税收政策制定上给予了一定的优惠，如减税让利、税收减免等，有效降低了税收负担。

2）融资优势。相比非国有资本，国有资本大多处于垄断性行业和经济效益较高的行业，如公共事业、石油产业、金融服务、天然气开采等，发展相对稳定，且具有一定的资本规模和实力，具有更高的融资能力。

3）壁垒行业准入优势。在关系国计民生、国家安全、国家经济发展的关键行业和领域，国有资本长期处于主导甚至垄断地位，这些行业和领域对社会资本和外资设置了较高的进入门槛，而国有资本拥有更为便利的行业进入条件。

4）政府补贴优势。国有资本承担着较多的社会负担和政治负担，国家为了缓解这种负担并达到国有资本实现经济利益诉求的目的，会给予国有资本投资对象更多的政府补贴。

尽管国有资本基数较大，但其市场化程度并不高，并存在以下几种弊端。

1）国有资本缺乏活力。在诸多行业中，国有资本处于垄断地位，缺乏完全竞争的市场环境，管理机制不健全，导致资源配置效率不佳，国有资本缺乏发展活力。

2）国有资本流动性不强。大量国有资本处于静态或停滞状态，流动性不强，国有资本保值增值能力不足尚有待提高。

3）国有资本整体利用率较低。长期以来，政府部门掌握着国有资本运营的重大决策、剩余利益索取权，在实施过程中，政府与其他部门目标难以协调统一，不同部门之间相互推诿现象时有发生，限制了管理层管理权限的正常发挥，导致国有资本所有权与实际经营权错位。此外，国有资产流失严重，制约着国有资本的持续发展。

（2）非国有资本的特质分析

非国有资本具有逐利和自负盈亏的特性，能够有效激发企业内生发展动力，盘活企业资产存量，提高管理人员竞争意识，从而提高资本投资效率和资源市场化配置效率，不断增强资本的流动性。

非国有资本的优势主要表现为以下几种。

1）市场化运营机制灵活。非国有资本是我国市场经济的重要推动力量，与市场经济的发展密切相关，具有与市场机制相互适应的天性，运行机制更为灵活和完善。

2）资本流动性强，运营效率高。非国有资本处于完全竞争的市场环境中，既不受政府部门的"牵制"，也不存在保护主义，流动性较强，有利于实现价值创造和价值增值。同时，非国有资本具有自负盈亏的特性，反映了市场机制的优胜劣汰，为了寻求自身的发展，非国有资本更加注重资本的投入产出效率，并根据市场经济的发展变化不断创新，运营效率较高。

3）发展活力较强。非国有资本既是个人利益的载体，其最终目标是追求个体经济利益最大化，也是社会发展的物质动力，能够充分调动各资本主体参与生产经营活动的积极性，具有较强的发展活力。此外，与国有资本相比，非国有资本具有严格的管理机制和手段，有着高效的激励措施，对提高资本管理效率大有裨益。

然而，非国有资本长期以来一直受到"非国民待遇"。在行业准入上，非国有资本主要集中于竞争性较强的产业，诸如轻工业制造业和日常服务业，很难进入诸如能源、金融服务、城市公共事业等关键领域。非国有资本规模相对较小且处于分散化状态，从而导致所在企业的融资渠道较窄，银行授信额度不高，获得融资较难。此外，非国有资本与政府的"政治关联性"较差，在获得税收优惠、政府补贴等方面存在弱势。

3.4.2 央企混合所有制改革"管资本"的本质

资本管理理论认为，企业只是资产的一种载体，资本及资本的增值才是问题的本质，而这一本质问题与资本的流动性紧密相关。央企缺乏生机与活力的根本原因在于大量国有资本处于凝固状态，无法实现跨地区、跨行业甚至跨企业的流动，不仅不利于社会资源的有效配置，而且国有资本保值增值也无从谈起。基于此，新一轮央企混合所有制改革以"管资本"为主导的实质性主要表现在以下几个方面。

1）国有资本的流动为央企提供了新的增值契机。国有资本在收益最大化目标下的流动，能够使央企适时将其投向社会最需要发展的部门、行业和产品中，带来更大的经济效益，并获得价值增值，同时也能扩大增量。

2）国有资本的流动对及时调整社会经济结构和央企产品结构起着导向作用，有利于实现社会产业结构和企业产品结构的高级化和合理化，对增强和壮大整个社会主义经济大有裨益。

3）国有资本的流动不应拘泥于企业的形式。企业形式由资本的性质和构成形式决定。任何能够提高国有资本活力和运营效率、盘活国有资本存量并为企业带来价值增值的企业形式都应该被接受。

因此，在国有经济、国有资本、央企这三者的关系上，应以"壮大国有经济、搞活国有资本、改革中央企业"为目标导向，通过对现有央企的改革，将重点放在搞活国有资本上，使静态的、凝固的国有资本转变为动态的、流动性强的资本，在充分发挥国有资本作用的同时，确保其保值增值，最终促进整个国民经济的健康发展。

3.4.3 央企混合所有制改革鱼缸效应模型

在沙丁鱼鱼槽中引入鲇鱼，能激发沙丁鱼求生的本能，使其保持活力，这种被对手激活的现象在经济学上称为"鲇鱼效应"，被广泛应用于经济学和管理学等学科的研究中。以往学者对"鲇鱼效应"的研究主要从激活作用、竞争效应和刺激作用等角度出发，认为"鲇鱼"的存在能使"沙丁鱼"保持危机意识、保持旺盛的战斗力。傅白水（2007）[136]认为在我国国企混合所有制改革中，引入民营经济这条"鲇鱼"，能够激活国企内部经营机制，并显著提高国企的市场竞争力。

在当前混合所有制改革全面深化时期，党的十八届三中全会在《决定》中强调，国有资本和非国有资本交叉持股，有利于放大国有资本功能，实现国有资本的保值增值并提高其市场竞争力；同时，各种所有制资本通过深度融合，实现优势互补，达到相互促进和共同发展的目的。基于此，本书认为在新一轮的央企混合所有制改革中也存在鲇鱼效应，国有资本具有沙丁鱼的属性，而非国有资本拥有鲇鱼的特征，只是在这一轮改革中，"沙丁鱼"和"鲇鱼"之间除了单纯的竞争外，还含有更多的合作与共赢的成分。主要原因在于：本轮改革强调各种所有制资本的共同发展，与上一轮央企改革不同，本轮改革强调同股同权，使非国有资本能够真正拥有话语权，在盘活国有资本的同时，能够实现自身利益的诉求；本轮改革注重对各种所有制资本的取长补短，在央企混合所有制改革全面深化时期，目的是通过各种所有制资本的深度融合，实现优势互补，最终放大国有资本功能；资本具有逐利性特征，在当前共赢发展的经济格局下，具有竞争性的各种所有制资本只有在互惠互利的合作模式下才能长期合作。基于经济学的理性假设，牺牲一方而有利于另一方的合作模式都不可能长期存在，这也是上一轮央企混合所有制改革失败的教训。

因此，在新一轮的央企混合所有制改革中，不仅存在鲇鱼效应，而且更是一种合作共赢的鲇鱼效应，国有资本与非国有资本处于自愿融合、地位平等的合作状态，"沙丁鱼"和"鲇鱼"不再是天敌，而是可以通过融合实现优势互补并共同成长的战友。

基于上述分析，本书构建了基于资本管理视角的央企混合所有制改革鱼缸效应模型，如图3-4所示。

在图3-4中，我们将实施混合所有制改革的央企视为"鱼缸"，将国有资本当作"沙丁鱼"，将非国有资本看作"鲇鱼"，对模型分析如下所述。

基于前文对央企以"管资本"为主导的新一轮混合所有制改革动因与目的，以及国有资本与非国有资本特质的分析，不难发现，"沙丁鱼"具有借助外力盘活自身的动机。虽然央企中的国有资本基于产权属性的政治关联能为企业带来各种资源获取和壁垒行业准入的优势，诸如具有税收优惠优势、融资便利优势、壁垒行业准入便利优势、政府补贴优势，但国有资本的产权所有者缺位、"一股独大"等原因导致"内部人控制"和治理机制欠缺等问题严重，诸如存在国有资本缺乏活力、流动性不强、定位布局不合理以及所处企业治理机制不完善等劣势。因此，国有资本只有在化解自身劣势的前提下，才能充分发挥自身的优势，最终实现保值增值的目标。此外，"鲇鱼"需要寻找新的投资机会。非国有资本天生处于竞争激烈的市场环境中，具有自负盈亏的特性，对市场环境反应灵敏，具有灵活的市场化运营机制，资本流动性强，运营效率高，具有较强的发展活力。但非国有资本由于自身规模相对较小，且长期处于分散化经营状态，导致资信能力差,无法摆脱融资渠道窄的困境;同时,由于和政府之间的政治关联性较差,非国有资本长期以来一直承受着并不公平的"非国民待遇",导致其在各种资源获取上处于劣势,且非国有资本的行业进入壁垒相对较高。因此,非国有资本只有通过寻找新的投资机会和获取更多的资源,才能得到更好的发展,并实现资本的价值创造。

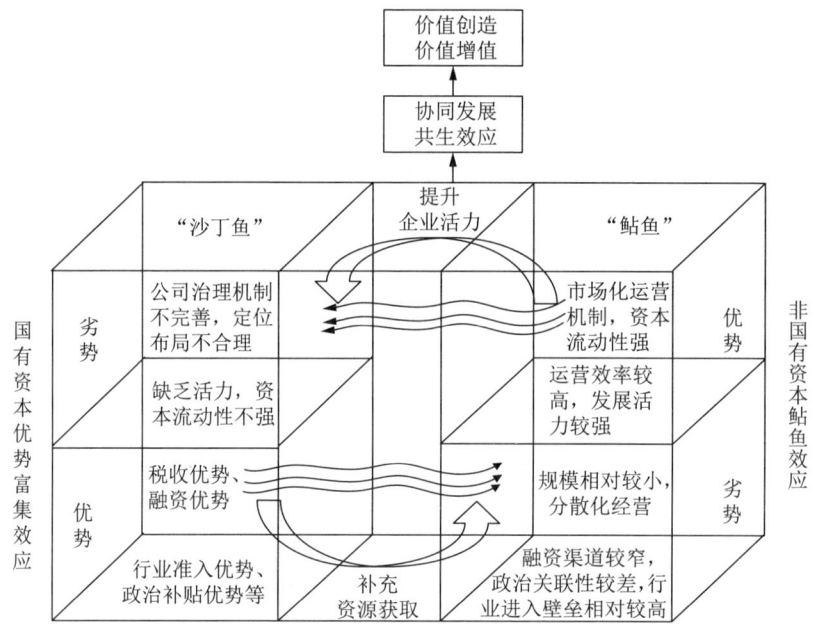

图3-4 资本管理视角下央企混合所有制改革鱼缸效应模型

综上,"沙丁鱼"和"鲇鱼"的现实处境决定了两者均具有在"鱼缸"中优势互补、共同生存和发展的诉求,同时国家全面深化混合所有制改革的政策环境为其提供了共生的平台。因此,"鱼缸"中的"沙丁鱼"期待外部"鲇鱼"的进入以激活自身的活力,得以健康发育、茁壮成长;而"鲇鱼"则需要寻求新的生存环境,方可获取更多的资源,最终实现壮大自身的目标。一旦"鲇鱼"进入"鱼缸","沙丁鱼"安逸的状态就被打破,整个"鱼缸"处于运动状态,"沙丁鱼"的活力被激发,从而能够健康成长;"鲇鱼"因获得了更多的生存资源,也能够得以壮大。最终,

"鱼缸"中"沙丁鱼"和"鲇鱼"的总数也会越来越多,并会对整个"鱼缸"的生态环境产生有利的影响。

但是"鲇鱼效应"也存在弊端。一方面,如果进入"鱼缸"中的"鲇鱼"数目过少,"鲇鱼"在"鱼缸"中难以施展身手,则很难激发"沙丁鱼"的活力,也难以实现壮大自身的目标;另一方面,如果进入"鱼缸"中的"鲇鱼"数目过多,"沙丁鱼"的活力在短期内虽然能够被激发,但由于"鱼缸"中的资源有限,最后"鲇鱼"为了实现壮大自身的目标,极有可能产生吞食"沙丁鱼"的动机,对"沙丁鱼"造成严重的威胁和后患。因此,虽然"鱼缸"有引入"鲇鱼"的动机,但只有控制好进入"鱼缸"中的"鲇鱼"数目,才可能达到"沙丁鱼"和"鲇鱼"在"鱼缸"中融洽共处共生并茁壮成长的目的。

3.4.4 央企混合所有制改革效应研究框架

在对央企混合所有制改革鱼缸效应模型分析的基础上,本书搭建了资本管理视角下央企混合所有制改革效应研究的逻辑框架,如图3-5所示。

首先,基于政治关联理论,对央企混合所有制改革中的国有资本基于产权属性的政治关联能否为企业带来税收优惠、融资便利、壁垒行业准入便利以及政府补贴等方面的优势富集效应进行理论分析和实证检验,并在此基础上对国有资本与混合所有制改革央企资本的聚集与吸纳能力之间的关系进行理论分析和实证检验。其次,以公司治理理论为基础,对非国有资本的进入能否为实施混合所有制改革的央企带来提高公司内部治理能力的鲇鱼效应进行理论分析和实证检验,并就非国有资本对混合所有制改革央企资本投资效率的影响作用进行理论分析和实证检验。随后,依据共生理论和价值创造理论,对央企混合所有制改革中资本的价值创造效应进行理论分析,并对资本混合度与企业价值创造之间的关系进行实证检验。最后,对央企混合所有制改革社会效应和经济效应进行分析和评价。

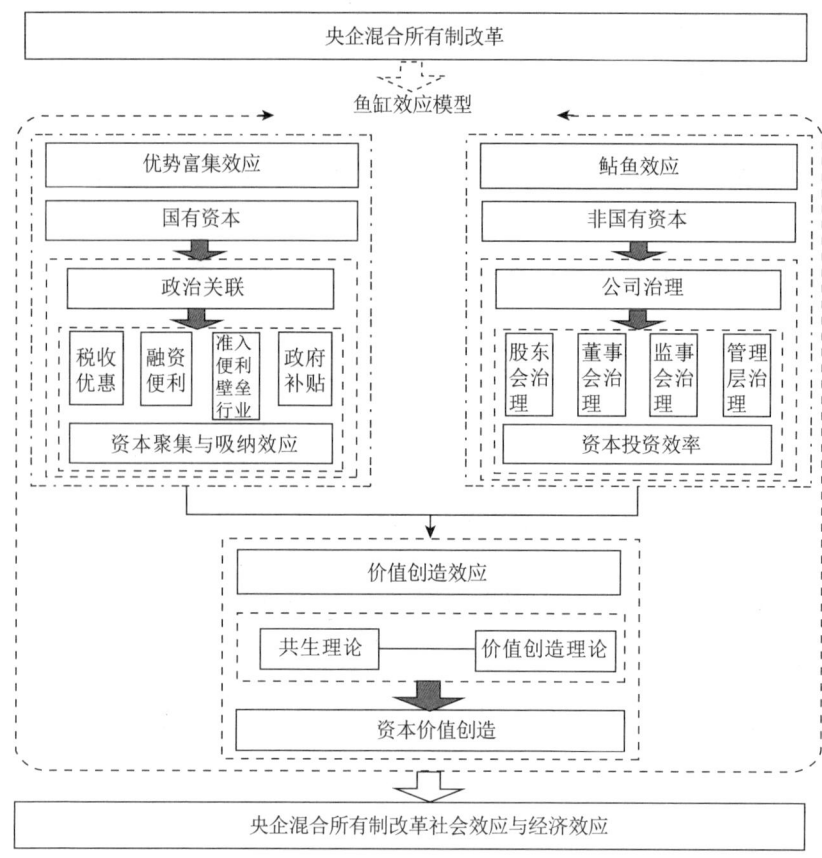

图 3-5 基于鱼缸效应模型的央企混合所有制改革效应研究的逻辑框架

3.5 本章小结

本章首先系统梳理了央企混合所有制改革的发展历程，在此基础上，分析了央企以"管资本"为主导的新一轮混合所有制改革的动因和目的；其次，基于资本异质性理论，对国有资本与非国有资本的特质进行了分析，并分析了"管资本"的本质；最后，提出了资本管理视角下央企混合所有制改革鱼缸效应模型，并进行了分析，在此基础上搭建了基于鱼缸效应模型的央企混合所有制改革效应研究的逻辑框架。

第4章 央企混合所有制改革中国有资本的优势富集效应分析

资本异质性理论认为，不同性质的资本有着不同的用途。央企混合所有制改革中的国有资本与政府有着天然的血缘关系，相比非国有资本存在一定的优势，并能为企业带来诸如税收优惠、融资便利、壁垒行业准入便利以及获得政府补贴的优势；基于资本管理的视角，该优势能为企业带来资本聚集与吸纳效应。本章首先以资本异质性理论、政治关联理论和优势富集效应理论为基础，分析央企混合所有制改革中国有资本带来的税收优惠、融资便利、壁垒行业准入便利和政府补贴等方面的优势，并探讨相应的优势凸显和优势富集效应；其次，基于资本管理的视角，分析央企混合所有制改革中的国有资本因具有产权属性的政治关联优势而能为企业带来资本聚集与吸纳效应；最后，对国有资本的相关优势富集效应以及资本聚集与吸纳效应进行实证分析和稳健性检验。本章逻辑框架如图4-1所示。

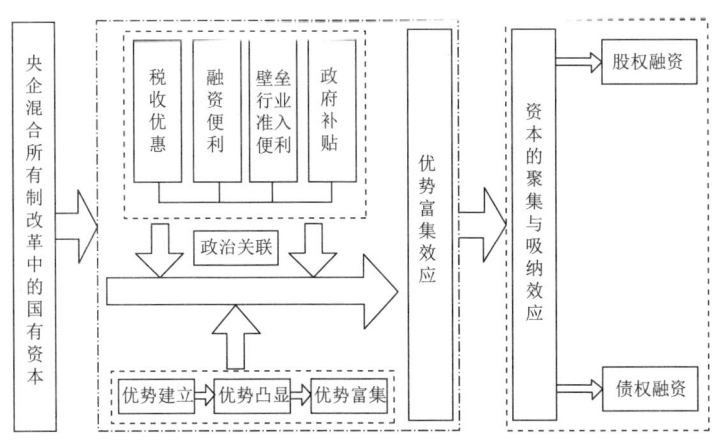

图4-1 央企混合所有制改革中国有资本优势富集效应的逻辑分析框架

4.1 理论分析与研究假设

奥地利经济学派的资本异质性理论认为所有资本资源都存在异质性，重要性不在于各种资本物理意义上的异质性，而在于其用途上的差异性，实质为资本的专用性。资本是利润的"来源"，同质性资本用途的利润趋于相等，其利润总和远低于存在互补性的异质性资本利润总和（拉赫曼，2015）[137]。因此，异质性资本会对利润率和现存资本产生作用。企业的异质性资本是企业经营发展的基础，而企业资本禀赋异质性是不同企业之间绩效和竞争优势差异的根本原因（Penrose，1995）[138]。但是，异质性资本是企业自身持有的难以被其他企业模仿的资本，能够给企业带来核心竞争优势，主要在于：一方面，企业经营战略体系需要经过时间和资本的不断积累形成，单独的企业无法在短时间内获取或复制其他企业的异质性资本，具有异质性资本的企业竞争优势在短时间内不会被超越；另一方面，一种异质性资本很可能依存于另一种资本，资本价值的增加依赖于另一种资本，异质性资本间的嵌入关系也使某一企业的异质性资本无法被复制和成为其他企业的竞争优势。因此，企业的异质性资本是其自身持有的难以被模仿的竞争性优势。

我国经济正处于转型时期，资本市场的不完善导致了制度真空（Khanna & Palepu，2000）[139]，关键性战略资源都直接或间接由政府进行分配，如土地、信息、技术和管理人才等。国有资本是一种属于国家所有的、由政府投资部门或相关投资机构对企业进行投资的资本（杨中仑等，2014）[140]。虽然其持有者为中央或地方政府，但其终极所有者为全体公民，而且产权所属无法落实到某个指定的自然法人身上，导致其持有主体严重缺位，最后只能通过多层代理关系任命政府官员替代行使出资人的权利和义务，从而造成国有资本与政府有着先天的血缘关系（余汉等，2017）[141]。正是这种先天的血缘关系，使央企能够长期获得更多的经营发展机会和各种资源,这些是普通民营企业在短时间内无法企及的,从而成为央企的竞争优势。

这种天然血缘关系的实质是央企与政府之间形成的一种政治关联,是国有资本产权属性赋予的先天政治关联,能够为企业获取稀缺、难以模仿而具有价值的政策性资源提供各种便利,其路径包括税收优惠、融资便利、壁垒行业准入便利和政府补贴等。

优势富集效应理论的主要研究内容为,对某一动态系统的形成及其演变的过程进行分析和探讨,该系统在建立优势的前提下,通过重要过程的诱发能在其他领域实现凸显,最终达到富集的效果(王健,2004)[121]。本章将基于优势富集效应理论围绕央企混合所有制改革中国有资本在税收优惠、融资便利、壁垒行业准入便利以及政府补贴中存在的优势,以"优势建立—优势凸显—优势富集"为路径分析其存在的优势富集效应。

最后,基于资本管理的视角,分析国有资本因具有政治关联的优势而能为实施混合所有制改革的央企带来资本的聚集与吸纳效应。

4.1.1 央企混改中国有资本的税收优惠优势富集效应

税收优惠是央企中国有资本因与政府之间存在政治关联而为企业带来大量异质性资源的路径之一。一方面,企业在向相关部门申请减免税负的审核过程中,面对着众多软性政策条款,政府部门的决策空间存在很大的弹性,央企凭借国有资本先天政治关联的优势,可以充分利用其政治资源,相比民营企业,更加容易通过税收优惠的审批,最终能更容易地降低自身的税收负担(陈海生和冯素晶,2015)[142]。另一方面,相对于民营企业,央企中因存在国有资本而承担更多的社会责任,直接参与政府的经济发展规划,承担社会发展责任,政策性负担较重。因此,政府会考虑减轻央企的负担,以促进央企的发展。而国有资本同样具有逐利性,为使央企追求自身利益最大化,政府将在一定程度上向央企提供更多的发展资源,从而降低央企的税收负担。

另外,我国目前正在实施央企混合所有制改革,为大力促进改革的顺利进行，加速健全现代企业制度、完善公司治理结构以及构建灵活的市场化机制，有关部门先后出台了《财政部 国家税务总局关于促进企业重组有关企业所得税处理问题的通知》（财税〔2014〕109号）、《财政部 国家税务总局关于企业改制重组有关土地增值税政策的通知》（财税〔2015〕5号）、《财政部 国家税务总局关于企业改制上市资产评估增值企业所得税处理政策的通知》（财税〔2015〕65号）等政策，明确央企公司改制企业按规定享受改制涉及的资产评估增值、土地变更登记和国有资产无偿划转等方面的税收优惠政策。由此可见，政府为央企提供了更大的税收优惠政策，国有资本比非国有资本在税收优惠上更具有优势。基于此，本书提出如下假设：

H4-1a：优势凸显。当央企混合所有制改革中的国有资本存在优势时，企业享受的税收优惠同样存在相应的优势。

在优势确定的前提下，重要过程的激发使优势凸显，在非均值分布的状态下，优势富集效应必然形成（王健，2004）[121]。国有资本优势越明显，央企与政府沟通游说能力越强，为企业带来的政策性优惠越多，其实际负担的税率越低，最终会建立更大的税收优惠优势（Derashid & Zhang，2003；阿迪卡里等，2006；吴联生，2009）[143,125,144]。因此，本书提出如下假设：

H4-1b：优势富集。央企混合所有制改革中的国有资本优势越显著，其对税收优惠的正向影响越显著。

4.1.2 央企混改中国有资本的融资便利优势富集效应

融资便利是央企中国有资本因与政府之间存在政治关联而为企业带来大量异质性资源的另一路径。融资约束是民营企业发展的重要阻碍，就获取金融机构贷款来说，央企因存在国有资本，可以享受比民营企业更优惠的政策，其主要原因是我国大部分金融机构都由国企衍生而来，由于民营企业自身规模小，风险承担能力较弱，缺乏信用理念（宋增基等，2014）[145]，可掌握的财务信息透明度远低于国企（姚耀军和董钢锋，

2014)[146],因此国有金融机构会对民营企业产生信贷歧视,提高其融资成本,相对应地,会给予拥有国有资本的央企更多的融资便利政策;央企中因存在国有资本而拥有隐形的国家担保,即便公司因经营问题陷入危机,政府有关部门也通常出于共同利益的考虑,会在关键时刻帮助公司渡过难关(余汉等,2017)[147]。在我国,银行等金融机构将大量的信贷资源提供给了经济效率相对较低的央企,而很多盈利能力和成长机会更好的民营企业却受到信贷融资约束。由此可见,政府部门能够为拥有国有资本的央企提供更多的融资便利,国有资本比非国有资本更具有优势。基于此,本书提出如下假设:

H4-2a:优势凸显。当央企混合所有制改革中的国有资本存在优势时,企业享受的融资便利同样存在相应的优势。

在优势确定的前提下,重要过程的激发使优势凸显,在非均值分布的状态下,优势富集效应必然形成(王健,2004)[121]。国有资本优势越明显,央企所拥有的隐形担保越强,风险承担能力会更高,金融机构更愿意为企业提供更多的融资便利,从而使企业在融资便利上更具有优势。基于此,本书提出如下假设:

H4-2b:优势富集。央企混合所有制改革中的国有资本优势越显著,其对融资便利的正向影响越显著。

4.1.3 央企混改中国有资本的行业准入便利优势富集效应

壁垒行业准入便利是央企中国有资本因与政府之间存在政治关联而为企业带来大量异质性资源的又一路径。行业准入便利涉及行业壁垒问题。贝恩(Bain,1956)[148]将进入壁垒定义为某行业内现存企业相比拟进入该行业的新企业在各方面存在的有利条件,现存企业总能够将其产品价格控制在所处行业竞争价格的水平之上,在获得高额收益的同时又能阻止新企业的进入,进入壁垒的形成为现存企业确立了竞争优势。施蒂格勒(Stigler,1971)[149]认为形成进入壁垒的主要原因是政府采取过多的管制措施。策略性壁垒、市场性壁垒以及管制性壁垒是进入壁垒的三种表现形式

(Broadman，2000)[150]。在中国经济转型的宏观环境下，前两种壁垒主要存在于充分竞争的传统行业，如服装、餐饮和机械等行业，其利润相对较低，但是市场竞争激烈；而管制性壁垒则主要集中于受政府严格管控的行业，如能源、烟草、金融等行业，难以被突破。

随着经济体制的深入改革，我国民营企业虽然在企业规模以及内部治理能力等方面有大幅度的提高，但仍难以进入国家宏观经济调控的重要领域和行业（林家彬等，2014）[151]。其主要原因在于：在我国，政府目前仍是市场的重要参与者，政府不仅通过直接控股企业参与市场经营，同时也是市场的监督者与管理者，对关系国计民生的重要行业以及稀缺资源设立层层门槛与准入限制。因此，拥有国有资本的央企会获得政府提供的更多优惠与便利。相比民营企业在进入金融、能源和烟草等国家严格管制的垄断性产业领域时，必须经过政府的严格审批而不得不面对的高"门槛"，央企因拥有基于国有资本产权属性的政治关联，从我国政府获得了更多的行业准入便利条件，从而表现出国有资本比非国有资本更具有优势。基于此，本书提出如下假设：

H4-3a：优势凸显。当央企混合所有制改革中的国有资本存在优势时，企业进入高壁垒行业的容易程度同样存在相应的优势。

在优势确定的前提下，重要过程的激发使优势凸显，在非均值分布的状态下，优势富集效应必然形成（王健，2004）[121]。国有资本优势越明显，企业政治资本强度也会越大，所获得的行业准入便利优势将更加明显（罗党论和赵聪，2013；余汉等，2017）[152,141]。基于此，本书提出如下假设：

H4-3b：优势富集。央企混合所有制改革中的国有资本优势越显著，其对进入高壁垒行业的容易程度的正向影响越显著。

4.1.4 央企混改中国有资本的政府补贴优势富集效应

政府补贴是央企中国有资本因与政府之间存在政治关联而为企业带来大量异质性资源的另一路径。政府补贴是政府根据一定时期的方针政策，按照特定目的，安排财政专项资金向经济活动主体提供一种无偿的转移支付（余明桂等，2010）[153]。我国央企的实际控制人是国家政府，央企与政府有着特殊的"父子"关系，政府的"父爱主义"使央企获得更多的政府补贴优势（宋增基等，2014）[145]，其主要原因有以下三个方面。

首先，拥有国有资本的央企与国家政府之间存在一致的利益，央企经营的失败在很大程度上影响国家政府的财政收入，同时可能影响政府官员的政治晋升。因此，国家政府具有较强的动机对央企予以支持，让其更好地发展。例如，政府为了挽救面临退市风险的央企，极可能向其提供相关补贴以提高其账面收入，邵敏和包群（2011）[154]的研究证实了这一结论。

其次，拥有国有资本的央企所处行业是国家某一支柱和主导产业，从而承担着一定的基础设施建设和提供社会公共福利的责任，对社会和经济的影响都很大。因此，国家必然提供强有力的补贴帮助央企扭亏为盈，稳定企业业绩。

最后，根据内生预算约束理论（林毅夫等，2004）[155]，相比民营企业，拥有国有资本的央企承担了较多的政策性负担与社会负担。一方面，国家为了缓解央企承受的政策性负担，会长期给予央企巨额政府补贴；另一方面，央企一旦出现亏损，极可能将企业经营失败的责任归结为承担的政策性负担与社会性负担较重，在信息不对称的情况下，国家无法断定企业亏损的真正原因，所以只能给予政府补贴。

因此，国家对拥有国有资本的央企提供更多的政府补贴，国有资本比非国有资本更具有优势。基于此，本书提出如下假设：

H4-4a：优势凸显。当央企混合所有制改革中的国有资本存在优势时，企业享受的政府补贴同样存在相应的优势。

在优势确定的前提下，重要过程的激发使优势凸显，在非均值分布的状态下，优势富集效应必然形成（王健，2004）[121]。国有资本优势越明显，央企与政府之间的联系就变得越紧密。政府为了维持企业的经营业绩和降低企业的政策性负担，会给予更多的政府性补贴。基于此，本书提出如下假设：

H4-4b：优势富集。央企混合所有制改革中的国有资本优势越显著，其对获得政府补贴的正向影响越显著。

4.1.5 央企混改中国有资本的资本聚集与吸纳效应

上述分析表明，央企混合所有制改革中的国有资本因具有产权属性的政治关联，存在税收优惠、融资便利、壁垒行业准入便利以及获得政府补贴等方面的优势富集效应，这种资源获取优势增强了企业自身的实力、信誉、发展前景，从而决定了央企混合所有制改革中国有资本具有较高的资本聚集与吸纳能力。而资本的聚集和吸纳主要有股权融资和债权融资两种方式，由此，本书提出如下假设：

H4-5：央企混合所有制改革中的国有资本与股权融资呈正相关。

H4-6：央企混合所有制改革中的国有资本与债权融资呈正相关。

4.2 研究设计

4.2.1 样本选取与数据来源

本章主要研究我国央企混合所有制改革中国有资本的优势富集效应，故将初始样本界定在截至2018年1月，国务院国资委公布的隶属于97家央企集团且在中国沪深A股资本市场上市的公司。万得资讯数据库中的央企板块共有256家上市公司，但本书研究对象是混合所有制改革央企，参照张文魁（2015）[114]对混合所有制企业定义的标准，结合《中华人民共和国证券法》对持有上市公司5%及以上股份有信息披露的相关要求和对交易相关限制的规定，将央企上市公司前十大股东中同时满足单个国有股股东和单个非国有股股东持股比例均在5%及以上的上市公司定义为央企混合所有制改革样本公司，并将样本期间选为2014—2016年。同时，按如下规则对样本进行筛选：剔除金融保险行业上市公司样本，因为该行业适用的会计准则和方法与一般行业不同，且财务指标反映的内容也不一样；剔除在样本期间 ST、*ST、PT 及退市公司样本；剔除有数据缺失的上市公司样本；为消除极端值的影响，对所有连续性变量进行上下 1% 分位数的缩尾处理。在此基础上，建立混合截面数据。最后，得到 11 个行业 73 家公司 3 年共计 178 个年度观测数据，样本公司行业分布情况如表 4-1 所示。所有财务数据均来源于 CSMAR 数据库和万得资讯数据库。数据处理软件为 Excel 2003，计量分析软件为 Stata 12.0。

表 4-1 样本行业分布情况表

中国证监会 2012 年版行业分类	2014 年	2015 年	2016 年	总样本数（家）	比重（%）
	样本数（家）				
采矿业	5	5	5	15	8.43
电力、热力、燃气及水的生产和供应业	6	5	4	15	8.43
房地产业	2	2	2	6	3.37
建筑业	4	5	4	13	7.30
交通运输、仓储和邮政业	6	8	8	22	12.36
科学研究和技术服务业	1	1	1	3	1.69
批发和零售业	2	3	3	8	4.49
水利、环境和公共设施管理业	0	0	1	1	0.56
信息传输、软件和信息技术服务业	4	4	4	12	6.74
制造业	26	26	30	82	46.07
租赁和商务服务业	0	1	0	1	0.56
共计	56	60	62	178	100.00

4.2.2 变量定义与模型构建

（1）变量定义

本章主要研究央企混合所有制改革中国有资本基于政治关联带来的税收优惠、融资便利、壁垒行业准入便利及政府补贴的优势富集效应，以及由此带来的资本聚集与吸纳效应。因此，将国有资本作为解释变量，将税收优惠、融资便利、壁垒行业准入便利、政府补贴、股权融资和债务融资作为被解释变量。

1）被解释变量。

税收优惠。税收优惠是指国家或政府通过相关税收制度，按照既定目的减除或者减轻纳税人税收负担的一种形式。国内外学者衡量税收优惠的研究较多，主要基于税收优惠的绝对金额和税收优惠的比率进行测度。考虑到税收优惠的绝对金额忽略了企业规模的影响，本书借鉴潘孝珍（2015）[156]、郑春美和李佩（2015）[157]的方法，将企业名义税率与实际税率的差值作为税收优惠的替代指标。其中，将实际税率定义为企业利润表中报告的所得税费用除以企业当期利润总额。

融资便利。国内外学者对融资便利的衡量方式主要是，企业从银行或其他金融机构取得的总贷款、长期贷款、短期贷款的额度或者比例，考虑到混合所有制改革央企上市公司规模大小不一，借鉴郭婵（2016）[158]的方法，本书用借款资产比作为融资便利的替代指标，即用企业长期借款和短期借款的总额与企业年末总资产的比值衡量融资便利。

壁垒行业准入便利。现有文献主要基于超额利润率和价格扭曲率分析企业进入壁垒行业的难易程度并对行业壁垒进行衡量，但对行政壁垒行业（管制壁垒行业）等高壁垒行业的度量并未达成共识。陈斌等（2008）[159]根据万得咨询行业分类标准，用德尔菲法对民营上市公司所面对的行业壁垒进行了指数分析，将指数取值范围设定为1~10，取值越大代表行业进入壁垒越高，并将行业细分为三类：第一类，高壁垒行业（行业壁垒指数取值为7~10）；第二类，中等壁垒行业（行业壁垒指数取值为4~6）；第三类，低壁垒行业（行业壁垒指数取值为1~3）。罗党论和刘晓龙（2009）[160]将上述第一类行业视为高壁垒行业展开了相关研究。杜兴强等（2011）[161]则将国家高新科技和安全、公共产品等相关产业以及自然垄断产业视为高壁垒行业。罗党论和赵聪（2013）[152]在陈斌等（2008）[159]对第一类行业界定的基础上，结合《国务院关于鼓励支持和引导个体私营等非公有制经济发展的若干意见》，对高壁垒行业进行了重新界定。本书借鉴上述衡量壁垒行业的方法，结合中国证监会2012年版行业分类标准，对高壁垒行业进行了新的界定，具体行业如表4-2所示。同时，将样本公司主营业务组成数据中出现在相应高壁垒行业中的相关业务占主营业务的比例视为进入壁垒行业的难易程度，作为壁垒行业准入便利的替代指标。

表 4-2 高壁垒行业分布情况

中国证监会 2012 年版一类行业名称	中国证监会 2012 年版二类行业名称
采矿业	煤炭开采和洗选业
	石油和天然气开采业
	黑色金属矿采选业
	有色金属矿采选业
	非金属矿采选业
	开采辅助活动
	其他采矿业
制造业	石油加工、炼焦及核燃料加工业
	黑色金属冶炼及压延加工业
	有色金属冶炼及压延加工业
	铁路、船舶、航空航天和其他运输设备制造业
电力、热力、燃气及水的生产和供应业	电力、热力生产和供应业
	燃气生产和供应业
	水的生产和供应业
交通运输、仓储和邮政业	铁路运输业
	管道运输业
	水上运输业
	航空运输业
水利、环境和公共设施管理业	水利管理业
	生态保护和环境制造业
	公共设施管理业
信息传输、软件、信息技术服务业	电信、广播电视和卫生服务业
文化、体育和娱乐业	新闻和出版业
	文化艺术业

政府补贴。现有文献主要用政府补贴金额的绝对值、政府补贴金额与企业总资产或营业收入的比值衡量政府补贴的强度。考虑到混合所有制改革央企上市公司规模大小不一的因素，参考叶红雨和徐雪莲（2017）[162]的方法，

本书以政府补贴金额与企业资产总额的比值衡量企业获得政府补贴的强度。

股权融资。企业当年的股权融资涉及股本的增加以及资本公积的增加，参照范英杰和刘文秀（2017）[163]的方法，本书用企业本期股本与资本公积增加额之和与期初总资产的比值衡量企业当年股权融资的程度。

债权融资。债权融资反映了企业当年债权融资的程度，参照代文和董一楠（2016）[164]的方法，本书用企业本年长期借款、短期借款以及应付债券的净值之和同年末总资产的比值衡量企业当年债权融资的程度。

2）解释变量。

本书的解释变量是国有资本。由于不同企业的规模相差很大，用公司中国有资本数额的绝对值度量会影响分析结果的准确性，借鉴余汉等（2017）[141]的做法，本书选择前十大股东中国有股持股比例之和作为国有资本的替代变量。

3）控制变量。

为防止虚假相关性干扰研究结论（徐凤菊和代飞，2017）[165]，考虑到公司规模、资产负债率、净资产收益率、资本密集度、主营业务收入增长率、资产收益率、现金流量、股权集中度、行业虚拟变量和年度虚拟变量等常规变量会分别对上述被解释变量产生实质性的影响，故将其作为控制变量加入下列不同的回归模型中。

具体变量定义如表4-3所示。

表4-3 变量定义

变量类型	变量名称	变量符号	计算方法
被解释变量	税收优惠	$Taxp$	名义税率-实际税率
	融资便利	$Loan$	（长期借款+短期借款）/企业年末总资产
	壁垒行业准入便利	$Barrier$	进入高壁垒行业中的相关业务占主营业务的比例
	政府补贴	Sub	政府补贴金额/企业年末总资产
	股权融资	$Equity$	本期股本与资本公积增加额/企业年初总资产
	债权融资	Dfa	（长期借款+短期借款+应付债券）/企业年末总资产
解释变量	国有资本	$Staterate$	前十大股东中国有股持股比例之和

续表

变量类型	变量名称	变量符号	计算方法
控制变量	公司规模	Size	企业年末总资产的自然对数
	资产负债率	Lev	企业年末总负债/企业年末总资产
	净资产收益率	Roe	净利润/期末公司总股本
	资本密集度	Capint	年末固定资产总额/年末总资产
	主营业务收入增长率	Grow	(年末主营业务收入总额−年初主营业务收入总额)/年初主营业务收入总额
	资产收益率	Roa	净利润/资产总额
	现金流量	Cash	(累计折旧+利润总额)/主营业务收入
	股权集中度	Top10	前十大股东持股比例之和
	行业虚拟变量	Industry	按照《证监会行业分类结构与代码》,当公司属于某个行业时,该变量取值为1;否则为0
	年度虚拟变量	Year	当公司属于年度 t 时,该变量取值为1;否则为0

（2）模型构建及检验方法

为了检验假设 H4-1、H4-2、H4-3 和 H4-4，分别构建模型（4-1）、模型（4-2）、模型（4-3）和模型（4-4）。

$$Taxp_{i,t} = \alpha_1 + \alpha_2 \times Staterate_{i,t} + \alpha_3 \times Size_{i,t} + \alpha_4 \times Lev_{i,t} + \alpha_5 \times Roe_{i,t} + \alpha_6 \times Capint_{i,t} + \alpha_7 \times Grow_{i,t} + \alpha_8 \times Top10_{i,t} + \sum Industry_{i,t} + \sum Year_{i,t} + \varepsilon_{i,t} \quad (4-1)$$

$$Loan_{i,t} = \alpha_1 + \alpha_2 \times Staterate_{i,t} + \alpha_3 \times Size_{i,t} + \alpha_4 \times Lev_{i,t} + \alpha_5 \times Roa_{i,t} + \alpha_6 \times Capint_{i,t} + \alpha_7 \times Grow_{i,t} + \alpha_8 \times Top10_{i,t} + \sum Industry_{i,t} + \sum Year_{i,t} + \varepsilon_{i,t} \quad (4-2)$$

$$Barrier_{i,t} = \alpha_1 + \alpha_2 \times Staterate_{i,t} + \alpha_3 \times Size_{i,t} + \alpha_4 \times Lev_{i,t} + \alpha_5 \times Roa_{i,t} + \alpha_6 \times Top10_{i,t} + \sum Industry_{i,t} + \sum Year_{i,t} + \varepsilon_{i,t} \quad (4-3)$$

$$Sub_{i,t} = \alpha_1 + \alpha_2 \times Staterate_{i,t} + \alpha_3 \times Size_{i,t} + \alpha_4 \times Lev_{i,t} + \alpha_5 \times Grow_{i,t} + \alpha_6 \times Top10_{i,t} + \sum Industry_{i,t} + \sum Year_{i,t} + \varepsilon_{i,t} \quad (4-4)$$

上述模型中的 $Taxp_{i,t}$、$Loan_{i,t}$、$Barrier_{i,t}$、$Sub_{i,t}$、$Staterate_{i,t}$、$Size_{i,t}$、$Lev_{i,t}$、$Roe_{i,t}$、$Capint_{i,t}$、$Grow_{i,t}$、$Top10_{i,t}$、$Roa_{i,t}$ 分别表示 i 企业在 t 年获得的税收优惠、融资便利、壁垒行业准入便利、政府补贴、国有资本、公司规模、资产负债率、净资产收益率、资本密集度、主营业务收入增长率、股权集中度和资产收益率；$Industry_{i,t}$ 和 $Year_{i,t}$ 分别表示行业虚拟变量和年度虚拟变量；$\varepsilon_{i,t}$ 表示模型的误差项。

在检验方法上，本章基于上述模型采取混合截面数据的多元线性回归方法，检验央企混合所有制改革中国有资本带来的税收优惠、融资便利、壁垒行业准入便利和政府补贴的优势凸显效应，同时采用分位数回归方法验证国有资本相应的优势富集效应。

为了验证假设 H4-5，构建模型（4-5）：

$$Equity_{i,t} = \alpha_1 + \alpha_2 \times Staterate_{i,t} + \alpha_3 \times Size_{i,t} + \alpha_4 \times Lev_{i,t} +$$
$$\alpha_5 \times Grow_{i,t} + \alpha_6 \times Cash_{i,t} + \alpha_7 \times Top10_{i,t} +$$
$$\sum Industry_{i,t} + \sum Year_{i,t} + \varepsilon_{i,t} \quad (4\text{-}5)$$

为了验证假设 H4-6，构建模型（4-6）：

$$Dfa_{i,t} = \alpha_1 + \alpha_2 \times Staterate_{i,t} + \alpha_3 \times Size_{i,t} + \alpha_4 \times Lev_{i,t} +$$
$$\alpha_5 \times Grow_{i,t} + \alpha_6 \times Cash_{i,t} + \alpha_7 \times Top10_{i,t} +$$
$$\sum Industry_{i,t} + \sum Year_{i,t} + \varepsilon_{i,t} \quad (4\text{-}6)$$

其中，$Equity_{i,t}$、$Dfa_{i,t}$、$Staterate_{i,t}$、$Size_{i,t}$、$Lev_{i,t}$、$Grow_{i,t}$、$Cash_{i,t}$、$Top10_{i,t}$ 分别表示 i 企业在 t 年的股权融资、债权融资、国有资本、公司规模、资产负债率、主营业务收入增长率、现金流量和股权集中度；$Industry_{i,t}$ 和 $Year_{i,t}$ 分别表示行业虚拟变量和年度虚拟变量；$\varepsilon_{i,t}$ 表示模型的误差项。

在检验方法上，对上述模型采用混合截面数据的多元线性回归方法，检验央企混合所有制改革中国有资本的资本聚集与吸纳效应。

4.3 实证分析

4.3.1 描述性统计

表4-4报告了主要变量的描述性统计结果。如表4-4所示,央企混合所有制改革在样本期间税收优惠的平均值为0.105,最小值为-0.529,最大值为2.307,说明不同公司获得的税收优惠差异很大,和现实情况一致,表明样本公司具有代表性。融资便利的平均值为0.169,说明平均每一元资产可以通过银行或其他金融机构获得0.169元的借款,表明实施混合所有制改革的央企的融资能力强,和大多数民营企业面对融资难的现实相对立,这可能同央企混合所有制改革具有国有资本产权属性的政治关联因素有关。壁垒行业准入便利的平均值为0.355,说明实施混合所有制改革的央企较容易进入高壁垒行业。政府补贴的平均值为0.004,说明央企混合所有制改革样本公司平均每一元资产能从政府获得0.004元的补助。股权融资的平均值为0.012,说明央企混合所有制改革样本公司当期平均股权融资额占企业年初总资产的1.2%。债权融资的平均值为0.202,表明央企混合所有制改革样本公司的当期平均债权融资额高达企业年末总资产的20.2%。国有资本的平均值为0.459,说明在央企混合所有制改革样本公司中国有股仍占有较高的比重。公司规模的最小值为19.716,最大值为28.505,标准差高达2.117,平均值为23.934,说明央企混合所有制改革样本公司规模普遍较大,且相差悬殊。股权集中度的平均值为0.698,说明样本公司的股权集中度较高。资产负债率平均值为0.555,说明样本公司的负债水平较高。净资产收益率、总资产收益率和主营业务收入增长率分别为0.056、0.025和0.058,普遍较低,表明央企混合所有制改革样本公司的盈利能力和发展能力均有待提高。资本密集度为0.309,表明固定资产在样本公司总资产中的占有比例相对较低。

表 4-4 变量的描述性统计

变量	样本数	平均值	标准差	最小值	最大值
$Taxp$	178	0.105	0.084	−0.529	2.307
$Loan$	178	0.169	0.163	0.000	0.661
$Barrier$	178	0.355	0.246	0.000	1.000
Sub	178	0.004	0.003	0.000	0.060
$Equity$	178	0.012	0.010	−0.214	0.297
Dfa	178	0.202	0.175	0.000	0.672
$Staterate$	178	0.459	0.162	0.095	0.870
$Size$	178	23.934	2.117	19.716	28.505
Lev	178	0.555	0.209	0.085	1.037
Roe	178	0.056	0.115	−0.430	0.344
$Capint$	178	0.309	0.236	0.003	0.856
$Grow$	178	0.058	0.355	−0.509	2.028
Roa	178	0.025	0.053	−0.132	0.228
$Cash$	178	0.072	0.332	−1.950	0.809
$Top10$	178	0.698	0.165	0.350	0.985

4.3.2 多重共线性检验

为防止回归模型中各自变量之间因存在严重的多重共线性问题而影响模型回归结果的准确性，本书对各模型中自变量的方差膨胀因子（Variance Inflation Factor，VIF）进行了测算，所有自变量的 VIF 值及平均 VIF 值都远小于 10 并在 2.75 以内，说明所有模型均不存在严重的多重共线性问题，检验结果如表 4-5 所示。

表 4-5 多重共线性检验

变量	模型 4-1 VIF	模型 4-2 VIF	模型 4-3 VIF	模型 4-4 VIF	模型 4-5 VIF	模型 4-6 VIF
$Staterate$	2.41	2.41	2.25	2.25	2.25	2.25
$Size$	2.75	2.72	2.54	2.53	2.69	2.69
Lev	1.36	1.46	1.43	1.31	1.31	1.31

续表

变量	模型 4-1 VIF	模型 4-2 VIF	模型 4-3 VIF	模型 4-4 VIF	模型 4-5 VIF	模型 4-6 VIF
Roe	1.13	—	—	—	—	—
$Capint$	1.19	1.18	—	—	—	—
$Grow$	1.07	1.09	—	1.01	1.01	1.01
Roa	—	1.21	1.13	—	—	—
$Cash$	—	—	—	—	1.13	1.13
$Top10$	2.40	2.41	2.35	2.34	2.34	2.34
Mean VIF	1.76	1.78	1.94	1.89	1.79	1.79

4.3.3 实证检验

为避免极端值对回归结果造成不利影响，本书在对各模型进行回归前，对连续性变量进行了上下 1% 分位数的缩尾处理。由于研究样本属于混合截面数据，在分析国有资本带来的税收优惠、融资便利、壁垒行业准入便利、政府补贴的优势凸显效应以及国有资本的资本聚集与吸纳效应时，为了避免异方差和自相关对回归结果准确性的影响，本书采取聚类稳健标准差的 OLS 对各模型进行了回归。在分析各优势富集效应时，本书参照肯克（Koenker）和巴塞特（Bassett，1978）[166]的分位数回归方法，并借鉴陈强（2014）[167]关于 Stata 12.0 对分位数回归的分析方法和步骤，对各模型进行了分位数回归。回归结果如表 4-6 至表 4-10 所示。

(1) 央企混改中国有资本的税收优惠优势富集效应

在表 4-6 中，回归（1）是对央企混合所有制改革中国有资本带来税收优惠的优势凸显效应进行回归分析的结果。国有资本的回归系数为 0.280，在 5% 水平上显著，表明混合所有制改革央企中国有资本比例每提高 1 个百分点，带来的税收优惠将相应提高 0.28 个百分点，说明混合所有制改革央企中国有资本比例越高，企业享受的税收优惠幅度将越高。因此，假设 H4-1a 得到验证。回归（2）~回归（6）是对模型（4-1）分别在 0.10、0.25、0.50、0.75 和 0.90 等分位数水平上进行的分样本回归。

回归（2）中解释变量国有资本的回归系数为 0.157，在 10% 水平上显著，随后回归（3）~回归（6）中国有资本的回归系数分别为 0.175、0.185、0.253 和 0.296，且在 10% 水平上均显著，说明无论在哪个分位数水平，国有资本对税收优惠均存在显著的正向影响。从回归系数上观察，随着分位数水平的提高，国有资本的回归系数值逐渐增大，显著性增强，说明当国有资本作为一种"优势"存在时，优势越凸显，对税收优惠的影响程度越大，优势富集效应则越明显，从而证明了假设 H4-1b。对于其他控制变量，公司规模和主营业务收入增长率的回归系数随着分位数水平的提高而增大，说明公司规模和主营业务收入增长率随着分位数水平的提高，对提高税收优惠的影响越大；资产负债率、净资产收益率、资本密集度和股权集中度的回归系数均随着分位数水平的提高而减小，说明资产负债率、净资产收益率、资本密集度和股权集中度随着分位数水平的提高，对降低税收优惠的影响越大。

表 4-6 模型（4-1）的回归结果

变量	（1）OLS	（2）QR_10	（3）QR_25	（4）QR_50	（5）QR_75	（6）QR_90
$Staterate$	0.280**	0.157*	0.175*	0.185*	0.253**	0.296***
	(2.44)	(1.71)	(1.69)	(1.77)	(2.30)	(2.61)
$Size$	0.032*	0.014	0.016	0.019*	0.029**	0.039*
	(1.84)	(0.71)	(1.18)	(1.69)	(2.00)	(1.70)
Lev	-0.069*	-0.046	-0.061*	-0.061*	-0.099**	-0.121*
	(-1.70)	(-1.44)	(-1.76)	(-1.66)	(-2.07)	(-1.76)
Roe	-0.466**	-0.231	-0.311	-0.415**	-0.647***	-0.693***
	(-2.27)	(-1.26)	(-1.60)	(-2.28)	(-3.00)	(-2.71)
$Capint$	-0.047*	-0.033	-0.043**	-0.050**	-0.053**	-0.067**
	(-1.89)	(-1.31)	(-1.96)	(-2.03)	(-2.17)	(-2.56)
$Grow$	0.028*	-0.099	0.021	0.031*	0.032*	0.047**
	(1.68)	(-0.52)	(1.53)	(1.73)	(1.98)	(2.39)

续表

变量	(1) OLS	(2) QR_10	(3) QR_25	(4) QR_50	(5) QR_75	(6) QR_90
$Top10$	-0.198**	-0.036	-0.085	-0.097	-0.177**	-0.250***
	(-2.27)	(-0.36)	(-1.18)	(-1.51)	(-2.36)	(-2.95)
$Constant$	-0.317**	-0.212	-0.296*	-0.389**	-0.403***	-0.438***
	(-2.16)	(-1.31)	(-1.73)	(-2.01)	(-2.62)	(-2.65)
$Year$	Yes	Yes	Yes	Yes	Yes	Yes
$Industry$	Yes	Yes	Yes	Yes	Yes	Yes
N	178	178	178	178	178	178
$Adj\ R^2$	0.182	—	—	—	—	—
F_value	5.37***	—	—	—	—	—
$Pseudo\ R^2$	—	0.221	0.125	0.121	0.111	0.104
估计方法	OLS+聚类稳健标准差	分位数回归	分位数回归	分位数回归	分位数回归	分位数回归

注：*、**、***分别表示在0.1、0.05、0.01的水平上显著（双尾），括号内数值为t值。

（2）央企混改中国有资本的融资便利优势富集效应

在表4-7中，回归（1）是对央企混合所有制改革中国有资本带来融资便利的优势凸显效应进行回归分析的结果。国有资本的回归系数为0.039，在5%水平上显著，表明混合所有制改革央企中国有资本比例每提高1个百分点，通过银行或其他金融机构获得的融资金额占企业总资产的比例将会相应提高0.039个百分点，说明混合所有制改革央企中国有资本比例越高，企业享受的融资便利幅度越大。因此，假设H4-2a得到验证。回归（2）~回归（6）是对模型（4-2）分别在0.10、0.25、0.50、0.75和0.90等分位数水平上进行的分样本回归。回归（2）中解释变量国有资本的回归系数为0.017，在10%水平上显著，随后回归（3）~回归（6）中国有资本的回归系数分别为0.024、0.042、0.074和0.116，且在10%水平上均显著，说明无论在哪个分位数水平，国有资本对融资便利均存在显著的正向影响。从回归系数上观察，随着分位数水平的提高，国有资本的回归系数值逐渐增大，显著性增强，说明当国有资本作为一种"优势"存在时，优势越凸显，对融资便利的影响程度越大，优势富集效应则越明显，从而证明了假设H4-2b。对于其他控制变量，公司规模、资产负债率和资本密集度的回归系数随着分位数水平的提高而增大，说明公司规模、资产负债率和资本密集度随着分位数水平的提高，对获得融资便利的影响越大；资产收益率、主营业务收入增长率和股权集中度的回归系数均随着分位数水平的提高而减小，说明资产负债率、净资产收益率、资本密集度和股权集中度随着分位数水平的提高，对降低融资便利的影响越大。

表4-7 模型（4-2）的回归结果

变量	(1) OLS	(2) QR_10	(3) QR_25	(4) QR_50	(5) QR_75	(6) QR_90
$Staterate$	0.039** (2.23)	0.017* (1.69)	0.024* (1.82)	0.042* (1.77)	0.074** (2.11)	0.116*** (2.77)
$Size$	0.009* (1.93)	0.001 (0.08)	0.010* (1.82)	0.015** (2.45)	0.019** (2.52)	0.021*** (3.85)
Lev	0.492*** (7.65)	0.193** (2.47)	0.277*** (8.38)	0.427*** (7.65)	0.541*** (11.77)	0.730*** (2.96)
Roa	−0.108* (−1.79)	−0.043 (−1.05)	−0.063** (−2.08)	−0.124*** (−3.03)	−0.174** (−2.04)	−0.256** (−2.07)
$Capint$	0.077** (2.22)	0.032 (1.21)	0.072 (1.54)	0.074** (2.16)	0.094* (1.94)	0.105** (1.99)
$Grow$	−0.003* (−1.71)	0.002 (1.24)	0.001 (0.11)	−0.005** (−2.07)	−0.019*** (−3.76)	−0.028*** (−4.58)
$Top10$	−0.107** (−2.19)	−0.039 (−0.49)	−0.046 (−0.77)	−0.049 (−0.72)	−0.223*** (−3.52)	−0.404*** (−4.95)
$Constant$	−0.222 (−1.40)	−0.015 (−0.08)	−0.202 (−1.58)	−0.234 (−1.57)	−0.429*** (−3.75)	−0.453*** (−2.79)
$Year$	Yes	Yes	Yes	Yes	Yes	Yes

续表

变量	(1) OLS	(2) QR_10	(3) QR_25	(4) QR_50	(5) QR_75	(6) QR_90
Industry	Yes	Yes	Yes	Yes	Yes	Yes
N	178	178	178	178	178	178
Adj R^2	0.579	—	—	—	—	—
F_value	19.31***					
Pseudo R^2	—	0.128	0.274	0.418	0.504	0.508
估计方法	OLS+聚类稳健标准差	分位数回归	分位数回归	分位数回归	分位数回归	分位数回归

注：*、**、*** 分别表示在 0.1、0.05、0.01 的水平上显著（双尾），括号内数值为 t 值。

（3）央企混改中国有资本的行业准入便利优势富集效应

在表 4-8 中，回归（1）是对央企混合所有制改革中国有资本带来壁垒行业准入便利的优势凸显效应进行回归分析的结果。国有资本的回归系数为 0.251，在 5% 水平上显著，表明混合所有制改革央企中国有资本比例每提高 1 个百分点，进入壁垒行业的业务占企业主营业务的比例将会相应提高 0.251 个百分点，说明混合所有制改革央企中国有资本比例越高，企业进入壁垒行业的容易程度越高。因此，假设 H4-3a 得到验证。回归（2）~ 回归（6）是对模型（4-3）分别在 0.10、0.25、0.50、0.75 和 0.90 等分位数水平上进行的分样本回归。回归（2）中解释变量国有资本的回归系数为 0.096，在 10% 水平上显著，随后回归（3）~ 回归（6）中国有资本的回归系数分别为 0.099、0.150、0.186 和 0.275，且在 10% 水平上均显著，说明无论在哪个分位数水平，国有资本对混合所有制改革央企进入壁垒行业的难易程度均存在显著的正向影响。从回归系数上观察，随着分位数水平的提高，国有资本的回归系数值逐渐增大，显著性增强，说明当国有资本作为一种"优势"存在时，优势越凸显，对混合所有制改革央企进入壁垒行业难易程度的影响越大，优势富集效应则越明显，从而证明了假设 H4-3b。对于其他控制变量，公司规模和股权集中度的回归系数随着分位数水平的提高而增大,说明公司规模和股权集中度随着分位数水平的提高,对混合所有制改革央企进入壁垒行业难易程度的正向影响越大;资产负债率和资产收益率的回归系数均随着分位数水平的提高而减小,说明资产负债率、资产收益率随着分位数水平的提高,对混合所有制改革央企进入壁垒行业难易程度的负向影响越大。

表 4-8 模型 (4-3) 的回归结果

变量	(1) OLS	(2) QR_10	(3) QR_25	(4) QR_50	(5) QR_75	(6) QR_90
$Staterate$	0.251**	0.096*	0.099*	0.150*	0.186**	0.275**
	(2.14)	(1.76)	(1.77)	(1.79)	(1.97)	(2.25)
$Size$	0.063***	−0.009	0.008	0.030*	0.053**	0.105***
	(2.88)	(−0.24)	(0.23)	(1.71)	(2.09)	(2.97)
Lev	−0.251**	−0.036	−0.137	−0.161*	−0.284**	−0.312**
	(−2.03)	(−0.35)	(−1.64)	(−1.70)	(−2.26)	(−2.41)
Roa	−0.597**	−0.006	−0.196	−0.439**	−0.624**	−0.715***
	(−2.37)	(−0.03)	(−0.82)	(−1.99)	(−2.52)	(−2.85)
$Top10$	0.189**	0.005	0.095	0.143*	0.213**	0.245**
	(2.00)	(0.06)	(1.26)	(1.69)	(2.55)	(2.27)
$Constant$	−0.228**	0.124	0.068	−0.083	−0.240**	−0.283**
	(−2.40)	(1.33)	(0.74)	(−1.00)	(−2.32)	(−2.50)
$Year$	Yes	Yes	Yes	Yes	Yes	Yes
$Industry$	Yes	Yes	Yes	Yes	Yes	Yes
N	178	178	178	178	178	178
$Adj\ R^2$	0.389	—	—	—	—	—
F_value	4.67***	—	—	—	—	—
$Pseudo\ R^2$	—	0.204	0.239	0.325	0.314	0.279
估计方法	OLS+聚类稳健标准差	分位数回归	分位数回归	分位数回归	分位数回归	分位数回归

注:*、**、*** 分别表示在 0.1、0.05、0.01 的水平上显著(双尾),括号内数值为 t 值。

(4) 央企混改中国有资本的政府补贴优势富集效应

在表4-9中，回归（1）是对央企混合所有制改革中国有资本带来政府补贴的优势凸显效应进行回归分析的结果。国有资本的回归系数为0.005，在5%水平上显著，表明混合所有制改革央企中国有资本比例每提高1个百分点，带来的政府补贴占总资产的比例将会相应提高0.005个百分点，说明混合所有制改革央企中国有资本比例越高，企业享受的政府补贴幅度越高，因此假设H4-4a得到验证。回归（2）~回归（6）是对模型（4-4）分别在0.10、0.25、0.50、0.75和0.90等分位数水平上进行的分样本回归。回归（2）中解释变量国有资本的回归系数为0.002，在10%水平上显著，随后回归（3）~回归（6）中国有资本的回归系数分别为0.003、0.004、0.006和0.007，且在10%水平上均显著，说明无论在哪个分位数水平，国有资本对混合所有制改革央企获得政府补贴的程度均存在显著的正向影响，从回归系数上观察，随着分位数水平的提高，国有资本的回归系数值逐渐增大，显著性增强，说明当国有资本作为一种"优势"存在时，优势越凸显，对混合所有制改革央企获得政府补贴的影响越大，优势富集效应则越明显，从而证明了本书假设H4-4b。对于其他控制变量，公司规模和主营业务收入增长率的回归系数随着分位数水平的提高而变小，说明公司规模和主营业务收入增长率随着分位数水平的提高，对混合所有制改单央企获得政府补贴的负向影响越大；资产负债率和股权集中度的回归系数均随着分位数水平的提高而增大，说明资产负债率和股权集中度随着分位数水平的提高，对混合所有制改革央企获得政府补贴的正向影响越大。

表4-9 模型（4-4）的回归结果

变量	(1) OLS	(2) QR_10	(3) QR_25	(4) QR_50	(5) QR_75	(6) QR_90
$Staterate$	0.005** (2.05)	0.002* (1.73)	0.003* (1.82)	0.004* (1.78)	0.006* (1.68)	0.007** (2.06)

续表

变量	(1) OLS	(2) QR_10	(3) QR_25	(4) QR_50	(5) QR_75	(6) QR_90
$Size$	-0.002**	-0.001	-0.002*	-0.002*	-0.003**	-0.003*
	(-2.25)	(-1.26)	(-1.83)	(-1.90)	(-2.12)	(-1.95)
Lev	0.002*	0.001	0.001	0.002	0.002**	0.003**
	(1.79)	(0.85)	(0.67)	(1.21)	(1.98)	(2.31)
$Grow$	-0.003**	-0.001	-0.002	-0.002*	-0.004**	-0.005**
	(-2.11)	(-0.31)	(-1.18)	(-1.85)	(-2.06)	(-2.05)
$Top10$	0.010*	0.002	0.007	0.009*	0.012**	0.015**
	(1.92)	(0.76)	(1.09)	(1.69)	(2.22)	(2.39)
$Constant$	0.017**	-0.001	0.001	0.012**	0.014**	0.032**
	(2.32)	(-0.25)	(0.26)	(2.01)	(2.06)	(2.40)
$Year$	Yes	Yes	Yes	Yes	Yes	Yes
$Industry$	Yes	Yes	Yes	Yes	Yes	Yes
N	178	178	178	178	178	178
$Adj\ R^2$	0.132	—	—	—	—	—
F_value	25.63***	—	—	—	—	—
$Pseudo\ R^2$	—	0.128	0.114	0.113	0.133	0.171
估计方法	OLS+聚类稳健标准差	分位数回归	分位数回归	分位数回归	分位数回归	分位数回归

注：*、**、*** 分别表示在 0.1、0.05、0.01 的水平上显著（双尾），括号内数值为 t 值。

(5) 央企混改中国有资本的资本聚集与吸纳效应

在表 4-10 中，回归 (1) 是央企混合所有制改革中国有资本基于资本的聚集与吸纳效应对企业股权融资影响的回归分析结果。国有资本的回归系数为 0.015，在 5% 水平上显著，表明混合所有制改革央企中国有资本比例每提高 1 个百分点，通过股权融资取得的股本和资本公积增加额占企业总资产的比例将会相应提高 0.015 个百分点，说明混合所有制改革央企中国有资本比例越高，通过股权融资带来资本的聚集与吸纳效应越强。因此，假设H4-5得到验证。对于其他控制变量，公司规模和主营业务收入增长率对股权融资的回归系数显著为正，资产负债率的回归系数显著为负，现金流量和股权集中度的回归系数为负但不显著。

回归（2）是央企混合所有制改革中国有资本基于资本的聚集与吸纳效应对企业债权融资影响的回归分析结果。国有资本的回归系数为0.251，在1%水平上显著，表明混合所有制改革央企中国有资本比例每提高1个百分点，通过债权融资取得的长期借款、短期借款和应付债券的总额占企业总资产的比例将会相应提高0.251个百分点，说明混合所有制改革央企中国有资本比例越高，通过债权融资带来资本的聚集与吸纳效应越强。因此，假设H4-6成立。对于其他控制变量，公司规模和资产负债率对债权融资的回归系数显著为正，主营业务收入增长率和股权集中度的回归系数均为负但不显著，现金流量的回归系数为正但不显著。

表4-10 央企混改中国有资本的聚集与吸纳效应回归结果

变量	(1) $Equity$	(2) Dfa
$Staterate$	0.015**	0.251***
	(1.98)	(3.39)
$Size$	0.004*	0.025***
	(1.69)	(3.69)
Lev	−0.055**	0.423***
	(−2.18)	(8.04)
$Grow$	0.051***	−0.022
	(4.28)	(−1.19)
$Cash$	−0.009	0.039
	(−0.49)	(1.33)
$Top10$	−0.017	−0.092
	(−0.42)	(−1.03)
$Constant$	−0.053*	−0.527***
	(−1.67)	(−3.69)

续表

变量	(1) Equity	(2) Dfa
Year	Yes	Yes
Industry	Yes	Yes
N	178	178
Adj R^2	0.172	0.437
F_value	4.14***	13.59***
估计方法	OLS+聚类稳健标准差	OLS+聚类稳健标准差

注：*、**、*** 分别表示在 0.1、0.05、0.01 的水平上显著（双尾），括号内数值为 t 值。

4.3.4 稳健性检验

为了验证上述回归结果的可靠性，将样本公司前十大股东中持股比例在5%及以上的国有股持股比例之和与前十大股东中持股比例在5%及以上的所有股东持股比例之和的比值与国有资本进行了替换。同时，参照柳光强（2016）[168]衡量税收优惠的方法，用"收到的各项税费返还/（收到的各项税费返还+支付的各项税费）"作为"名义税率−实际税率"的替换指标；参照敖小波（2014）[169]对融资便利的衡量方法，用长期借款率替代了银行借款率，即用"长期借款/总资产"重新衡量融资便利；借鉴耿强和胡睿昕（2013）[170]衡量政府补贴的方法，用"Ln（1+企业受补贴额/当年企业所在行业平均受补贴额）"作为政府补贴的替代指标，对相关模型进行了稳健性检验。

（1）变量的描述性统计分析

表4-11报告了变量的描述性统计结果。在表4-11中，税收优惠的平均值为0.140，标准差为0.107，和表4-4中的值有一定的差距，其原因可能在于两种衡量方法的不同；融资便利的描述性统计指标均比表4-4中的值小，是因为衡量融资便利计算公式中的分子因去掉短期借款而使分数值变小；政府补贴的各描述性统计指标值变大，其原因在于对变量采用了自

然对数取值法，且在上文衡量政府补贴的分式中，因分母是总资产而存在基数过大的因素；国有资本相比表4-4，其平均值有所增大，高达0.678，说明参与混合所有制改革的央企大部分还是由国有资本控股的。其他变量的描述性统计指标和表4-4一样，不再赘述。

表4-11 变量的描述性统计

变量	样本数	平均值	标准差	最小值	最大值
$Taxp$	178	0.140	0.107	0.000	0.838
$Loan$	178	0.087	0.065	0.000	0.511
$Barrier$	178	0.355	0.246	0.000	1.000
Sub	178	1.142	1.062	0.000	3.818
$Equity$	178	0.012	0.010	-0.214	0.297
Dfa	178	0.202	0.175	0.000	0.672
$Staterate$	178	0.678	0.162	0.174	0.905
$Size$	178	23.934	2.117	19.716	28.505
Lev	178	0.555	0.209	0.085	1.037
Roe	178	0.056	0.115	-0.430	0.344
$Capint$	178	0.309	0.236	0.003	0.856
$Grow$	178	0.058	0.355	-0.509	2.028
Roa	178	0.025	0.053	-0.132	0.228
$Cash$	178	0.072	0.332	-1.950	0.809
$Top10$	178	0.698	0.165	0.350	0.985

（2）回归模型的多重共线性检验

为防止回归模型中各自变量之间因存在严重的多重共线性问题而影响模型回归结果的准确性，本书在稳健性检验部分对各模型自变量的 VIF 进行了测算，所有自变量的 VIF 值及平均 VIF 值都远小于10并在2.30以内，说明所有模型均不存在严重的多重共线性问题，结论和本章前面部分一致，进一步说明本书构建的模型适合做回归分析，多重共线性检验结果如表4-12所示。

表 4-12 多重共线性检验

变量	模型 4-1 VIF	模型 4-2 VIF	模型 4-3 VIF	模型 4-4 VIF	模型 4-5 VIF	模型 4-6 VIF
Staterate	1.01	1.01	1.00	1.00	1.00	1.00
Size	2.26	2.24	2.17	2.15	2.30	2.30
Lev	1.31	1.42	1.39	1.27	1.27	1.27
Roe	1.13	—	—	—	—	—
Capint	1.12	1.12	—	—	—	—
Grow	1.07	1.09	—	1.01	1.01	1.01
Roa	—	1.21	1.13	—	—	—
Cash	—	—	—	—	1.13	1.13
Top10	1.90	1.93	1.91	1.89	1.89	1.89
Mean VIF	1.40	1.43	1.52	1.46	1.43	1.43

(3) 回归结果分析

在采用新的衡量方法对税收优惠、融资便利、政府补贴以及国有资本进行衡量后,对模型(4-1)~模型(4-4)重新采用聚类稳健标准差的 OLS 和分位数回归法进行回归,除了个别回归系数大小和显著性有变化外,稳健性检验的回归结果和前述实证回归分析结果基本一致,进一步说明了本书构建的回归模型合适。各模型的稳健性检验回归结果如表 4-13~表 4-16 所示。

表 4-13 模型 (4-1) 的稳健性检验回归结果

变量	(1) OLS	(2) QR_10	(3) QR_25	(4) QR_50	(5) QR_75	(6) QR_90
Staterate	0.233*** (2.65)	0.085* (1.76)	0.122* (1.88)	0.181** (2.43)	0.217*** (2.61)	0.254*** (3.11)
Size	0.028** (2.21)	0.006 (0.54)	0.009 (0.50)	0.017** (2.36)	0.045** (2.18)	0.043* (1.90)

续表

变量	(1) OLS	(2) QR_10	(3) QR_25	(4) QR_50	(5) QR_75	(6) QR_90
Lev	-0.187*	-0.006	-0.096	-0.157*	-0.287**	-0.387**
	(-1.82)	(-0.07)	(-1.18)	(-1.89)	(-2.44)	(-2.50)
Roe	-0.072*	-0.027**	-0.046**	-0.096*	-0.174**	-0.210**
	(-1.66)	(-2.26)	(-2.12)	(-1.88)	(-2.06)	(-2.55)
$Capint$	-0.131*	-0.013	-0.019	-0.023*	-0.127*	-0.154**
	(-1.72)	(-0.18)	(-0.36)	(-1.85)	(-1.68)	(-2.35)
$Grow$	0.108*	0.030	0.049	0.074**	0.139**	0.277***
	(1.92)	(1.10)	(0.98)	(2.30)	(2.49)	(3.09)
$Top10$	-0.546***	-0.051***	-0.090***	-0.334***	-0.893***	-0.968***
	(-3.74)	(-3.82)	(-5.62)	(-4.71)	(-4.29)	(-3.93)
$Constant$	-0.232***	-0.105***	-0.134***	-0.157**	-0.290***	-0.448***
	(-3.26)	(-3.92)	(-3.14)	(-2.36)	(-5.54)	(-5.52)
$Year$	Yes	Yes	Yes	Yes	Yes	Yes
$Industry$	Yes	Yes	Yes	Yes	Yes	Yes
N	178	178	178	178	178	178
$Adj\ R^2$	0.259	—	—	—	—	—
F_value	5.37***	—	—	—	—	—
$Pseudo\ R^2$	—	0.034	0.064	0.145	0.249	0.336
估计方法	OLS+聚类稳健标准差	分位数回归	分位数回归	分位数回归	分位数回归	分位数回归

注：*、**、*** 分别表示在 0.1、0.05、0.01 的水平上显著（双尾），括号内数值为 t 值。

表 4-14 模型（4-2）的稳健性检验回归结果

变量	(1) OLS	(2) QR_10	(3) QR_25	(4) QR_50	(5) QR_75	(6) QR_90
$Staterate$	0.053**	0.019*	0.024*	0.027*	0.037*	0.061***
	(2.46)	(1.79)	(1.72)	(1.78)	(1.78)	(3.44)

续表

变量	(1) OLS	(2) QR_10	(3) QR_25	(4) QR_50	(5) QR_75	(6) QR_90
$Size$	0.005*	−0.001	0.002	0.002	0.004*	0.007**
	(1.75)	(−0.32)	(0.67)	(0.07)	(1.83)	(2.02)
Lev	0.222***	0.008	0.055***	0.145***	0.200***	0.319***
	(3.80)	(0.67)	(3.16)	(4.57)	(3.52)	(3.52)
Roa	−0.112*	−0.019	−0.005	−0.035	−0.108**	−0.125**
	(−1.76)	(−0.39)	(−0.09)	(−0.85)	(−2.03)	(−2.56)
$Capint$	0.131**	0.021*	0.062***	0.122***	0.144***	0.308***
	(2.26)	(1.70)	(3.78)	(3.90)	(2.72)	(3.70)
$Grow$	−0.030*	−0.006	−0.014	−0.022*	−0.023*	−0.034**
	(−1.88)	(−0.22)	(−1.11)	(−1.87)	(−1.71)	(−2.35)
$Top10$	−0.106***	−0.006	−0.012	−0.052**	−0.090***	−0.254***
	(−4.82)	(−0.30)	(−0.54)	(−2.23)	(−3.04)	(−4.22)
$Constant$	−0.045	−0.011	−0.011	0.021	−0.088	−0.212
	(−1.00)	(−0.19)	(−0.11)	(0.13)	(−1.44)	(−1.33)
$Year$	Yes	Yes	Yes	Yes	Yes	Yes
$Industry$	Yes	Yes	Yes	Yes	Yes	Yes
N	178	178	178	178	178	178
$Adj\ R^2$	0.528	—	—	—	—	—
F_value	9.55***	—	—	—	—	—
$Pseudo\ R^2$	—	0.088	0.160	0.312	0.457	0.546
估计方法	OLS+聚类稳健标准差	分位数回归	分位数回归	分位数回归	分位数回归	分位数回归

注：*、**、*** 分别表示在 0.1、0.05、0.01 的水平上显著（双尾），括号内数值为 t 值。

表 4-15 模型（4-3）的稳健性检验回归结果

变量	(1) OLS	(2) QR_10	(3) QR_25	(4) QR_50	(5) QR_75	(6) QR_90
$Staterate$	0.133**	0.033*	0.085*	0.102*	0.130**	0.154**
	(2.41)	(1.68)	(1.94)	(1.66)	(2.26)	(2.38)

续表

变量	(1) OLS	(2) QR_10	(3) QR_25	(4) QR_50	(5) QR_75	(6) QR_90
$Size$	0.070***	0.012	0.037*	0.057**	0.085**	0.128***
	(3.30)	(0.47)	(1.75)	(2.41)	(2.20)	(3.42)
Lev	−0.287*	−0.076	−0.158*	−0.175**	−0.199*	−0.464***
	(−1.73)	(−0.72)	(−1.69)	(−2.13)	(−1.68)	(−2.64)
Roa	−0.593**	−0.085	−0.436**	−0.533**	−0.627**	−0.713***
	(−2.49)	(−0.36)	(−2.25)	(−2.24)	(−2.50)	(−2.88)
$Top10$	0.222***	0.034	0.168***	0.195***	0.233***	0.328***
	(2.70)	(0.99)	(2.61)	(2.61)	(3.07)	(3.37)
$Constant$	0.372**	0.135	0.187*	0.235*	0.327***	0.591***
	2.43	0.99	1.72	1.70	2.64	3.58
$Year$	Yes	Yes	Yes	Yes	Yes	Yes
$Industry$	Yes	Yes	Yes	Yes	Yes	Yes
N	178	178	178	178	178	178
$Adj\ R^2$	0.389	—	—	—	—	—
F_value	5.98***	—	—	—	—	—
$Pseudo\ R^2$	—	0.204	0.239	0.325	0.313	0.277
估计方法	OLS+聚类稳健标准差	分位数回归	分位数回归	分位数回归	分位数回归	分位数回归

注：*、**、***分别表示在0.1、0.05、0.01的水平上显著（双尾），括号内数值为t值。

表4-16 模型（4-4）的稳健性检验回归结果

变量	(1) OLS	(2) QR_10	(3) QR_25	(4) QR_50	(5) QR_75	(6) QR_90
$Staterate$	0.138**	0.087*	0.107*	0.124**	0.136**	0.175**
	(2.16)	(1.70)	(1.75)	(2.38)	(2.11)	(2.24)
$Size$	−0.376**	−0.148*	−0.237**	−0.362***	−0.433***	−0.475***
	(−2.40)	(−1.78)	(−2.37)	(−2.78)	(−3.13)	(−2.95)

续表

变量	(1) OLS	(2) QR_10	(3) QR_25	(4) QR_50	(5) QR_75	(6) QR_90
Lev	0.093*	0.018	0.094*	0.104*	0.131*	0.153**
	(1.81)	(0.35)	(1.83)	(1.94)	(1.80)	(2.46)
$Grow$	-0.068**	-0.011	-0.046*	-0.127**	-0.141**	-0.178**
	(-2.00)	(-0.29)	(-1.68)	(-2.05)	(-2.37)	(-2.15)
$Top10$	0.392**	-0.033	0.158	0.241*	0.404**	0.524***
	(2.45)	(-0.20)	(0.98)	(1.71)	(2.45)	(2.78)
$Constant$	-8.646***	-3.597***	-5.251***	-8.339***	-9.292***	-10.240***
	(-6.66)	(-12.15)	(-11.21)	(-6.07)	(-3.85)	(-6.85)
$Year$	Yes	Yes	Yes	Yes	Yes	Yes
$Industry$	Yes	Yes	Yes	Yes	Yes	Yes
N	178	178	178	178	178	178
$Adj\ R^2$	0.512	—	—	—	—	—
F_value	9.89***	—	—	—	—	—
$Pseudo\ R^2$	—	0.232	0.274	0.353	0.425	0.455
估计方法	OLS+聚类稳健标准差	分位数回归	分位数回归	分位数回归	分位数回归	分位数回归

注：*、**、*** 分别表示在 0.1、0.05、0.01 的水平上显著（双尾），括号内数值为 t 值。

在对国有资本采用新的衡量方法进行衡量后，重新对模型（4-5）和模型（4-6）采用聚类稳健标准差的 OLS 进行回归分析发现，除了国有资本对股权融资和债权融资的回归系数值均有所减小外，稳健性检验的回归结果和前述实证检验的回归结果基本一致，进一步说明了本书构建的回归模型合适。模型（4-5）和模型（4-6）的稳健性检验回归结果如表 4-17 所示。

表 4-17 央企混改中国有资本的聚集与吸纳效应稳健性检验回归结果

变量	(1) Equity	(2) Dfa
$Staterate$	0.007**	0.028**
	(2.28)	(2.50)
$Size$	0.005**	0.010**
	(2.09)	(2.37)
Lev	−0.053**	0.547***
	(−2.15)	(10.50)
$Grow$	0.051***	−0.014
	(4.25)	(−0.57)
$Cash$	−0.010	0.010
	(−0.54)	(0.25)
$Top10$	−0.023	−0.126*
	(−0.64)	(−1.65)
$Constant$	−0.042*	−0.201***
	(−1.73)	(−2.76)
$Year$	Yes	Yes
$Industry$	Yes	Yes
N	178	178
$Adj\ R^2$	0.167	0.413
F_value	1.83**	12.49***
估计方法	OLS+聚类稳健标准差	OLS+聚类稳健标准差

注：*、**、*** 分别表示在 0.1、0.05、0.01 的水平上显著（双尾），括号内数值为 t 值。

4.4 研究结论与启示

央企混合所有制改革中的国有资本因具有产权属性的政治关联，相比非国有资本具有一定的优势，能为企业带来政治关联效应下的各种资源获取优势，并产生优势富集效应。基于税收优惠、融资便利、壁垒行业准入便利和政府补贴等视角的央企混合所有制改革中国有资本优势富集效应的实证分析结果表明：在参与混合所有制改革的央企中，国有资本在央企获得税收优惠、融资便利、壁垒行业准入便利以及政府补贴中存在着明显的优势，具有优势富集效应；在稳健性检验中，基于对国有资本、税收优惠、融资便利和政府补贴等变量进行替换后的回归分析结果验证了上述结论，国有资本在融资便利和政府补贴的优势富集效应中的回归系数变大，优势富集效应更加显著。

在混合所有制改革央企中国有资本具有上述基于产权属性政治关联的优势富集效应的同时，国有资本为混合所有制改革央企带来了基于资本管理的资本聚集与吸纳效应。基于股权融资和债权融资方式的混合所有制改革央企资本聚集与吸纳效应的实证分析结果表明：混合所有制改革央企中的国有资本对股权融资和债权融资均具有显著的正向影响；通过对国有资本采取新的方法进行衡量后的稳健性检验，进一步证明了混合所有制改革央企中的国有资本比例越高，企业当年发生股权融资和债权融资的强度越大，国有资本能为混合所有制改革央企带来明显的资本聚集与吸纳效应。

在上述实证分析结果的基础上，结合相关学者的有益研究成果，可以得出以下具体研究结论和相应的启示。

1）央企混合所有制改革中的国有资本在为企业获得大量异质性资源的过程中具有明显的优势。混合所有制改革央企中的国有资本因同国家和政府有着先天的血缘关系，形成了一种基于产权属性的政治关联。这种政治关联为其获得各种异质性资源提供了路径，主要表现在：一方面，国家和政府为了实现其社会、经济和政治目的，会向混合所有制改革央企伸出掠夺之手，促使其承担一些社会责任和为公益事业服务，使混合所有制改革央企政策性负担较重，为此，政府会向其提供一些政治资源作为补偿；另一方面，基于资本具有逐利性的特点，作为国有资本的代理主体，国家和政府同样会追求资本收益最大化，会相应地向作为国有资本载体的混合所有制改革央企伸出扶持之手，让其更容易获得一些异质性的优势资源，以使企业实现良好的经营业绩，从而为其获得高额的资本投资回报率。因此，国家或政府会让参与混合所有制改革的央企更容易在税收上获得更大的优惠，让其融资渠道更加通畅，进入相关壁垒行业的准入度更高，同时能够从国家和政府获得更高的补贴。混合所有制改革央企因拥有国有资本而存在获取异质性资源的明显优势，这种优势在混合所有制改革的实施进程中应逐渐被非国有资本意识到，以主动积极的态度参与央企混合所有制改革，最终方能放大国有资本的功能，在实现优势互补的基础上，谋求共同发展。

2）央企混合所有制改革中的国有资本在为企业获得大量异质性资源的过程中具有明显的优势凸显效应。既然混合所有制改革央企中的国有资本表现为企业与国家或政府之间一种基于产权属性的政治关联，便能够被进行定性和定量的考核与评价，现有研究表明，政治关联度越高，企业从政府那里获得的税收优惠、融资便利、壁垒行业准入便利以及政府补贴越高。而国有资本是基于产权属性政治关联的载体，那么国有资本在企业中的比例可被视为企业与国家或政府之间政治关联的强度，混合所有制改革央企中的国有资本比例越高，给企业带来的政治关联度越强，从而更能为企业获取更多的各种异质性资源，最终表现出国有资本在税收优惠、融资便利、壁垒行业准入便利以及政府补贴上存在优势凸显效应。因此，非国有资本在参与央企混合所有制改革的过程中，应结合自身在混合所有制改革中的预期目的，合理确定央企混改中国有资本所占的最低比例，以实现最大化的资源优势互补。

3）央企混合所有制改革中的国有资本在为企业获得大量异质性资源的过程中具有明显的优势富集效应。混合所有制改革央企中的国有资本作为一种产权属性的政治关联优势越显著，就会带来越多的异质性资源，诸如税收优惠、融资便利、壁垒行业准入便利以及政府补贴的优势将会更加明显，而混合所有制改革央企中国有资本政治关联的优势显著性，主要通过其在企业股权资本中占有的比例进行衡量，即国有资本比例。因此，参与央企混合所有制改革的非国有资本在进入央企时，应充分考虑国有资本的优势富集效应所带来的各种异质性优势资源，将其作为一种资源优势，谋求更大的发展机会。

4) 央企混合所有制改革中的国有资本能够为企业带来资本的聚集与吸纳效应。混合所有制改革央企中的国有资本因具有基于产权属性政治关联的资源获取优势，从而拥有其他类型企业所不可比拟的资本吸纳能力和广泛的融资渠道，能够通过股权融资和债权融资方式为企业带来资本的聚集与吸纳效应。因此，参与央企混合所有制改革的非国有资本应认识到国有资本在资源获取优势下产生的资本聚集与吸纳能力，积极参与到央企混合所有制改革的进程中，充分利用国有资本的优势，为自身获得更多的资源和投资机会。

4.5 本章小结

本章探索了央企混合所有制改革中国有资本的优势富集效应。首先，基于资本异质性理论和政治关联理论分析了混合所有制改革央企中的国有资本是一种基于产权属性的政治关联，与政府之间有着天然的血缘关系，这种优势能为央企带来税收优惠、融资便利、壁垒行业准入便利以及获得更多的政府补贴；其次，基于优势富集效应理论分析了混合所有制改革央企中国有资本在税收优惠、融资便利、行业准入便利以及政府补贴方面的优势凸显和优势富集效应，并进行了实证检验；最后，分析并检验了混合所有制改革央企中的国有资本因具有产权属性的政治关联优势而能为企业带来资本的聚集与吸纳效应。通过上述分析，本章得出央企混合所有制改革中的国有资本具有优势富集效应，能够显著地为企业带来税收优惠、融资便利、壁垒行业准入便利以及政府补贴等异质性资源。同时，国有资本能够产生显著的资本聚集与吸纳效应。

第5章 央企混合所有制改革中非国有资本的鲇鱼效应分析

资本异质性理论认为,资本的异质性主要在于资本的用途不同,不同性质的资本具有不同的用途。央企混合所有制改革中的国有资本与非国有资本因具有不同的所有制性质而有着各自的优势。本章研究非国有资本的进入为混合所有制改革央企带来的提升公司内部治理能力以及提高企业资本投资效率的鲇鱼效应。首先,以资本异质性理论、公司治理理论等理论分析央企混合所有制改革中非国有资本的进入为央企带来的提升股东会治理能力、董事会治理能力、监事会治理能力、管理层治理能力和公司内部治理能力的鲇鱼效应,并探讨非国有资本对混合所有制改革央企资本投资效率的影响;其次,构建混合所有制改革央企公司内部治理能力评价指标体系,以变异系数法对各级指标赋权,最终生成相关综合评价指数;再次,对混合所有制改革央企资本投资效率进行衡量;最后,建立多元回归模型,实证检验非国有资本对混合所有制改革央企公司内部治理能力以及资本投资效率的影响。本章逻辑框架如图5-1所示。

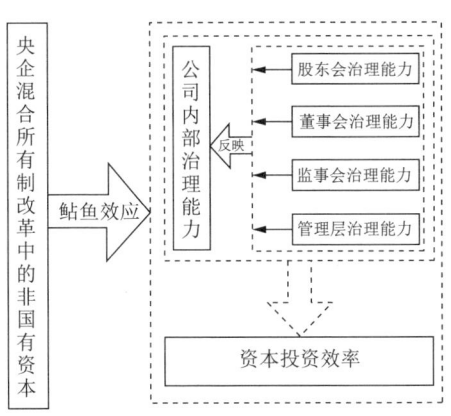

图5-1 央企混合所有制改革中非国有资本鲇鱼效应的逻辑分析框架

5.1 理论分析与研究假设

提升混合所有制改革央企内部治理能力的着眼点应放在有效解决行政干预下的"内部人控制"问题上。所有者缺位和多重代理关系、国有资产管理体制不健全、控制权配置规则不完善和政府自上而下任免制度等问题导致一定程度的行政干预与"内部控制"交织在一起，使企业内部治理能力降低。要有效解决这一问题，必须建立与混合所有制改革央企股权结构相匹配的治理结构和机制，鼓励和引导非国有资本股东积极参与企业内部治理，进一步提升股东会治理能力，规范和优化董事会和监事会运作，不断完善管理层激励与约束机制。因此，本书从股东会治理、董事会治理、监事会治理和管理层治理四个方面探究央企引入非国有资本对公司内部治理能力的提升作用，并在此基础上分析非国有资本的进入对混合所有制改革央企资本投资效率的影响。

5.1.1 央企混改中的非国有资本与股东会治理能力

在国家经济转型的大背景下，市场机制不健全、企业内部股权集中度高，加剧了股东之间的代理问题，以至于如何健全制衡大股东的机制成为公司治理的重要任务（唐跃军和李维安，2009）[171]，主要在于公司控股股东能够对高管及董事进行控制，并在公司决策上有着绝对的话语权。目前，我国央企普遍存在"一股独大"的特征，虽然"一股独大"现象有利于增强大股东对管理层的监督，降低代理成本，但是我国国有股委托人存在"所有者虚置"问题，从而导致央企"内部人控制"和"掏空"问题变得更为严重。

一方面，国有控股公司的委托代理链条通常较长，存在严重的所有者缺位现象，企业经营决策高度受制于政府对高管的任免和考核体系，使国企存在严重的代理冲突问题。同时，由于所有者缺位和委托代理链条较长，国有控股公司逐步形成内部人控制的格局，存在严重的委托代理问题，相比其他类型控股公司，代理成本显著偏高（平新乔等，2003；白重恩等，2006；李寿喜，2007）[172,173,174]。国有控股公司既没有摆脱"家庭手工作坊式"的控制权对经营权的干预，无法通过社会的专业化分工提高效率；又没有很好解决家庭手工作坊并不存在的问题，而使代理成本提升（郑志刚，2015）[80]。

另一方面，国有控股公司与政府存在着密切联系，企业政策性负担较重，控股股东（政府）可能出于经济无效率的动机滥用其控制权，以实现其政治目标，导致中小股东利益受损。例如，为减轻负担，政府将劣性资产注入国有控股上市公司，从而导致公司绩效的下降（章卫东等，2015）[175]；同时，国有上市公司中大股东存在"掏空"动机（唐婧清等，2016）[176]。

参股股东的"性质"是决定参股股东公司治理作用的重要因素（Attig et al.，2013；Santos et al.，2015）[177,178]。国企混改的目的是通过非国有资本的进入，健全公司治理机制、完善公司治理结构，最终提升国有资本相关效率（郑志刚，2015）[80]。中国混合所有制改革所期望达到的目标之一，就是多元股权所形成的股权制衡对公司治理的优化具有显著的改善作用（汪平和兰京，2016）[179]。

在上述意义上，我国国企未来需要一场"现代公司革命"，企业所有权与经营权真正分离是这场改革亟待解决的首要问题（郑志刚 2015）[80]。另外，具有逐利性的私人控股股东，有着约束自身和对经理人行使监督权的强大动机，更容易降低企业的代理成本（郑志刚等，2013）[180]。

因此，在央企中引入积极的非国有资本能有效降低企业的代理成本，并抑制国有资本控股股东对中小股东权益的侵占行为。进入央企的非国有资本主要从三方面提高其股东会治理能力：一是制衡国有控股股东，打破"一股独大"的局面，央企中非国有资本比例的提高，能够有效提高制衡大股东的能力，并能降低中小股东利益被侵占的程度；二是由于非国有资本具有很强的逐利性，其持有者为了确保自身的利益不受到损害，有着监督高管的强烈动机，随着持股比例的提高，这种监督动机愈加强烈，最终能够有效抑制内部人控制行为（曾诗韵等，2017）[181]；三是代表非国有资本股东利益的企业高管能够对企业进行有效监督，并能提高公司治理能力（祝继高等，2015）[182]。

综上所述，本书提出如下假设：

H5-1：央企引入非国有资本能有效提升股东会治理能力。

5.1.2 央企混改中的非国有资本与董事会治理能力

董事会在公司组织结构中处于核心地位，由股东会授权行使相关的代理权利，并承担监督经营管理者的义务，这被视为解决股东和经理之间代理问题的重要机制（李维安和孙文，2007）[183]。通过提高董事会的治理效率，可以有效对经营管理者的行为进行监督并加以控制，最终能够降低企业的代理成本（高明华和谭玥宁，2014）[184]。将董事会作为治理的主体，在相关制度的安排下，能够有效达到其治理的预期，在实现股东会诉求的情况下促进公司保持可持续发展的能力（高明华等，2014）[185]。董事会作为双重委托代理关系中的治理主体和客体，治理的最终目的是科学决策、各利益相关者利益的最大化和公司可持续发展（丁忠明和王振富，2008；高明华等，2014）[186,185]。综上所述，董事会治理的主要内容包括四个方面：如何兢兢业业行使代理人应尽的义务？如何做出科学的决策以保证公司的可持续发展？如何有效监督和控制经营管理者的行为？如何做到自身的利益和公司利益保持一致？（高明华，2014）[187]

由于我国长期实行计划经济体制，我国央企上市公司董事会治理仍然存在很多深层次的矛盾和问题（丁忠明和王振富，2008）[186]，主要表现在以下四个方面。

1）制度形式化。主要表现为：第一，很多央企董事会权力过于集中，享有较大的权力，企业大部分的议事提案均由董事长或者大股东指定的代表决定；第二，中小股东在董事会无话语权，利益无法受到保护；第三，对董事的任免偏于行政化，独立董事比例低且缺乏独立性。

2）职责界定不清。主要表现为：第一，在某些央企中，董事会正常的监督职能受到管理层的抵触;第二,在部分业务上,管理层与董事会之间存在交叉管理或无人管理的状况,降低了企业的决策效率,导致相关责任无法落实。

3)监督不到位。主要表现为:第一,管理层过度消费,虚假做账,随意提升员工薪酬;第二,管理层为达到短期业绩考核指标,过分注重企业短期发展而忽略企业长期发展,投资过度现象严重,造成国有资产投资效率低下;第三,内部人控制现象严重,导致国有资产流失过多、中小股东利益损害巨大。

4)激励和约束机制欠缺。经营管理控制权与剩余收益索取权高度错位,导致央企激励约束机制不完善,有待进一步健全。例如:第一,大部分董事的收入水平与企业业绩水平关系不明显;第二,由于激励机制过于僵化,企业经营管理透明度不高,导致董事通过控制权获取非正常收益现象严重。

上述四个方面表明我国央企董事会治理水平低下。

混合所有制改革是我国当前及未来央企改革的重要方向。随着混合所有制改革的推进,非国有资本对央企治理的积极作用日益凸显。马连福等(2015)认为混合所有制改革的本质在于不同所有制性质的资本在相互博弈中提升公司治理的能力和效率,在对公司决策的有效影响中逐步提升企业的业绩[188]。混合所有制作为增强非国有资本股东参股国企的动力,董事会必须设置合适的独立董事比例,并且存在能够代表非国有资本股东利益的董事成员(高明华等,2014)[189]。更高的非国有资本股权比例有助于完善混合所有制企业公司治理机制(李文贵和余明桂,2015)[190]。非国有资本进入央企可以有效提升董事会治理能力,主要表现在:非国有资本进入央企并派出代表自身利益的董事,能够提高非国有资本股东在董事会的话语权,最终能有效降低股东之间的代理成本、降低中小股东利益被大股东侵占的风险;由于非国有资本具有很强的逐利性,其持有者为了确保自身利益不受到损害,有着监督高管的强烈动机,随着持股比例的提高,这种监督动机愈加强烈,最终能够有效抑制内部人控制行为(曾诗韵等,2017)[181]。根据经理人观察发现，央企管理者为享受安逸的生活、提高职业声望或获取更多的私人利益，在缺乏有效的监督和激励机制下倾向于稳健性的投资策略（John et al.，2008）[191]。在民营化后，经济主体获得了企业一定的所有权，将有动力完善管理者监督和激励机制（Gupta，2005）[192]。因此，央企引入非国有资本能够有效提升董事会治理能力。

综上所述，本书提出如下假设：

H5-2：央企引入非国有资本能有效提升董事会治理能力。

5.1.3 央企混改中的非国有资本与监事会治理能力

在企业经营管理中，两权分离促使委托代理关系形成，由于企业所有者与经营者目标不一致，所以产生了代理成本。在寻求对经营者行为进行有效约束的过程中，监事会便顺应而生，作为专职为股东行使监督职能的机构。因其服务于股东，追求股东财富最大化是其实现监督效果的本职所在（赵美辰，2017）[193]。在我国公司治理结构中，监事会的职能主要为：对公司财务进行检查；监督公司董事及高管的决策和行为。

2015年9月，《指导意见》明确提出，要进一步明确企业监事会的职责所在，健全和完善企业内部监督机制，加强企业内部监督实效，增强监督制度的执行力。现有文献关于我国国有上市公司监事会治理效果的实证研究结论基本一致，认为我国国有上市公司监事会治理水平较低、效果较差（Bhagat & Black，1999；李维安和郝臣，2006；郑伯阳等，2010）[194,195,196]，主要表现为企业总体治理水平较低、监事学历水平偏低、监事职业背景与其工作不匹配、监事会结构与规模有效性较差。一方面，存在监事的来源问题。在我国国有股份有限公司中，由于信息不对称，董事会和管理层为谋求自身利益最大化，有较强的寻租动机，因此国务院国资委向国企委派监事会以监督约束董事会和管理层的行为。但是，目前国有上市公司监事大部分由董事和财务负责人兼任，难以保证监督约束的有效性和可靠性。另一方面，存在监事会的运行问题。我国国企监事会规模较小，且知识水平和专业素质有限，无法有效发挥监事的职能，并且缺乏应有的激励机制，造成监督动力不足。没有建立相应的监督检查工作的具体激励办法和责任追偿制度，导致激励约束机制缺失。另外，管理层由"内部人控制"，出资人不作为，不关心国有资产的保值增值，导致出资人派出的监事会在主观上的不作为，或者由被监督对象负责考核、负责支付薪酬，成为管理层的附庸（陈立君，2017）[197]，最终造成监事会缺乏独立性。

在混合所有制改革中，引入非国有资本能有效提升央企的监事会治理能力。非国有资本股东任命的高管代表能够对公司实行有效的监督。已有研究发现，股东通过在公司委任董事人员和监事人员，可以提高公司内部治理能力和质量。为了控制和抵抗大股东对自身利益的侵占行为，中小股东有强烈动机引入独立监事以对公司实行有效的监督（王世权和宋海英，2011）[198]。因此，相比仅仅持有公司股份的中小股东，进入央企中的非国有资本股东如能在公司委任董事和监事成员，不仅可以充分掌握公司的经营管理信息，还能提高在公司中的话语权，以至于能够对公司董事会和管理层进行有效的监督（曾诗韵等，2017）[181]。

综上所述，本书提出如下假设：

H5-3：央企引入非国有资本能有效提升监事会治理能力。

5.1.4 央企混改中的非国有资本与管理层治理能力

现有的人事任免体系决定了央企高管具有双重身份。一方面，央企高管是企业经营决策的制定人和执行者；另一方面，因其由国家或政府任命，有着个人仕途的追求，而非单纯的职业经理人（杨瑞龙等，2013）[199]。央企现有的人事任免体系不仅对董事会作为公司治理的权威形成了极大挑战，而且损害了通过经理人声誉等途径鉴别职业经理人能力的有效性，同时导致在任高管一味追求个人仕途晋升而刻意高度关注企业短期业绩，最终对企业的长期发展造成极大的不利（代飞，2018）[200]。

此外，央企管理层治理还存在如下两方面问题：一是存在"内部控制人"现象。我国在资本市场建设初期为缓解央企融资难问题，要么对企业不良资产进行剥离，要么以企业优质资产进行上市融资，最终导致央企股权结构"一股独大"现象严重,作为大股东代表的高管,在企业经营管理决策权上也形成独大的态势,在产权所有者严重缺位的情况下,企业管理层对政府享有的企业剩余索取权造成了严重的侵占,最终带来严重的"内部控制人"问题(刘丁荧,2017)[201]。二是"一把手"负责制存在负面影响。虽然绝大多数央企实行的"一把手"负责制可以使权力集中,并能有效提升管理效率,但是在缺乏有效监督约束机制的情况下,容易出现管理权力异常、膨胀异化的现象。

由于非国有资本在资金来源和收益归属等方面具有明确性,因此可以在实行混合所有制改革的央企中引入"到位"的非国有资本"所有者"参与自身的公司治理,以提高相关治理能力。由于非国有资本具有天然的逐利性,相比其他所有制性质的资本,会更重视企业绩效以及资本的短期投资收益率。因此,为追求自身利益最大化,非国有资本股东有强烈的动机对央企管理层进行有效监督,在管理权结构上对央企原先的"准官员"型管理层进行制衡与监督(刘运国等,2016)[202],使非国有资本股东天然具备提升央企内部治理能力的能力。曾诗韵等(2017)[181]认为非国有资本进入国企可以完善企业治理机制,有效提升管理层个人利益信息的透明化程度,最终降低企业的代理成本。魏明海等(2017)[203]的研究表明,非国有资本股东在国企中委派高管人员,在公司治理实践中,对高管薪资的激励水平能够达到有效的改善效果。因此,上述研究表明非国有资本的引入能有较强的动机监督央企的管理,有效提升管理层治理能力。

综上所述,本书提出如下假设:

H5-4:央企引入非国有资本能有效提升管理层治理能力。

由于公司内部治理范围包括股东会、董事会、监事会以及管理层四个方面,这些方面治理能力的好坏直接影响着公司内部治理的综合能力,在上文提出假设H5-1、H5-2、H5-3和H5-4的基础上,本书认为参与混合所有制改革的央企通过引入非国有资本能够提高公司内部治理的综合能力。因此,提出如下假设:

H5-5:央企引入非国有资本能有效提升公司内部治理能力。

5.1.5 央企混改中的非国有资本与资本投资效率

代理理论认为，由于不完全契约及信息不对称问题的存在，在缺乏监管的情况下，管理者的道德风险和逆向选择行为会引起企业的非效率投资问题（迈尔斯和迈吉勒夫，1984）[17]，而高质量的公司内部治理能力是解决上述问题的一种有效机制（Dittmar & Smith，2007，Billett et al.，2011）[204,205]。公司内部治理能力能够对投资效率产生有益影响，主要表现在：高质量的公司内部治理能力能够有效解决股东与管理者之间的冲突，确保管理者所做的投资决策能够在最大限度内与股东利益最大化目标一致；高质量的公司内部治理能力能够提高企业经营决策的有效性和科学性，提高投资决策的正确性。因此，公司内部治理能力能有效提升企业投资效率（谢伟峰和陈省宏，2016）[206]。由于上文分析表明，央企引入非国有资本能够有效提升公司内部治理能力，故本书认为，非国有资本的进入能够通过影响公司内部治理能力最终提升企业资本投资效率。因此，提出如下假设：

H5-6：央企引入非国有资本能有效提升资本投资效率。

5.2 混合所有制改革央企公司内部治理能力的衡量

5.2.1 公司内部治理能力评价指标体系

国内外学者针对公司治理水平的评价做了不同的设计和描述，部分学者针对公司治理的不同主体进行了单一评价指标体系的构建，如李维安和张耀伟（2005）[207]、王世权（2006）[208]分别构建了董事会治理指数和监事会治理指数；也有学者运用主成分分析法构建了反映上市公司综合治理水平的评价指标（白重恩等，2005）[209]。南开大学公司治理研究中心课题组结合《上市公司治理准则》（证监发〔2002〕1号），在遵循相关公司法案和意见、借鉴国内外相关评价指标的基础上，构建了一套符合国内上市公司实际情况的治理评价体系并生成相关综合指数，涵盖股东会、董事会、监事会、管理层、利益相关者以及信息披露等方面（唐跃军和李维安，2009）[171]。但公司治理评价指标并不是越多越好，而应考虑到指标数据的可获得性和指标权重设置的可行性，在构建治理评价指标体系时应遵循治理评价指标体系能够如实反映上市公司治理水平的原则，保证评价体系的系统化和整体性，并且尽量做到数据的可获得性以及评价的易操作性（刘银国和朱龙，2011）[210]。

本章意图基于前人的研究基础，建立一个反映央企混合所有制上市公司内部治理水平的公司内部治理能力（Corporate Internal Governance Capability，CIGC）指数。对CIGC的设计遵循了既能反映混合所有制改革央企上市公司内部治理现状，又能反映内部治理机制的原则，同时还保证了各指标数据的可获得性和评测的易操作性。最终，本书构建了反映混合所有制改革央企上市公司内部治理能力的评价指标体系，如表5-1所示。

表5-1　混合所有制改革央企上市公司内部治理能力评价指标体系

一级指标	二级指标	三级指标	三级指标计算方法
公司内部治理能力（$CIGC$）	股东会治理能力（$CIGC_1$）	股权集中度（X_{11}）	第一大股东持股总数/公司总股数
		股权制衡度（X_{12}）	第二至第五大股东持股比例之和/第一大股东持股比例
		股东会会议次数（X_{13}）	当年举行股东会会议次数
		流通股比例（X_{14}）	流通股股数/公司总股数
	董事会治理能力（$CIGC_2$）	董事会规模（X_{21}）	董事会董事总人数
		两职合一（X_{22}）	董事长兼任总经理取值为0；否则为1
		独立董事比例（X_{23}）	独立董事人数/董事会总人数
		董事会会议次数（X_{24}）	当年举行股东会会议次数
		董事薪酬水平（X_{25}）	董事前三名薪酬总额
	监事会治理能力（$CIGC_3$）	监事会规模（X_{31}）	监事会监事总人数
		监事会会议次数（X_{32}）	当年举行监事会会议次数
		外部监事比例（X_{33}）	未领取薪酬的监事比例
	管理层治理能力（$CIGC_4$）	高管薪酬（X_{41}）	高管前三名薪酬总额
		代理成本（X_{42}）	1/（年度管理费用/年度总营业务收入）

5.2.2 公司内部治理能力指数

(1) 公司内部治理能力指数评价方法

1) 评价方法选择。现有综合评价方法很多,根据不同的评价目的、数据来源及性质,可以采用不同的评价方法,但对评价指标的选取及指标权重的确定将会对评价结果产生直接影响。根据确定指标权重方法的不同,可以将多指标综合评价方法分为主观赋权综合评价法和客观赋权综合评价法。主观赋权综合评价法主要采取定性方法,由专家凭借经验对各指标的重要性进行判断得出每个指标的权重,最后对指标进行综合评价,现有的主观赋权综合评价方法主要有层次分析法和模糊评价法。客观赋权综合评价法是主要依据各指标之间的相关性和变异系数,对指标确定权重后进行综合评价的方法,如主成分分析法、变异系数法等。

两种赋权法各有优缺点。主观赋权法由于以专家经验衡量各指标的相对重要性,具有一定的主观性,虽然易操作,但人为因素干扰过大,难以得到准确的评价结果;客观赋权法考虑了各指标间的相互关系,能够依据各指标的初始信息量确定权重,评价结果比较精确,但在指标数量多时,计算量也因此过大。

为了确保对混合所有制改革央企上市公司内部治理水平评价结果的客观性和准确性,本书选择客观赋权法。而变异系数法是一种直接利用各项指标所包含的信息,并通过计算得到指标权重的客观赋权法。其优点是可以通过各指标的变异系数衡量各项指标取值的差异程度,以此消除各项测度指标量纲不同的影响,并能针对测度指标体系中取值差异较大且难以实现的指标,如实反映被评价单位的差距。

2) 评价模型构建。在常见的综合评价方法中,加权法是最常使用的评价方法,其优势在于能够确定评价指标体系并设定各层级评价指标的权重。鉴于参与混合所有制改革的央企内部治理能力评价指标数量较多,本书采用变异系数法确定各项指标的权重,并采用变异系数—加权法生成公司内部治理能力指数。因此,本书以如下思路构建公司内部治理能力指数评价模型。

本书依据三级指标的标准差和平均值确定三级指标的变异系数和权重，并加权计算二级指标指数。采用模型（5-1）计算变异系数，利用模型（5-2）对三级指标进行赋权，通过模型（5-3）生成二级指标指数。

$$V_{ij} = \frac{\sigma_{ij}}{\overline{x_{ij}}} \quad (i=1,2,\cdots,m; j=1,2,\cdots,n) \quad (5\text{-}1)$$

$$W_{ij} = \frac{V_{ij}}{\sum_{j=1}^{n} V_{ij}} \quad (i=1,2,\cdots,m; j=1,2,\cdots,n) \quad (5\text{-}2)$$

$$Z_i = \sum_{j=1}^{n} W_{ij} \times x_{ij} \quad (i=1,2,\cdots,m; j=1,2,\cdots,n) \quad (5\text{-}3)$$

其中，V_{ij} 为一级指标下第 i 项二级指标下第 j 项三级指标的变异系数；W_{ij} 为第 j 项三级指标的权重；σ_{ij} 为第 j 项三级指标的标准差；$\overline{x_{ij}}$ 为第 j 项三级指标的平均数；x_{ij} 为相应的第 j 项三级指标的取值；Z_i 为一级指标下第 i 项二级指标的指数。

同理，依据上述三个模型计算得出的各项二级指标的指数 Z_i 的标准差和平均值确定二级指标的变异系数和权重，并加权计算一级指标指数。采用模型（5-4）计算二级指标变异系数，利用模型（5-5）对二级指标进行赋权，通过模型（5-6）生成一级指标指数。

$$V_i = \frac{\sigma_i}{\overline{Z_i}} \quad (i=1,2,\cdots,m) \quad (5\text{-}4)$$

$$W_i = \frac{V_i}{\sum_{i=1}^{m} V_i} \quad (i=1,2,\cdots,m) \quad (5\text{-}5)$$

$$Z = \sum_{i=1}^{m} W_i \times Z_i \quad (i=1,2,\cdots,m) \quad (5\text{-}6)$$

其中，V_i 为一级指标下第 i 项二级指标的变异系数；W_i 为第 i 项二级指标的权重；σ_i 为第 i 项二级指标的标准差；$\overline{Z_i}$ 为第 i 项二级指标的平均数；Z_i 为一级指标下第 i 项二级指标的指数；Z 为一级指标的指数。

(2) 公司内部治理能力指数评价结果

1) 样本选取与数据来源。样本选取：样本公司为第 4 章确定的 2014—2016 年 73 家参与混合所有制改革央企上市公司的 178 个年度观测数据，具体样本选取原则不再赘述。

数据来源：央企混合所有制改革公司内部治理能力三级指标相关数据均来自中国证券市场与会计研究（China Stock Market & Accounting Research，CSMAR）数据库，对该数据库中数据不全的公司观测值，通过手工查找新浪财经网上公司年报进行核对和补全。

2) 评价指标权重。对样本企业 14 项三级指标的数据，按照变异系数法的要求，计算出各三级指标的标准差和平均值，以此为依据计算出三级、二级指标的变异系数和权重，二、三级指标变异系数及权重分别如表 5-2 和表 5-3 所示。

表 5-2 混合所有制改革央企公司内部治理能力评价指标变异系数

一级指标	二级指标	变异系数	三级指标	变异系数
公司内部治理能力	股东会治理能力	0.411	股权集中度（X_{11}）	0.376
			股权制衡度（X_{12}）	0.580
			股东会会议次数（X_{13}）	0.563
			流通股比例（X_{14}）	0.156
	董事会治理能力	0.771	董事会规模（X_{21}）	0.216
			两职合一（X_{22}）	0.304
			独立董事比例（X_{23}）	0.170
			董事会会议次数（X_{24}）	0.491
			董事薪酬水平（X_{25}）	0.771
	监事会治理能力	0.231	监事会规模（X_{31}）	0.337
			监事会会议次数（X_{32}）	0.362
			外部监事比例（X_{33}）	0.563
	管理层治理能力	0.706	高管薪酬（X_{41}）	0.706
			代理成本（X_{42}）	0.812

表5-3 混合所有制改革央企公司内部治理能力评价指标权重

一级指标	二级指标	变异系数	三级指标	权重
公司内部治理能力	股东会治理能力	0.194	股权集中度（X_{11}）	0.224
			股权制衡度（X_{12}）	0.346
			股东会会议次数（X_{13}）	0.336
			流通股比例（X_{14}）	0.094
	董事会治理能力	0.364	董事会规模（X_{21}）	0.111
			两职合一（X_{22}）	0.156
			独立董事比例（X_{23}）	0.087
			董事会会议次数（X_{24}）	0.252
			董事薪酬水平（X_{25}）	0.394
	监事会治理能力	0.109	监事会规模（X_{31}）	0.267
			监事会会议次数（X_{32}）	0.287
			外部监事比例（X_{33}）	0.446
	管理层治理能力	0.333	高管薪酬（X_{41}）	0.465
			代理成本（X_{42}）	0.535

3）公司内部治理能力指数评价结果。以表5-3中二、三级指标的权重为标准，对三级指标原始数据进行同向化和离差标准化，采用加权法生成股东会治理能力指数、董事会治理能力指数、监事会治理能力指数、管理层治理能力指数和公司内部治理能力指数，具体指数值见附录A。

5.3 混合所有制改革央企资本投资效率的衡量

5.3.1 资本投资效率衡量模型的选择

目前，衡量资本投资效率的主要模型有Wurgler（沃格勒）模型、边际托宾Q模型以及Richardson（理查森）模型。这三种模型各有优缺点和适用范围。

Wurgler模型虽然需要考虑的指标较少，但主要是基于产业（或行业）总体资本、单个产业（或行业）资本以及区域资本配置效率进行的评价和衡量，并不适用于对特定企业资本投资效率的衡量。

边际托宾 Q 模型主要用于预测和衡量货币和债券两种资产形式在面对未来预计不确定的情况下，投资者如何决定金融资产的最优组合，并在收益和风险中实现平衡，同样不适用于对特定企业资本投资效率的衡量。

Richardson（2006）[211]模型在计算出企业最优投资水平的基础上，根据模型生成的残差衡量企业资本非效率投资的水平。该模型能够直接衡量特定企业在特定年度的资本投资效率。

在借鉴国内外学者研究的基础上，充分考虑混合所有制改革央企的现实情况，本书采用 Richardson（2006）[211]残差计量模型衡量混合所有制改革央企资本投资效率的水平。

5.3.2 资本投资效率衡量模型的构建

借鉴李延喜等（2015）[212]、谢伟峰和陈省宏（2016）[206]对 Richardson（2006）[211]模型的修正，本书构建如下模型，用于衡量混合所有制改革央企资本投资效率：

$$Inv_{i,t} = \alpha_1 + \alpha_2 \times Grow_{i,t-1} + \alpha_3 \times Size_{i,t-1} + \alpha_4 \times Lev_{i,t-1} + \alpha_5 \times Roa_{i,t-1} + \alpha_6 \times Cash_{i,t-1} + \alpha_7 \times Age_{i,t-1} + \alpha_8 \times Inv_{i,t-1} + \sum Industry_{i,t-1} + \sum Year_{i,t-1} + \varepsilon_{i,t} \quad (5-7)$$

其中，$Inv_{i,t}$ 代表 i 企业在 t 年投资支出与当期平均资产的比值，企业投资支出为 t 年固定资产投资增加额、无形资产投资增加额与长期投资增加额之和，当期平均资产为 t 年年初总资产与年末总资产的平均值；$Grow_{i,t-1}$ 为 i 企业在 $t-1$ 年的主营业务收入增长率，采用 i 企业 t 年主营业务收入总额和 $t-1$ 年主营业务收入总额的差值与 $t-1$ 年主营业务收入总额的比值进行衡量；$Size_{i,t-1}$ 为 i 企业在 $t-1$ 年的资产规模，用 $t-1$ 年企业年末总资产的自然对数表示；$Lev_{i,t-1}$ 为 i 企业在 $t-1$ 年的资产负债率，用 $t-1$ 年年末负债总额与年末总资产的比值表示；$Roa_{i,t-1}$ 为 i 企业在 $t-1$ 年的盈利能力，用 $t-1$ 年的资产收益率表示，即 $t-1$ 年净利润与 $t-1$ 年平均资产的比值；$Cash_{i,t-1}$ 为 i 企业在 $t-1$ 年的现金及现金等价物的持有量水平，用 $t-1$ 年的年末现金持

有量与 $t-1$ 年的平均总资产的比值表示；$Age_{i,t-1}$ 为 i 企业在 $t-1$ 年的上市时间，用企业在 $t-1$ 年上市时间的自然对数表示；$Inv_{i,t-1}$ 为 i 企业滞后一期的投资支出水平；$Industry_{i,t-1}$ 和 $Year_{i,t-1}$ 分别为行业和年度虚拟变量，用以对行业和年度效应进行控制；$\varepsilon_{i,t}$ 表示模型的误差项。

在对模型（5-7）进行回归运算后生成相应的残差，大于零的残差表示投资过度，小于零的残差表示投资不足。将残差取绝对值并乘以 -1（谢伟峰和陈省宏，2016）[206]，用于衡量混合所有制改革央企的资本投资效率水平，该值越大说明企业资本投资效率越高。

5.4 研究设计

5.4.1 样本选取与数据来源

样本选取：本章重点研究央企混合所有制改革中非国有资本的鲇鱼效应，样本为第 4 章确定的 11 个行业 73 家混合所有制改革央企上市公司在 2014—2016 年共计 178 个年度观测值，样本选取原则不再赘述。

数据来源：本章研究样本的各项指标和变量的原始数据均来源于 CSMAR 数据库、万得资讯数据库，对两个库中均缺失的数据，通过查阅新浪财经网和巨潮资讯网上对应公司的年报数据手工整理获得。

5.4.2 变量定义与模型构建

（1）变量定义

本章研究的是央企混合所有制改革中非国有资本基于资本异质性产生的鲇鱼效应所带来的对公司股东会治理能力、董事会治理能力、监事会治理能力、管理层治理能力、公司内部治理能力以及企业资本投资效率的影响。因此将参与混合所有制改革央企中的非国有资本作为解释变量，将公司内部治理涉及的各种治理能力以及资本投资效率作为被解释变量。同时，参考相关研究文献，本书将公司规模、资产负债率、资产收益率、每股现金股利、企业价值、管理费用率以及行业虚拟变量和年度虚拟变量等常规变量作为控制变量加以控制。具体变量定义见表5-4。

表5-4 变量定义

变量类型	变量名称	变量符号	计算方法
被解释变量	公司内部治理能力	$CIGC$	由本章采用变异系数—加权法计算的公司内部治理能力综合指数进行衡量
	股东会治理能力	$CIGC_1$	由本章采用变异系数—加权法计算的股东会治理能力指数进行衡量
	董事会治理能力	$CIGC_2$	由本章采用变异系数—加权法计算的董事会治理能力指数进行衡量
	监事会治理能力	$CIGC_3$	由本章采用变异系数—加权法计算的监事会治理能力指数进行衡量
	管理层治理能力	$CIGC_4$	由本章采用变异系数—加权法计算的管理层治理能力指数进行衡量
	资本投资效率	Eff	采用模型（5-7）回归运算后的残差绝对值的负数表示，该值越大表明企业的投资效率越高
解释变量	非国有资本	$NonStaterate$	前十大股东中非国有股持股比例之和
控制变量	公司规模	$Size$	企业年末总资产的自然对数
	资产负债率	Lev	企业年末总负债/企业年末总资产
	资产收益率	Roa	净利润/资产总额
	每股现金股利	Dps	税后现金股利总金额/公司总股数
	企业价值	$Tobin'Q$	（每股价格×流通股股数+每股净资产×非流通股股数+负债市场价值）/总资产账面价值
	管理费用率	Atm	管理费用/主营业务收入
	行业虚拟变量	$Industry$	按照《证监会行业分类结构与代码》，当公司属于某个行业时，该变量取值为1；否则为0
	年度虚拟变量	$Year$	当公司属于年度 t 时，该变量取值为1；否则为0

（2）模型构建

为了检验央企混合所有制改革中非国有资本对企业相关内部治理能力的影响，本书构建了模型（5-8）~模型（5-12）。

为了检验假设 H5-1，建立模型（5-8）：

$$CIGC_{1i,t} = \alpha_1 + \alpha_2 \times NonStaterate_{i,t} + \alpha_3 \times Size_{i,t} + \alpha_4 \times Lev_{i,t} +$$
$$\alpha_5 \times Roa_{i,t} + \alpha_6 \times Dps_{i,t} + \alpha_7 \times Tobin'Q_{i,t} +$$
$$\sum Industry_{i,t} + \sum Year_{i,t} + \varepsilon_{i,t} \qquad (5-8)$$

为了检验假设 H5-2，建立模型（5-9）：

$$CIGC_{2i,t} = \alpha_1 + \alpha_2 \times NonStaterate_{i,t} + \alpha_3 \times Size_{i,t} + \alpha_4 \times Lev_{i,t} +$$
$$\alpha_5 \times Roa_{i,t} + \alpha_6 \times Dps_{i,t} + \alpha_7 \times Tobin'Q_{i,t} +$$
$$\sum Industry_{i,t} + \sum Year_{i,t} + \varepsilon_{i,t} \qquad (5-9)$$

为了检验假设 H5-3，建立模型（5-10）：

$$CIGC_{3i,t} = \alpha_1 + \alpha_2 \times NonStaterate_{i,t} + \alpha_3 \times Size_{i,t} + \alpha_4 \times Lev_{i,t} +$$
$$\alpha_5 \times Roa_{i,t} + \alpha_6 \times Dps_{i,t} + \alpha_7 \times Tobin'Q_{i,t} +$$
$$\sum Industry_{i,t} + \sum Year_{i,t} + \varepsilon_{i,t} \qquad (5-10)$$

为了检验假设 H5-4，建立模型（5-11）：

$$CIGC_{4i,t} = \alpha_1 + \alpha_2 \times NonStaterate_{i,t} + \alpha_3 \times Size_{i,t} + \alpha_4 \times Lev_{i,t} +$$
$$\alpha_5 \times Roa_{i,t} + \alpha_6 \times Dps_{i,t} + \alpha_7 \times Tobin'Q_{i,t} +$$
$$\sum Industry_{i,t} + \sum Year_{i,t} + \varepsilon_{i,t} \qquad (5-11)$$

为了检验假设 H5-5，建立模型（5-12）：

$$CIGC_{i,t} = \alpha_1 + \alpha_2 \times NonStaterate_{i,t} + \alpha_3 \times Size_{i,t} + \alpha_4 \times Lev_{i,t} +$$
$$\alpha_5 \times Roa_{i,t} + \alpha_6 \times Dps_{i,t} + \alpha_7 \times Tobin'Q_{i,t} +$$
$$\sum Industry_{i,t} + \sum Year_{i,t} + \varepsilon_{i,t} \qquad (5-12)$$

为了检验非国有资本对混合所有制改革央企资本投资效率的影响，建立模型（5-13），用以检验假设 H5-6：

$$Eff_{i,t} = \alpha_1 + \alpha_2 \times NonStaterate_{i,t} + \alpha_3 \times Size_{i,t} + \alpha_4 \times Lev_{i,t} +$$
$$\alpha_5 \times Atm_{i,t} + \sum Industry_{i,t} + \sum Year_{i,t} + \varepsilon_{i,t} \qquad (5-13)$$

上述模型中，$CIGC_{1i,t}$ 为 i 企业在 t 年的股东会治理能力指数；$CIGC_{2i,t}$ 为 i 企业在 t 年的董事会治理能力指数；$CIGC_{3i,t}$ 为 i 企业在 t 年的监事会治理能力指数；$CIGC_{4i,t}$为i企业在t年的管理层治理能力指数；$CIGC_{i,t}$为i企业在t年的公司内部治理能力综合指数；$Eff_{i,t}$为i企业在t年的资本投资效率水平；$NonStaterate_{i,t}$为i企业在t年的非国有资本，用前十大股东中非国有资本持股比例之和表示；$Size_{i,t}$为i企业在t年的资产规模，采用企业年末总资产的自然对数表示；$Lev_{i,t}$为i企业在t年的资产负债率；$Roa_{i,t}$为i企业在t年的资产收益率；$Dps_{i,t}$为i企业在t年的每股现金股利；$Tobin'Q_{i,t}$为i企业在t年的企业价值；$Industry_{i,t}$为行业虚拟变量；$Year_{i,t}$为年度虚拟变量；$\varepsilon_{i,t}$表示模型的误差项；$Atm_{i,t}$为管理费用率。

5.5 实证分析

5.5.1 描述性统计

表5-5报告了主要变量的描述性统计结果。据表5-5可知，混合所有制改革央企样本公司在样本期间股东会治理能力指数的平均值为0.347，最小值为0.169，最大值为0.609，说明样本中混合所有制改革央企的股东会治理水平差异较大。董事会治理能力指数的平均值为0.344，最小值为0.113，最大值为0.739，说明参与混合所有制改革的央企董事会治理能力普遍不高。监事会治理能力指数的平均值为0.352，说明监事会治理能力较好。管理层治理能力指数的最小值为0.021，最大值为0.652，标准差为0.104，说明样本企业中管理层治理能力差异较大。公司内部治理能力指数的平均值为0.284，标准差为0.067，最小值为0.155，最大值0.491，说明样本企业之间公司内部治理能力差异不大。资本投资效率的平均值为-0.036，最小值为-0.219，最大值为-0.002，说明样本企业之间的资本投资效率水平相差悬殊。非国有资本平均值为0.238，说明混合所有制改革央企样本中的前十大股东中，有约占公司总股份23.8%的比例为非国有资本股东持有。公司规模的最小值为19.716，最大值为28.505，标准差为2.117，说明样本中企业规模差异较大。资产负债率的平均值

为 0.555，说明样本企业具有较好的资产负债水平。资产收益率平均值为 0.025，最小值为-0.144，说明样本企业的盈利能力有待提高。每股现金股利的平均值为 0.136，最小值为 0.000，最大值为 1.030，说明混合所有制改革央企派发现金股利的强度并不高。企业价值最小值为 0.939，最大值为 12.700，说明样本中各上市公司企业价值相差悬殊。管理费用率的最小值为 0.010，最大值为 1.972，说明不同样本企业之间的管理水平和代理成本相差较大。

表 5-5 变量的描述性统计

变量	样本数	平均值	标准差	最小值	最大值
$CIGC_1$	178	0.347	0.081	0.169	0.609
$CIGC_2$	178	0.344	0.096	0.113	0.739
$CIGC_3$	178	0.352	0.121	0.057	0.637
$CIGC_4$	178	0.158	0.104	0.021	0.652
$CIGC$	178	0.284	0.067	0.155	0.491
Eff	178	-0.036	0.044	-0.219	-0.002
$NonStaterate$	178	0.238	0.111	0.079	0.571
$Size$	178	23.934	2.117	19.716	28.505
Lev	178	0.555	0.209	0.085	1.037
Roa	178	0.025	0.054	-0.144	0.228
Dps	178	0.136	0.189	0.000	1.030
$Tobin'Q$	178	2.231	1.923	0.939	12.700
Atm	178	0.103	0.235	0.010	1.972

5.5.2 多重共线性检验

为克服极端值的不利影响，对样本中所有连续性变量进行了上下 1%分位数的缩尾处理。同时，对各模型自变量的 VIF 进行了测算，测算结果见表 5-6，所有自变量的 VIF 值及平均 VIF 值都远远小于 10 并在 1.85 以内，表明所有模型均不存在严重的多重共线性问题。

表 5-6　多重共线性分析

变量	模型（5-8）~模型（5-12） VIF	模型（5-13） VIF
Size	1.85	1.34
Tobin'Q	1.61	—
Dps	1.46	—
Lev	1.46	1.34
Roa	1.40	—
Atm	—	1.22
NonStaterate	1.06	1.06
Mean VIF	1.47	1.24

注：由于模型（5-8）~模型（5-12）中的自变量和控制变量一样，因此多重共线性分析结果一样。

5.5.3　实证检验

由于研究样本属于混合截面数据，为克服自相关以及异方差问题，本书采用聚类稳健标准差 OLS 对模型（5-8）至模型（5-13）进行了回归分析，回归结果如表 5-7 所示。

（1）央企混改中的非国有资本与股东会治理能力

在表 5-7 中，模型（5-8）的回归结果表明，非国有资本对股东会治理能力指数的影响系数为 0.225，在 1% 水平上显著，表明在实行混合所有制改革的央企中，非国有资本每提高 1 个单位，会使股东会治理能力指数相应提高 0.225 个单位，混合所有制改革央企中的非国有资本与股东会治理能力显著正相关，表明非国有资本比例越高，股东会治理能力越强。因此，假设 H5-1 被验证。

（2）央企混改中的非国有资本与董事会治理能力

在表 5-7 中，模型（5-9）的回归结果表明，非国有资本对董事会治理能力指数的影响系数为 0.066，且在 5% 水平上显著，表明在实行混合所有制改革的央企中，非国有资本每提高 1 个单位，会使董事会治理能力指数相应提高0.066个单位，混合所有制改革央企中的非国有资本与董事会治理能力显著呈正相关，表明非国有资本比例越高，董事会治理能力越强。因此，假设H5-2被验证。

(3) 央企混改中的非国有资本与监事会治理能力

在表5-7中，模型（5-10）的回归结果表明，非国有资本对监事会治理能力指数的影响系数为0.102，且在1%水平上显著，表明在实行混合所有制改革的央企中，非国有资本每提高1个单位，会使监事会治理能力指数相应提高0.102个单位，混合所有制改革央企中的非国有资本与监事会治理能力显著呈正相关，表明非国有资本比例越高，监事会治理能力越强。因此，假设H5-3被验证。

(4) 央企混改中的非国有资本与管理层治理能力

在表5-7中，模型（5-11）的回归结果表明，非国有资本对管理层治理能力指数的影响系数为0.012，且在5%水平上显著，表明在实行混合所有制改革的央企中，非国有资本每提高1个单位，会使管理层治理能力指数相应提高0.012个单位，混合所有制改革央企中的非国有资本与管理层治理能力显著呈正相关，表明非国有资本比例越高，管理层治理能力越强。因此，假设H5-4被验证。

(5) 央企混改中的非国有资本与公司内部治理能力

在表5-7中，模型（5-12）的回归结果表明，非国有资本对公司内部治理能力指数的影响系数为0.029，且在5%水平上显著，表明在实行混合所有制改革的央企中，非国有资本每提高1个单位，会使公司内部治理能力指数相应提高0.029个单位，混合所有制改革央企中的非国有资本与公司内部治理能力显著呈正相关，表明非国有资本比例越高，公司内部治理能力越强。因此，假设H5-5被验证。

(6) 央企混改中的非国有资本与资本投资效率

在表5-7中，模型（5-13）的回归结果表明，非国有资本对资本投资效率的影响系数为0.068，且在1%水平上显著，表明在实行混合所有制改革的央企中，非国有资本每提高1个单位，会使资本投资效率相应提高0.068个单位，混合所有制改革央企中的非国有资本与资本投资效率显著呈正相关,表明非国有资本比例越高,企业资本投资效率越强。因此,假设 H5-6 被验证。

表 5-7 央企混合所有制改革中非国有资本的鲇鱼效应回归结果

变量	(5-8) $CIGC_1$	(5-9) $CIGC_2$	(5-10) $CIGC_3$	(5-11) $CIGC_4$	(5-12) $CIGC$	(5-13) Eff
$NonStaterate$	0.225*** (3.83)	0.066** (2.49)	0.102*** (2.98)	0.012** (2.10)	0.029** (1.97)	0.068*** (2.65)
$Size$	0.003** (2.27)	0.011* (1.69)	0.009* (1.66)	0.010* (1.79)	0.009** (2.53)	0.002* (1.94)
Lev	0.046** (2.01)	0.072* (1.81)	-0.124** (-1.96)	0.117** (2.50)	0.065** (2.18)	-0.004 (-0.22)
Roa	-0.079* (-1.67)	0.369* (1.94)	0.061 (0.27)	0.301*** (2.68)	0.227** (2.51)	—
Dps	0.022 (0.65)	0.041* (1.71)	-0.054* (-1.67)	0.101*** (2.64)	0.049* (1.73)	—
$Tobin'Q$	0.001* (1.68)	0.002 (0.48)	0.006* (1.81)	-0.003 (-0.97)	0.001 (0.18)	—
Atm	—	—	—	—	—	-0.009* (-1.78)
$Constant$	0.174** (2.47)	0.014***	0.203**	-0.202 (-1.30)	0.013**	-0.067** (-2.12)
$Year$	Yes	Yes	Yes	Yes	Yes	Yes
$Industry$	Yes	Yes	Yes	Yes	Yes	Yes
N	178	178	178	178	178	178
$Adj\ R^2$	0.293	0.224	0.237	0.284	0.269	0.208
F_value	26.26***	26.53***	23.19***	28.56***	27.77***	24.66**
估计方法	OLS+聚类稳健标准差	OLS+聚类稳健标准差	OLS+聚类稳健标准差	OLS+聚类稳健标准差	OLS+聚类稳健标准差	OLS+聚类稳健标准差

注:*、**、*** 分别表示在 0.1、0.05、0.01 的水平上显著(双尾),括号内数值为 t 值。

5.5.4 稳健性检验

本书研究对象是混合所有制改革央企,对混合所有制改革央企的界定是上市公司中前十大股东中必须同时存在国有资本股东和非国有资本股东,且必须满足至少有一个单个国有资本股东和单个非国有资本股东持股比例在5%及以上的要求。上文进行回归分析的非国有资本以央企上市公司前十大股东中非国有资本股东持股比例之和作为替代变量,包含了低于5%持股比例的非国有资本,不一定能完全反映出对混合所有制改革央企公司决策的影响程度。因此,为了验证上文回归结果的可靠性,进一步分别以上市公司前十大股东中持股比例在5%及以上的非国有资本股东持股比例之和与前十大股东中持股比例在5%及以上的所有股东持股比例之和的比值、前十大股东中持股比例在5%及以上的非国有资本股东持股比例之和作为非国有资本的替代变量,对所有模型进行回归检验。同时,考虑到股权混合度不同的样本对回归结果可能存在一定的影响,将样本按照股权混合度的高低进行划分,分为高股权混合度、中股权混合度以及低股权混合度,分别进行了回归检验。

(1) 替换非国有资本衡量指标的稳健性检验

表5-8是将非国有资本用混合所有制改革央企上市公司中前十大股东中持股比例在5%及以上的非国有资本股东持股比例之和与前十大股东中持股比例在5%及以上的所有股东持股比例之和的比值进行衡量后的回归结果,非国有资本对股东会治理能力指数、董事会治理能力指数、监事会治理能力指数、管理层治理能力指数、公司内部治理能力指数和资本投资效率均产生显著的正向影响,且显著性水平为5%,与前文实证分析结果一致。

表 5-8 鲇鱼效应稳健性检验的回归结果（一）

变量	(5-8) $CIGC_1$	(5-9) $CIGC_2$	(5-10) $CIGC_3$	(5-11) $CIGC_4$	(5-12) $CIGC$	(5-13) Eff
$NonStaterate$	0.098** (2.48)	0.018** (2.15)	0.032** (2.43)	0.035** (2.11)	0.005** (2.01)	0.053**
$Size$	0.003** (2.27)	0.012** (2.18)	0.007* (1.83)	0.009 (1.52)	0.008** (2.34)	0.002* (1.79)
Lev	0.076** (1.97)	0.057* (1.85)	-0.102** (-2.29)	0.124*** (2.88)	0.069*** (2.68)	-0.007 (-0.40)
Roa	-0.069* (-1.93)	0.380** (2.05)	0.044 (1.20)	0.290** (2.51)	0.226** (2.51)	—
Dps	0.043* (1.73)	0.027 (0.84)	-0.032* (-1.78)	0.109*** (2.89)	0.053* (1.91)	—
$Tobin'Q$	0.002* (1.74)	0.001 (0.33)	0.007* (1.70)	-0.003 (-0.84)	0.001 (0.23)	—
Atm	—	—	—	—	—	-0.017* (-1.69)
$Constant$	0.199* (1.68)	0.061* (1.75)	0.276 (1.36)	-0.167 (-0.99)	-0.003 (-0.03)	-0.059* (-1.78)
$Year$	Yes	Yes	Yes	Yes	Yes	Yes
$Industry$	Yes	Yes	Yes	Yes	Yes	Yes
N	178	178	178	178	178	178
$Adj\ R^2$	0.298	0.197	0.260	0.359	0.331	0.389
F_value	25.36***	24.29***	23.11***	28.39***	27.66***	23.16***
估计方法	OLS+聚类稳健标准差	OLS+聚类稳健标准差	OLS+聚类稳健标准差	OLS+聚类稳健标准差	OLS+聚类稳健标准差	OLS+聚类稳健标准差

注：*、**、***分别表示在 0.1、0.05、0.01 的水平上显著（双尾），括号内数值为 t 值。

表 5-9 是将前十大股东中持股比例在 5% 及以上的非国有资本股东持股比例之和作为非国有资本的替代变量进行回归的结果，非国有资本对股东会治理能力指数、董事会治理能力指数、监事会治理能力指数、管理层

治理能力指数、公司内部治理能力指数和资本投资效率在10%显著性水平上均产生显著的正向影响,与前文实证分析结果一致。

表 5-9 鲇鱼效应稳健性检验的回归结果(二)

变量	(5-8) $CIGC_1$	(5-9) $CIGC_2$	(5-10) $CIGC_3$	(5-11) $CIGC_4$	(5-12) $CIGC$	(5-13) Eff
NonStaterate	0.229*** (4.57)	0.027** (1.99)	0.014** (2.10)	0.046** (2.26)	0.034* (1.93)	0.076** (2.47)
Size	0.001* (1.80)	0.012** (2.45)	0.008* (1.89)	0.010* (1.93)	0.008***	0.003** (2.05)
Lev	0.056** (2.03)	0.056** (2.20)	-0.108** (-2.26)	0.126*** (2.86)	0.065** (2.35)	-0.006 (-0.35)
Roa	-0.094* (-1.85)	0.375** (2.15)	0.053* (1.92)	0.299*** (2.66)	0.225** (2.52)	—
Dps	0.031* (1.81)	0.027* (1.74)	-0.039 (-0.50)	0.109*** (2.89)	0.049* (1.84)	—
Tobin'Q	0.001* (1.67)	0.001* (1.82)	0.007 (1.58)	-0.003 (-0.83)	0.001 (0.11)	—
Atm	—	—	—	—	—	-0.011* (-1.85)
Constant	0.231** (2.00)	-0.052 (-0.38)	0.246 (1.27)	-0.186 (-1.32)	-0.006 (-0.78)	-0.087*** (-2.89)
Year	Yes	Yes	Yes	Yes	Yes	Yes
Industry	Yes	Yes	Yes	Yes	Yes	Yes
N	178	178	178	178	178	178
Adj R^2	0.346	0.223	0.226	0.292	0.267	0.221
F_value	27.48***	22.17***	23.09***	28.39***	28.04***	22.85***
估计方法	OLS+聚类稳健标准差	OLS+聚类稳健标准差	OLS+聚类稳健标准差	OLS+聚类稳健标准差	OLS+聚类稳健标准差	OLS+聚类稳健标准差

注:*、**、*** 分别表示在 0.1、0.05、0.01 的水平上显著(双尾),括号内数值为 t 值。

(2) 按照股权混合度划分样本的稳健性检验

参照张文魁(2015)[114]计算混合所有制企业股权混合度的方法,首先计算混合所有制改革央企中前十大股东中国有资本持股比例之和与非国有资本持股比例之和,然后以两个数值中较大者为分母、较小者为分子,所得分数即为股权混合度。在此基础上,按照股权混合度的高低,将样本企业划分为高、中、低股权混合度三个样本,分别对其进行回归检验,稳健性检验结果分别如表5-10至表5-15所示。

由表5-10回归结果可知,混合所有制改革央企中的非国有资本对企业股东会治理能力呈显著的正向影响,与前文实证分析结果一致。同时,在中股权混合度下,混合所有制改革央企中的非国有资本更能提高企业股东会治理能力。

表5-10 央企混改中非国有资本对股东会治理能力影响的回归结果

变量	(5-8)		
	低股权混合度	中股权混合度	高股权混合度
$NonStaterate$	0.134**	0.294***	0.137***
	(2.21)	(3.13)	(3.11)
$Size$	0.029***	-0.007	-0.006
	(3.11)	(-0.47)	(-0.81)
Lev	0.010	0.074**	0.084**
	(0.15)	(2.06)	(2.46)
Roa	0.068	-0.079**	-0.107*
	(0.26)	(-2.34)	(-1.76)
Dps	0.015	0.059*	0.031*
	(0.33)	(1.78)	(1.74)
$Tobin'Q$	0.013*	-0.006	-0.002
	(1.81)	(-0.32)	(-0.59)
$Constant$	-0.550*	0.462	0.422**
	(-1.92)	(1.15)	(2.44)
$Year$	Yes	Yes	Yes

续表

变量	(5-8)		
	低股权混合度	中股权混合度	高股权混合度
$Industry$	Yes	Yes	Yes
N	60	59	59
$Adj\ R^2$	0.559	0.374	0.393
F_value	21.64*	20.88***	22.19**
估计方法	OLS+聚类稳健标准差	OLS+聚类稳健标准差	OLS+聚类稳健标准差

注：*、**、***分别表示在0.1、0.05、0.01的水平上显著（双尾），括号内数值为t值。

由表5-11回归结果可知，在低股权混合度和高股权混合度下，混合所有制改革央企中非国有资本比例的提高会遏制企业董事会治理能力的提高，但显著性效果不一致；在中股权混合度下，非国有资本对董事会治理能力呈显著的正向影响，和现实情况一致。

表5-11 央企混改中非国有资本对董事会治理能力影响的回归结果

变量	(5-9)		
	低股权混合度	中股权混合度	高股权混合度
$NonStaterate$	-0.254	0.434***	-0.367***
	(-1.47)	(3.14)	(-3.41)
$Size$	0.001	0.032***	-0.019*
	(0.10)	(3.67)	(-1.83)
Lev	0.153	-0.266***	0.308***
	(1.31)	(-2.82)	(4.29)
Roa	0.131	0.163	0.434**
	(0.27)	(0.59)	(2.02)
Dps	0.056	0.074	0.112**
	(0.94)	(0.61)	(2.08)
$Tobin'Q$	-0.005	0.009	0.003
	(-0.52)	(0.66)	(0.47)

续表

变量	(5-9)		
	低股权混合度	中股权混合度	高股权混合度
Constant	0.252	-0.605***	0.742***
	(0.68)	(-2.60)	(2.92)
Year	Yes	Yes	Yes
Industry	Yes	Yes	Yes
N	60	59	59
$Adj\ R^2$	0.335	0.539	0.485
F_value	21.84*	23.69***	23.34***
估计方法	OLS+聚类稳健标准差	OLS+聚类稳健标准差	OLS+聚类稳健标准差

注：*、**、*** 分别表示在 0.1、0.05、0.01 的水平上显著（双尾），括号内数值为 t 值。

由表 5-12 回归结果可知，在低股权混合度和中股权混合度下，混合所有制改革央企中非国有资本比例的提高会提高企业监事会治理能力，且在中股权混合度下，回归系数显著。在高股权混合度下，非国有资本比例的提高会遏制监事会治理能力的提高，但负面影响不显著。

表 5-12　央企混改中非国有资本对监事会治理能力影响的回归结果

变量	(5-10)		
	低股权混合度	中股权混合度	高股权混合度
NonStaterate	0.175	0.293*	-0.076
	(0.92)	(1.73)	(-0.62)
Size	0.023	-0.003	0.009
	(1.30)	(-0.12)	(1.18)
Lev	-0.090	-0.224	-0.050
	(-0.75)	(-1.60)	(-0.68)
Roa	1.569***	-0.284	-0.360
	(3.44)	(-0.57)	(-1.40)
Dps	-0.234	0.094	0.085
	(-1.26)	(0.37)	(1.36)

续表

变量	(5-10)		
	低股权混合度	中股权混合度	高股权混合度
$Tobin'Q$	0.011	-0.006	0.006
	(1.34)	(-0.23)	(1.57)
$Constant$	-0.205	0.550	0.161
	(-0.43)	(0.99)	(0.71)
$Year$	Yes	Yes	Yes
$Industry$	Yes	Yes	Yes
N	60	59	59
$Adj\ R^2$	0.586	0.357	0.255
F_value	22.11*	22.27**	20.87*
估计方法	OLS+聚类稳健标准差	OLS+聚类稳健标准差	OLS+聚类稳健标准差

注：*、**、***分别表示在0.1、0.05、0.01的水平上显著（双尾），括号内数值为t值。

由表5-13回归结果可知，在低股权混合度和中股权混合度下，混合所有制改革央企中非国有资本比例的提高会提高企业管理层治理能力，且回归系数显著；在中股权混合度下，非国有资本对管理层治理能力的正向影响更大。在高股权混合度下，非国有资本比例的提高会遏制管理层治理能力的提高，但负面影响不显著。

表5-13 央企混改中非国有资本对管理层治理能力影响的回归结果

变量	(5-11)		
	低股权混合度	中股权混合度	高股权混合度
$NonStaterate$	0.008*	0.527***	-0.063
	(1.74)	(2.88)	(-0.94)
$Size$	-0.019	-0.012	0.033***
	(-1.50)	(-0.79)	(7.62)

续表

变量	(5-11)		
	低股权混合度	中股权混合度	高股权混合度
Lev	0.353***	-0.013	-0.003
	(3.55)	(-0.12)	(-0.10)
Roa	-0.901*	0.044	0.257**
	(-1.71)	(0.20)	(2.44)
Dps	0.107	0.311**	0.103***
	(1.31)	(2.14)	(3.21)
$Tobin'Q$	-0.021***	-0.034**	0.007**
	(-2.71)	(-2.22)	(2.47)
$Constant$	0.561	0.270	-0.619
	(1.63)	(0.74)	(-5.34)
$Year$	Yes	Yes	Yes
$Industry$	Yes	Yes	Yes
N	60	59	59
$Adj\ R^2$	0.717	0.567	0.797
F_value	23.76***	26.49***	24.34***
估计方法	OLS+聚类稳健标准差	OLS+聚类稳健标准差	OLS+聚类稳健标准差

注：*、**、***分别表示在0.1、0.05、0.01的水平上显著（双尾），括号内数值为 t 值。

由表5-14回归结果可知，在低股权混合度和高股权混合度下，混合所有制改革央企中非国有资本比例的提高会降低公司内部治理能力，但回归系数不显著；在中股权混合度下，非国有资本比例的提高会显著提升公司内部治理能力。

表5-14　央企混改中非国有资本对公司内部治理能力影响的回归结果

变量	(5-12)		
	低股权混合度	中股权混合度	高股权混合度
$NonStaterate$	-0.043	0.340***	-0.136
	(-0.38)	(3.76)	(-0.31)

续表

变量	(5-12)		
	低股权混合度	中股权混合度	高股权混合度
$Size$	0.001	0.006	0.004
	(0.09)	(0.88)	(0.77)
Lev	0.186***	-0.109**	0.122***
	(3.11)	(-1.96)	(3.27)
Roa	-0.129	0.037	0.183*
	(-0.44)	(0.23)	(1.76)
Dps	0.042	0.149	0.090***
	(0.68)	(1.40)	(2.91)
$Tobin'Q$	-0.005	-0.010	0.003
	(-0.97)	(-1.46)	(1.34)
$Constant$	0.185	0.013	0.164
	(0.77)	(0.78)	(1.32)
$Year$	Yes	Yes	Yes
$Industry$	Yes	Yes	Yes
N	60	59	59
$Adj\ R^2$	0.555	0.628	0.623
F_value	22.79**	26.70***	26.58***
估计方法	OLS+聚类稳健标准差	OLS+聚类稳健标准差	OLS+聚类稳健标准差

注：*、**、*** 分别表示在 0.1、0.05、0.01 的水平上显著（双尾），括号内数值为 t 值。

由表 5-15 回归结果可知，在低股权混合度下，混合所有制改革央企中非国有资本比例的提高会降低资本投资效率，但回归系数不显著；在中股权混合度下，非国有资本比例的提高会显著提升资本投资效率；在高股权混合度下，非国有资本比例对资本投资效率有正向影响，但不显著。

表 5-15 央企混改中非国有资本对资本投资效率影响的回归结果

变量	(5-13)		
	低股权混合度	中股权混合度	高股权混合度
$NonStaterate$	-0.170	0.084*	0.060
	(-1.60)	(1.73)	(0.62)
$Size$	0.002	0.001**	0.003
	(0.83)	(2.12)	(1.18)
Lev	0.051	-0.010	-0.055*
	(1.45)	(-1.60)	(-1.95)
Atm	0.034	-0.130**	0.021
	(1.51)	(-2.23)	(0.59)
$Constant$	-0.070	-0.056	-0.080
	(-1.57)	(-0.75)	(-1.24)
$Year$	Yes	Yes	Yes
$Industry$	Yes	Yes	Yes
N	60	59	59
$Adj\ R^2$	0.586	0.357	0.255
F_value	21.56*	20.90**	23.43*
估计方法	OLS+聚类稳健标准差	OLS+聚类稳健标准差	OLS+聚类稳健标准差

注：*、** 分别表示在 0.1、0.05 的水平上显著（双尾），括号内数值为 t 值。

5.6 研究结论与启示

我们基于公司内部治理能力的视角，分析了混合所有制改革央企中的非国有资本对股东会治理能力、董事会治理能力、监事会治理能力、管理层治理能力以及公司内部治理能力的影响路径，并在此基础上分析了非国有资本对混合所有制改革央企资本投资效率的影响。对央企混合所有制改革混合截面数据样本进行了实证回归分析，并以更换非国有资本衡量和对样本按股权混合度高低的方法对实证分析结果进行了稳健性检验，不难发现：混合所有制改革央企中非国有资本对股东会治理能力、董事会治理能力、监事会治理能力、管理层治理能力、公司内部治理能力以及资本投资效率均具有显著的正向影响，对股东会治理能力和监事会治理能力的影响比对其他能力的影响强度更大；在对非国有资本的替代指标进行更换后进一步的回归检验发现，上述回归分析结论同样成立；对样本股权混合度按高、中、低进行分类，并进行样本回归检验，发现在中股权混合度下，央企混合所有制改革中非国有资本对股东会治理能力、董事会治理能力、监事会治理能力、管理层治理能力、公司内部治理能力以及资本投资效率的影响变得更加显著，且回归系数变大。

基于上述实证分析结果，结合相关学者的有益研究成果，可得出以下几点结论和启示。

1）非国有资本在进入混合所有制改革央企后，能为企业带来管理上的鲇鱼效应。央企在实行混合所有制改革之前，公司治理能力普遍不高、治理机制不健全，现代公司制度的构建不完善，企业内部缺乏活力。非国有资本进入央企后，由于其灵活的机制以及资本的逐利性，在同股同权政策的支持下有了话语权，便能更好地参与企业的日常管理和重大决策，最终使混合所有制改革央企完善了现代企业制度的建立，健全了公司治理机制，提高了公司治理能力，从生物学的角度看，非国有资本为实行混合所有制改革的央企带来了管理上的鲇鱼效应，为当下央企混合所有制改革的实施提供了理论上的支撑。

2）混合所有制改革央企中的非国有资本对企业股东会治理能力和监事会治理能力的正向影响更为显著。在混合所有制改革央企中，非国有资本一旦进入企业便成为能够影响企业重大决策的股东。作为企业的重要股东，对公司最直接的影响就是通过股东会行使其权力和意愿，因此非国有资本的进入，无疑会对股东会治理能力产生显著的正向影响。公司设置监事会的主要目的是配合股东更好地对企业日常经营活动进行监督，并及时对董事会和管理层人员违犯《中华人民共和国公司法》或违反公司章程的行为进行指正，相对于董事会和管理层来说，带有逐利性的非国有资本更加注重监事会的效率和效力。因此，混合所有制改革央企中的非国有资本对监事会治理能力的正向影响同样更加显著。

3）在中股权混合度下，混合所有制改革央企中的非国有资本对公司内部治理能力、股东会治理能力、董事会治理能力、监事会治理能力以及管理层治理能力的正向影响更为显著。在过低的股权混合度下，一方面，非国有资本比例远低于国有资本比例，非国有资本的进入并不能使其拥有公司治理上的话语权，只能成为形式上的混合，达不到非国有资本作为"主人翁"参与企业管理的诉求，很难对公司内部治理产生积极影响，最终随着非国有资本的进入而出现更严重的"搭便车"现象；另一方面，在大量引入非国有资本的同时，国有资本退出严重，一旦形成国有资本比例远低于非国有资本比例的局面，由于非国有资本进入混合所有制改革央企具有强烈的逐利动机，在非国有资本绝对控股的情况下，国有资本同样会失去话语权，参与不了公司实质上的管理，最终只能依附于非国有资本行使话语权的单一管理。因此，上述两方面都不利于企业内部治理能力的提高。在高股权混合度情况下，由于国有资本与非国有资本比例趋同，在股东会、董事会以及监事会中的话语权旗鼓相当，所以要么容易形成合谋，要么容易分道扬镳，会对公司内部治理产生不利影响。这个时候，非国有资本的继续进入就难以达到提高公司内部治理能力的预期。在中股权混合度下，公司内部形成了较强的公司治理体系，非国有资本的继续进入便能强化非国有资本带来的鲇鱼效应，最终显著提高公司内部治理能力。

4）混合所有制改革央企中的非国有资本对企业资本投资效率有显著的正向影响。非国有资本进入混合所有制改革央企后，由于有了话语权，能够实质性地参加公司的经营管理和参与重大决策的制定，在提高公司内部治理能力的同时，能够降低管理层的代理成本并增强管理层对公司进行决策的科学性和准确性，最终能够提高企业资本投资效率。因此，非国有资本能够提升企业资本投资效率的作用应被实行混合所有制改革的央企重视，并为其作用的发挥创造有利的条件，以达到央企实行混合所有制改革的目的。

5.7 本章小结

本章对央企混合所有制改革中非国有资本的鲇鱼效应进行了理论分析和实证检验。首先，基于委托代理理论和公司治理理论分析了央企混合所有制改革中非国有资本对股东会治理能力、董事会治理能力、监事会治理能力、管理层治理能力、公司内部治理能力以及资本投资效率的影响；其次，以公司治理理论为基础，从评价的科学性、系统性、可操作性以及数据的易获得性等原则出发，采用变异系数—加权法构建了适合混合所有制改革央企公司内部治理能力的评价指标体系；再次，以 Richardson 残差模型衡量混合所有制改革央企资本投资效率；最后，对央企混合所有制改革中非国有资本对公司内部治理能力、股东会治理能力、董事会治理能力、监事会治理能力、管理层治理能力以及资本投资效率的影响进行了实证分析，并采用对非国有资本衡量方式进行替换和对样本按照股权混合度高低进行分类的方法进行了稳健性检验。

通过上述分析，本章得出结论：央企混合所有制改革中的非国有资本能带来提高公司内部治理能力、股东会治理能力、董事会治理能力、管理层治理能力以及资本投资效率的鲇鱼效应；央企混合所有制改革中的非国有资本对股东会治理能力和监事会治理能力的正向影响更为显著；央企混合所有制改革中的非国有资本对企业资本投资效率具有显著的正向影响；相比高、低股权混合度的样本，在中股权混合度的样本企业中，非国有资本的进入对公司内部治理能力、股东会治理能力、董事会治理能力、监事会治理能力、管理层治理能力以及资本投资效率的正向影响更为显著。

第6章 央企混合所有制改革中资本的价值创造效应分析

基于资本管理视角的央企混合所有制改革中的资本包括国有资本和非国有资本。资本异质性理论认为这两种资本有着不同的用途，存在着各自的优劣势。一方面，国有资本因具有产权属性的政治关联优势，能为企业提供各种优势资源，如为企业带来更多的税收优惠、融资便利、壁垒行业准入便利和政府补贴，并能基于该优势为企业带来资本的聚集与吸纳效应，但同时存在着缺乏活力、人才机制不完善、管理体制不科学、治理结构不合理、现代企业制度不健全等缺陷；另一方面，非国有资本虽然拥有机制灵活、科学的管理体制和方法，但面临着各种资源不足、缺乏新的投资机会的困惑。为此，国家大力推出混合所有制改革的政策举措，意图通过国有资本与非国有资本的深度融合，达到两种资本优势互补、合作共赢、互惠发展、共同繁荣的目的，最终实现国有资本保值增值、放大国有资本功能的终极目标。首先，在第4章和第5章分析的基础上，本章基于共生理论进一步分析央企混合所有制改革中国有资本与非国有资本的共生基础，对共生单元、共生模式以及共生环境进行深入分析，借鉴生态学Logistic模型构建资本价值创造共生模型并分析存在互惠共生的条件；其次，结合公司治理理论和价值创造理论，分析央企混合所有制改革中资本价值创造的路径；最后，对央企混合所有制改革中的资本混合度与企业价值创造的关系进行理论分析和实证检验。本章分析的逻辑框架如图6-1所示。

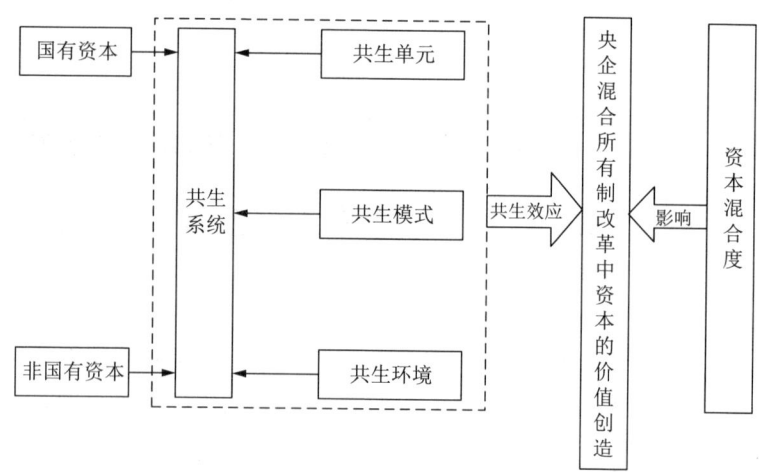

图 6-1 央企混合所有制改革中资本的价值创造效应逻辑分析框架

6.1 理论分析与研究假设

6.1.1 央企混改中的资本共生系统分析

"共生"理论源于生态学,但已被广泛应用于社会学、经济学以及管理学等学科研究中。共生的单元、模式以及环境构成共生系统的三大基本要素。共生单元在共生环境下的运动中,通过相互作用可以形成平衡的共生模式,该模式能够促使各共生单元在共生合作中取得共赢和发展(曹玉姣等,2015)[213]。在实行混合所有制改革的央企中,国有资本和非国有资本之间存在着典型的共生关系。主要表现在:国有资本和非国有资本属于异质性明显的不同资本,两种资本通过深度融合可以实现优势互补,达到共同发展的目的,同时能够促进企业资源的有效配置;资本具有逐利性,国有资本和非国有资本具有保值增值并实现价值创造的共同目标;国有资本和非国有资本存在相互吸引和竞争的关系,符合共生的本质;国有资本与非国有资本之间存在信息沟通与交流的渠道,两种资本之间的能量交换存在合适的载体。一旦两种资本之间的信息渠道和能量载体受到阻碍,国有资本与非国有资本的共生关系就会恶化；反之，新的能量将会在两种资本共生系统中产生，并强化和稳定其共生关系（杨松令和刘亭立，2009）[214]。因此，共生关系是央企混合所有制改革中的国有资本与非国有资本关系的本质所在。在两种资本的共生过程中，不同的共生环境会形成相应的共生模式。在共生模式（共生关系）下，两种资本并不能完全实现自身利益的统一，只能在相互协调中力求达到共同发展的目的，最终由两种资本构成的共生系统会在共生的动态过程中逐渐达到平衡。

（1）央企混改中资本共生系统的共生单元

作为共生系统中的基本物质单元，共生单元有着能量生产或交换的基本功能（袁纯清，1998）[127]。共生单元因其具有互动性的特征，可以在共生环境中吸收能量、物质和信息，以至于能够动态调整自身行为模式，并对共生体的行为模式产生重要影响（曹玉姣等，2015）[213]。在央企混合所有制改革中，国有资本和非国有资本属于不同的共生单元。

（2）央企混改中资本共生系统的共生模式

共生模式分为行为和组织两种。共生行为模式包括寄生、偏利共生、非对称互惠共生和对称互惠共生四种行为模式；点共生、间歇共生、连续共生以及一体化共生四种模式为共生组织模式。

从共生行为模式上看，根据经济学的理性假设，对于央企混合所有制改革中的国有资本和非国有资本来说，不可能有某种资本会长期为另一种资本提供没有回报的支持或服务，从而使寄生模式在央企混合所有制改革中不会长久。而对于偏利共生模式，虽然会在共生系统中产生新的能量，但新能量的分配只会有利于其中一个共生单元，对另一共生单元而言，并没有新能量的增加。在非对称互惠共生模式中，存在多边多向交流，共生单元均可获利，具有一定的稳定性，但共生单元之间的地位和能量分配不对等，进化不同步（杨青和彭金鑫，2011）[215]。而在对称互惠共生模式下，共生单元进化同步、所处地位相等，实现高度优势互补，最终达到共赢。由于资本天生具有逐利性的禀赋，央企混合所有制改革中的国有资本与非国有资本之间的共生行为模式应该是短期的非对称互惠共生模式、长期的对称互惠共生模式。

从共生组织模式上看，点共生模式反映的是国有资本与非国有资本之间相互作用的随机性、偶然性和不确定性，其共生过程周期短、共生系统极不稳定，这种共生模式和央企混合所有制改革的现实背景和本质相悖。间歇共生模式虽然克服了点共生模式的随机性，但仍然极具不稳定性和不确定性，不能反映央企混合所有制改革的本意。连续性共生模式反映的是央企混合所有制改革中国有资本与非国有资本在共生关系中获得利益的同时还能保持各自的独立性，同时共生单元会不断推动共生系统稳定向前发展。作为连续性共生模式的进化结果，一体化共生模式中的共生单元之间形成全方位的相互作用，实现优势互补、共同发展，如央企混合所有制改革中的国有资本充分发挥其获得各种资源的优势和为企业提供更多的新机会，而非国有资本利用自己的灵活机制和科学的管理方法提高企业的治理能力，最终实现两种资本的增值，同时为央企混合所有制改革实现价值创造。因此，央企混合所有制改革中的国有资本和非国有资本之间的共生组织模式应该是在短期处于连续性共生，在长期形成一体化共生。

（3）央企混改中资本共生系统的共生环境

共生环境是指共生关系存在发展的外生条件，是共生单元以外的共生系统中所有因素的总和。共生环境通过对共生过程中物质、信息、能量的生产和交换行为抑制或激励，对共生系统产生积极或消极的影响（杨松令和刘亭立，2012）[216]。央企混合所有制改革中的国有资本和非国有资本所处的共生环境可分为内部环境和外部环境。影响国有资本与非国有资本共生关系的内部环境主要是央企混合所有制改革中的公司治理机制，如股东会治理、董事会治理、监事会治理和管理层治理等因素；而国家的政策法规、经济环境、资本市场的发展程度、上市公司信息披露制度等因素则是影响国有资本与非国有资本共生关系的外部环境。

6.1.2 央企混改中资本价值创造共生模型构建与分析

Logistic 模型被经常用在生态学中描述种群增长规律，即其增长速度在最初处于加速状态，但当达到某一常量后，增长速度便开始减慢，直到变为零，即最后处于停止增长状态。Logistic 模型也能被用于分析种群之间的相互作用，如竞争、寄生和共生关系。因此，本节利用生态学中的 Logistic 模型分析央企混合所有制改革中国有资本与非国有资本价值创造的共生特性。

国有资本在进化过程中主要受自身对资本市场信息的判断和决策、整个市场经济的发展水平、所在公司的发展状况以及与非国有资本之间的关系等因素的影响。国有资本在企业混合所有制改革中具有资源优势和管制优势，而非国有资本具有灵活机制的优势。同时，将共生单元所经历的内生和外生变化（企业的资金支持、技术水平、信息、政策法规、信息披露制度规定、企业内部治理能力以及企业规模等因素）作为央企混合所有制改革价值创造信号，通过对企业价值创造变化的描述建立国有资本与非国有资本价值创造的共生模型。

共生模型假设如下：

假设 H6-1：假定在央企混合所有制改革中，国有资本与非国有资本的存在对企业的价值创造起到促进作用，且企业创造的价值为两种不同资本自身创造价值的数量之和。

假设 H6-2：假定央企混合所有制改革的价值创造受到最大生物量的约束。在某一时空中，各种生物量（企业的各种生产要素，如技术、劳动力、资本以及企业规模和企业自身掌握的各种信息量等因素）的总量是一定的。

在央企混合所有制改革的发展过程中，由规模带来的价值创造上升到一定程度后必然会受到各种生产要素的限制而进入递减阶段。由于企业规模的扩大有限，企业存在的最大生物量是固定的，当企业消耗掉的各种要素总和等于最大生物量时，企业创造的价值最大。最后，企业价值创造的增长速率会随着消耗生物量的提高而降低，这主要由于随着企业的发展，可利用的生物量越来越少，出现增长缓慢的状态。

基于上述假设和分析，建立反映央企混合所有制改革价值创造变化的微分方程如下：

$$\frac{\mathrm{d}x}{\mathrm{d}t} = rx\left(1 - \frac{x}{K}\right) \tag{6-1}$$

其中，x 为央企混合所有制改革的价值创造，且 $x > 0$；t 为上述影响央企混合所有制改革价值创造的因素；r 为央企混合所有制改革所在行业企业价值创造的平均增长率；K 为央企混合所有制改革的最大生物量，且 $K > 0$；$\frac{x}{K}$ 为央企混合所有制改革的价值创造占能够实现最大值的比例，用于衡量自然增长饱和度，并用以反映企业在既定资源约束下对自身价值创造增长的抑制作用。

在央企混合所有制改革中的国有资本与非国有资本价值创造共生关系中，假定只存在国有资本时，央企混合所有制改革的价值创造为 x_1；对应地，只存在非国有资本时，央企混合所有制改革的价值创造为 x_2。

在只有国有资本存在的情况下，企业价值创造的模型为

$$\frac{\mathrm{d}x_1}{\mathrm{d}t_1} = r_1 x_1 \left(1 - \frac{x_1}{K_1}\right) \tag{6-2}$$

同理，在只有非国有资本存在的情况下，企业价值创造的模型为

$$\frac{\mathrm{d}x_2}{\mathrm{d}t_2} = r_2 x_2 \left(1 - \frac{x_2}{K_2}\right) \tag{6-3}$$

根据上文假定，非国有资本的进入能对企业的价值创造产生促进作用，如非国有资本在为企业发展提供一定资金的同时，还能提高企业治理能力。因此在非国有资本进入央企后，央企混合所有制改革的价值创造模型由（6-2）变为

$$\frac{\mathrm{d}x_1}{\mathrm{d}t_1} = r_1 x_1 \left(1 - \frac{x_1}{K_1} + \frac{\alpha_1 x_2}{K_2}\right) \tag{6-4}$$

其中，α_1 为每单位非国有资本的生物量对国有资本价值创造做出的贡献，且 $\alpha_1 > 0$。

同理，国有资本能为企业的发展提供一定的优势资源和发展机会，因此在国有资本进入企业后，央企混合所有制改革的价值创造模型由（6-3）

变为

$$\frac{\mathrm{d}x_2}{\mathrm{d}t_2} = r_2 x_2 \left(1 - \frac{x_2}{K_2} + \frac{\alpha_2 x_1}{K_1}\right) \quad (6-5)$$

其中，α_2 为每单位国有资本的生物量对非国有资本价值创造做出的贡献，且 $\alpha_2 > 0$。

将模型（6-4）和模型（6-5）组合在一起，即为央企混合所有制改革中国有资本与非国有资本价值创造的共生模型：

$$\begin{cases} \dfrac{\mathrm{d}x_1}{\mathrm{d}t_1} = r_1 x_1 \left(1 - \dfrac{x_1}{K_1} + \dfrac{\alpha_1 x_2}{K_2}\right) \\ \dfrac{\mathrm{d}x_2}{\mathrm{d}t_2} = r_2 x_2 \left(1 - \dfrac{x_2}{K_2} + \dfrac{\alpha_2 x_1}{K_1}\right) \end{cases} \quad (6-6)$$

当国有资本与非国有资本的共生关系达到稳定的平衡状态时，应满足：

$$\begin{cases} \dfrac{\mathrm{d}x_1}{\mathrm{d}t_1} = r_1 x_1 \left(1 - \dfrac{x_1}{K_1} + \dfrac{\alpha_1 x_2}{K_2}\right) = 0 \\ \dfrac{\mathrm{d}x_2}{\mathrm{d}t_2} = r_2 x_2 \left(1 - \dfrac{x_2}{K_2} + \dfrac{\alpha_2 x_1}{K_1}\right) = 0 \end{cases} \quad (6-7)$$

对上述微分方程组求解，可以得到央企混合所有制改革中国有资本与非国有资本价值创造共生的平衡点，它们依次为：$T_1(0,0)$、$T_2(0,K_2)$、$T_3(K_1,0)$ 和 $T_4\left(\dfrac{K_1(1+\alpha_1)}{1-\alpha_1\alpha_2}, \dfrac{K_2(1+\alpha_2)}{1-\alpha_1\alpha_2}\right)$。

由于 $x_1 > 0$，$x_2 > 0$，T_1、T_2、T_3 这三个平衡点都不稳定，且不具有现实意义。对平衡点 T_4 而言，国有资本的价值创造为 $\dfrac{K_1(1+\alpha_1)}{1-\alpha_1\alpha_2}$，非国有资本的价值创造为 $\dfrac{K_2(1+\alpha_2)}{1-\alpha_1\alpha_2}$，可见两种资本是相互依赖共生的，只有在两者均不为 0 的情况下，国有资本和非国有资本才是互惠共生的，由于 $x_1 > 0$，$x_2 > 0$，$K_1 > 0$，$K_2 > 0$，$\alpha_1 > 0$，$\alpha_2 > 0$，则平衡点 T_4 的稳定条件必须满足：

$$1 - \alpha_1 \alpha_2 > 0 \qquad (6\text{-}8)$$

即
$$\begin{cases} \alpha_1 > 1 \\ 0 < \alpha_2 < 1 \\ \alpha_1 \alpha_2 < 1 \end{cases} \qquad (6\text{-}9)$$

或
$$\begin{cases} \alpha_2 > 1 \\ 0 < \alpha_1 < 1 \\ \alpha_1 \alpha_2 < 1 \end{cases} \qquad (6\text{-}10)$$

或
$$\begin{cases} 0 < \alpha_1 < 1 \\ 0 < \alpha_2 < 1 \end{cases} \qquad (6\text{-}11)$$

上述平衡点 T_4 的稳定条件表明，国有资本与非国有资本价值创造存在互惠的共生关系：在 $\alpha_1 = \alpha_2$ 时，两者之间存在对称性互惠共生关系；在 $\alpha_1 \neq \alpha_2$ 时，两者之间存在非对称互惠共生关系。

6.1.3 央企混改中资本共生实现价值创造的路径

在上文分析的基础上，本节进一步对央企混合所有制改革中的国有资本与非国有资本在共生模式下如何实现自身价值创造以及如何实现企业价值创造进行分析。

央企混合所有制改革中的国有资本与非国有资本这两种异质性资本在共生效应下实现价值创造的本质是一种质量上的提高。在国有资本与非国有资本的共生系统中，通过对整体及各组成部分的隐形资本或资产的有效配置和利用，最终使单位资本能够创造出更多的价值。央企混合所有制改革实现价值创造应该分为两个层面，首先是单个资本层面的价值创造，即国有资本的价值创造和非国有资本的价值创造；其次是央企混合所有制改革企业层面的价值创造。图 6-2 是对央企混合所有制改革中资本共生实现价值创造路径的描述。

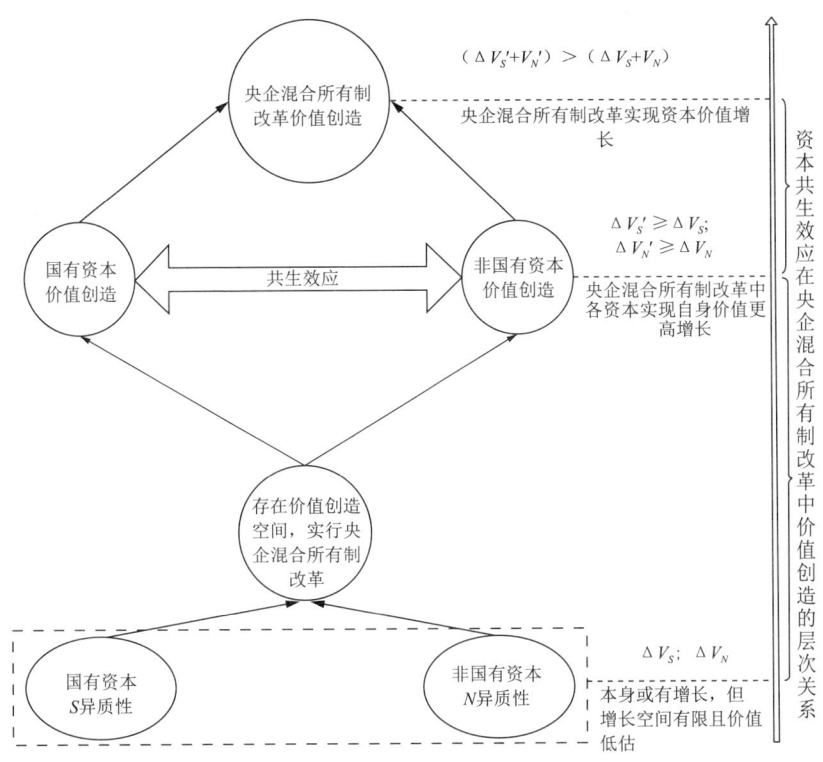

图 6-2　央企混合所有制改革中资本共生实现价值创造的路径

注：该图由作者参照韵江等（2006）[217]文中图片并结合本书实际情况修改形成。

在图 6-2 中，国有资本和非国有资本分别在国企和非国企中独立经营时的价值为 V_S 和 V_N，ΔV_S 和 ΔV_N 则表示两种资本在不同企业中独立经营时实现的价值创造。基于资本异质性理论，国有资本和非国有资本在用途上具有明显的异质性。一方面，国有资本因其具有产权属性的政治关联，而拥有特殊资源获得优势和壁垒行业准入优势，但存在发展活力不足、被政府实行过多行政化干预等问题，需要新鲜血液的融合，以求挖掘其潜在的发展空间，最终放大国有资本的功能；另一方面，非国有资本的运营更符合市场经济运行的规律，拥有灵活的运行机制和科学的管理方法，但是长期以来一直处于"非国民待遇"的状态，在资源获得上处于劣势，且由于国家对相关行业实行严格的管制，非国有资本表现出投资机会严重不足。

长期以来，国有资本和非国有资本各自为政、单独经营，虽有增值但增长不高、动力不足，表现为各自具有的优势被低估，各自的劣势被放大。这两种异质性资本如能融合在一起，可以实现优势互补，共同发展。因此，它们彼此都存在价值创造的空间。国家大力推出混合所有制改革的举措，为两种所有制性质不同的资本创造了共生的契机。在非国有资本进入央企后，两种资本通过深度融合，实现互惠共生的效应，从而实现各自在混合所有制央企中的价值创造，分别为 $\Delta V_S'$ 和 $\Delta V_N'$。此时 $\Delta V_S' \geqslant \Delta V_S$，且 $\Delta V_N' \geqslant \Delta V_N$，从而实现了资本共生效应在央企混合所有制改革中第一层面的价值创造，即两种资本各自价值的创造。资本共生效应在混合所有制改革央企中第二层面的价值创造为企业的价值创造，即在国有资本与非国有资本的互惠共生系统中，两种资本的优势互补、深度融合，在提高企业治理能力的同时，激发了企业的活力，提高了企业的经营效率，让各种资源充分发挥效率，最终实现了企业价值的增值，达到 $(\Delta V_S' + \Delta V_N') > (\Delta V_S + \Delta V_N)$ 的效果。

6.1.4 央企混改中的资本混合度对企业价值创造的影响

前文基于共生理论得出央企混合所有制改革中国有资本与非国有资本存在互惠共生模式的价值创造系统，最终会在企业实现两种层级的价值创造。而基于价值创造理论，企业的价值创造主要受制于增长、盈利与风险三大关键性要素，企业只有在管理增长、追求盈利和控制风险之间实现平衡，企业价值创造的目标才能得以实现（池国华和杨金，2013）[218]。因此，央企混合所有制改革中资本价值创造效应的本质在于通过国有资本和非国有资本的深度融合实现企业管理增长、追求盈利和控制风险三者之间的平衡。首先，管理增长的前提是企业价值创造能力的可持续性。在企业基本战略增长速度得以保证的情况下，应防止由超速发展带来的"速度陷阱"，而企业的增长速度受制于自身经营活动中的投资效率。国有资本普遍存在非效率投资行为，遏制了企业价值创造能力的提高，而影响企业非效率投资的根本原因在于信息不对称产生的代理问题。在央企混合所有制改革中，非国有资本的优势能为国有资本缓解资本市场信息不对称带来的投资不足，缓解股东与管理层之间的代理问题导致的非效率投资问题。其次，追求盈利是提升企业价值创造的重要保障，为企业可持续发展提供了先决条件。资本具有逐利性，不论是国有资本还是非国有资本，其终极目标都是实现企业的盈利。具有产权属性政治关联的国有资本，能充分发挥其在税收优惠、融资便利、壁垒行业准入便利和政府补贴等方面的优势，为非国有资本创造新的投资机会，实现企业的盈利（贺小刚等，2013）[219]。最后，有效的风险控制为企业安全运行和价值创造提供了保障。非国有资本的进入能够提升混合所有制改革央企公司治理能力，加强企业风险管理意识，激发企业活力，而国有资本凭借天然的政治优势为实施混合所有制改革的央企的运营保驾护航，降低企业的运营风险。

因此，央企实行混合所有制改革的目的是通过国有资本的资源优势、管制优势与非国有资本的机制优势的有机结合，实现优势互补，完善产权制度，发挥共生协同效应，以提高资源配置效率（汤吉军和刘仲仪，2016）[220]，最终实现两种资本的价值增值和企业的价值创造，主要表现在三个方面：一是通过非国有资本的进入，根治国有资本长期以来难以融入市场经济中的顽疾，推进企业市场化，实现行政治理向经济治理转型，彻底落实政企分开政策，最终让企业成为市场的真正主体（马连福等，2015）[188]；二是通过两种资本的融合，可以在控制力和影响力上放大国有资本功能，在盘活国有资本流动性的同时，提高国有资产的配置效率，通过两种资本的深度融合和优势互补，在实现不同所有制资本互赢的基础上，巩固和发展企业的竞争力，最终实现价值创造；三是混合所有制企业的资本结构有利于降低非国有资本进入特定业务领域的行业壁垒，在为非国有资本提供新的投资机会的同时，能够营造公平的资本市场竞争环境。

但是，混合所有制在"混合"进程中，国有资本与非国有资本的混合不仅仅是各自优势的混合，而且制度的路径依赖最终使各自制度失灵的缺陷同样被"混合"在企业中。如果国有资本和非国有资本各自"混合"的目标与建立混合所有制的初衷一致，则通过市场机制可以使二者得以统一。但如果国有资本或非国有资本还要谋求其他目标，则妥协、合谋、冲突等问题将不可避免，主要表现在两个方面：一方面是实行混合所有制改革后，一旦国有资本具有实际控制权，制度的路径依赖会使国有资本具有"侵占"非国有资本并不断壮大自身的动机，而非国有资本的逐利性会使其具有"搭便车"的冲动，使非国有资本鼓励发挥国有资本优势及相关行政壁垒的准入便利，最终放弃监督，从而获取垄断利润；另一方面是实行混合所有制改革后，一旦非国有资本相对控股并拥有实际控制权，国有资本在丧失控制权的情况下，考虑更多的是其政治诉求，从而会选择放弃监督，甚至妥协合谋，使国有资源被侵占、国有资产流失、信息不对称、破坏性竞争等问题依然存在。上述两种情况均会对国有资本与非国有资本的价值创造产生一定的影响，从而最终影响混合所有制企业的价值创造。

基于上述分析，央企混合所有制改革中的国有资本与非国有资本在资本互惠共生效应的价值创造系统中，两种层次的价值创造能力均会受制于国有资本与非国有资本之间股权对抗力度的影响。因此本书认为，混合所有制改革央企中的国有资本与非国有资本的混合度与企业价值创造存在着一定的关系。据此，提出如下假设。

假设 H6-3：资本混合度与央企混合所有制改革价值创造之间存在着显著的"倒 U 形"关系。

6.2 研究设计

6.2.1 样本选取与数据来源

样本选取：本章重点研究央企混合所有制改革中资本的价值创造效应，样本为第 4 章确定的 11 个行业 73 家央企混合所有制改革上市公司在 2014—2016 年共计 178 个年度观测值，样本选取原则不再赘述。

数据来源：本章研究样本各变量的原始数据均来源于 CSMAR 数据库、万得资讯数据库，对两个库中均缺失的数据，通过查阅新浪财经网和巨潮资讯网上对应公司的年报数据手工整理获得。

6.2.2 变量定义与模型构建

（1）变量定义

本章研究的是央企混合所有制改革中的资本基于共生理论产生的价值创造效应。因此，将企业价值创造能力作为本书研究的被解释变量，将混合所有制改革央企中国有资本与非国有资本的混合度作为解释变量，其他公司常规变量作为控制变量。

1）被解释变量。

衡量企业价值创造能力的指标很多。采用利润总额的绝对值作为企业价值创造能力的替代指标，虽然操作简单，但其评价方法比较片面，且容易受到企业对盈余管理进行操控的不利影响，最终难以保证分析结果的准确性；经济增加值虽然可以对价值创造能力进行有效衡量，但在对各个具体项目的调整上存在很多问题，且在对非财务性指标的界定和量化上存在过多的主观性（陈艳利和姜艳峰，2017）[221]。而市场价值 $Tobin'Q$ 值能够克服上述问题，故本书用 $Tobin'Q$ 作为企业价值创造能力的衡量指标。

2）解释变量。

对资本混合度的衡量，参照张文魁（2015）[114]计算混合所有制企业股权混合度的方法，首先计算央企混合所有制改革中前十大股东中国有资本股东持股比例之和和非国有资本股东持股比例之和，然后以两个数值中较大者为分母、较小者为分子，所得分数即为资本混合度。

3）控制变量。

在控制变量中，借鉴陈艳利和姜艳峰（2017）[221]、杨清香和廖甜甜（2017）[222]的研究，将公司规模、资产负债率、资产收益率、独立董事比例、两职合一、主营业务收入增长率、股权集中度等变量作为控制变量，同时对行业虚拟变量和年度虚拟变量加以控制。具体变量定义见表6-1。

表 6-1 变量定义

变量类型	变量名称	变量符号	计算方法
被解释变量	企业价值创造能力	$Tobin'Q$	公司的市场价值/资产重置成本
解释变量	资本混合度	Cmr	在前十大股东中国有资本股东持股比例之和和非国有资本股东持股比例之和中，以两个数值中较大者为分母、较小者为分子，所得分数即为资本混合度
控制变量	公司规模	$Size$	企业年末总资产的自然对数
	资产负债率	Lev	企业年末总负债/企业年末总资产
	资产收益率	Roa	净利润/资产总额
	独立董事比例	$Occupy$	独立董事人数/董事会总人数
	两职合一	$Dual$	董事长和总经理为同一人，取值为 1；否则为 0
	主营业务收入增长率	$Grow$	(年末主营业务收入总额-年初主营业务收入总额)/年初主营业务收入总额
	股权集中度	$Top10$	前十大股东持股比例之和
	行业虚拟变量	$Industry$	按照 2012 年《证监会行业分类结构与代码》，当公司属于某个行业时，该变量取值为 1；否则为 0
	年度虚拟变量	$Year$	当公司属于年度 t 时，该变量取值为 1；否则为 0

（2）模型构建

为了检验假设 H6-3，建立模型如下：

$$Tobin'Q_{i,t} = \alpha_1 + \alpha_2 \times Cmr_{i,t}^2 + \alpha_3 \times Cmr_{i,t} + \alpha_4 \times Size_{i,t} + \alpha_5 \times Lev_{i,t} + \alpha_6 \times Roa_{i,t} + \alpha_7 \times Occupy_{i,t} + \alpha_8 \times Dual_{i,t} + \alpha_9 \times Grow_{i,t} + \alpha 10 \times Top10_{i,t} + \sum Industry_{i,t} + \sum Year_{i,t} + \varepsilon_{i,t} \quad (6-12)$$

其中，$Tobin'Q_{i,t}$ 为 i 企业在 t 年的企业价值创造能力；$Cmr_{i,t}^2$ 为 i 企业在 t 年的资本混合度的二次项；$Cmr_{i,t}$ 为 i 企业在 t 年的资本混合度；$Size_{i,t}$ 为 i 企业在 t 年的公司规模；$Lev_{i,t}$ 为 i 企业在 t 年的资产负债率；$Roa_{i,t}$ 为 i 企业在 t 年的资产收益率；$Occupy_{i,t}$ 为 i 企业在 t 年的独立董事比例；$Dual_{i,t}$ 为 i 企业在 t 年的两职合一情况，即衡量董事长和总经理是否为同一人；$Grow_{i,t}$ 为 i 企业在 t 年的主营业务收入增长率；$Top10_{i,t}$ 为 i 企业在 t 年的股权集中度，即前十大股东持股比例之和；$Industry_{i,t}$ 为行业虚拟变量；$Year_{i,t}$ 为年度虚拟变量；$\varepsilon_{i,t}$ 表示模型的误差项。

6.3 实证分析

6.3.1 描述性统计

表 6-2 报告了主要变量的描述性统计结果。据表 6-2 可知，在样本期间样本公司企业价值创造能力的平均值为 2.231，最小值为 0.939，最大值为 12.700，标准差为 1.923，说明央企混合所有制改革价值创造能力整体水平较高，但各企业之间的差异也很大，这同现实情况基本一致。资本混合度的平均值为 0.446，说明样本企业资本混合度整体水平较高。公司规模平均值为 23.934，表明样本企业的规模整体较高，但标准差为 2.117，说明样本各公司间差异较大。资产负债率的平均值为 0.555，说明样本企业的平均负债水平较好。资产收益率的平均值为 0.025，说明样本企业整体盈利能力不高，尚有待提高。独立董事比例的最小值为 0.308，说明所有样本企业独立董事的设置均已达到《中华人民共和国公司法》的相关要求。主营业务收入增长率的平均值为 0.058，表明样本企业的持续发展能力总体水平不高，有待进一步提高。股权集中度的平均值为 0.698，说明样本企业的股权集中度较高，有 69.80% 的股份为前十大股东持有。

表 6-2 变量的描述性统计

变量	观测数	平均值	标准差	最小值	最大值
$Tobin'Q$	178	2.231	1.923	0.939	12.700
Cmr	178	0.446	0.243	0.106	0.896
$Size$	178	23.934	2.117	19.716	28.505
Lev	178	0.555	0.209	0.085	1.037
Roa	178	0.025	0.054	−0.144	0.228
$Occupy$	178	0.377	0.063	0.308	0.625
$Dual$	178	0.084	0.279	0.000	1.000
$Grow$	178	0.058	0.355	−0.509	2.028
$Top10$	178	0.698	0.165	0.350	0.985

6.3.2 实证检验

为克服极端值的影响，对样本中所有连续性变量进行了上下 1% 分位数的缩尾处理。为了消除异方差和自相关对回归结果的影响，采用聚类稳健标准差 OLS 对模型（6-19）进行了回归，回归结果如表 6-3 所示。

表 6-3 分别列示了对年度虚拟变量和行业虚拟变量实行不同程度控制的回归结果，回归结果表明，资本混合度二次项对企业价值创造能力的回归系数均为负数，依次为 −2.526、−2.544、−3.243 和 −3.217，且在 10% 水平上均显著，资本混合度的一次项对企业价值创造能力的回归系数均为正，依次为 2.252、2.286、3.074 和 3.047，在 10% 的水平上均显著。其他控制变量的符号和现有文献基本一致。表 6-3 的回归结果表明，资本混合度与央企混合所有制改革价值创造能力呈显著的"倒 U 形"关系。根据二次函数的性质，当资本混合度位于该"倒 U 型"图形对称轴顶点的位置时，央企混合所有制改革价值创造能力达到最优状态。在对称轴的左边，随着资本混合度的不断升高，央企混合所有制改革价值创造能力逐渐升高，但增高的斜率逐渐减小，直至到 0；在对称轴的右边，随着资本混合

度的不断升高,央企混合所有制改革价值创造能力逐渐降低,且降低的速度越来越快。因此,假设 H6-3 得到验证。

表 6-3 资本混合度对央企混合所有制价值创造的影响回归结果

变量	$Tobin'Q$	$Tobin'Q$	$Tobin'Q$	$Tobin'Q$
Cmr^2	-2.526**	-2.544*	-3.243*	-3.217*
	(-2.17)	(-1.79)	(-1.92)	(-1.82)
Cmr	2.252*	2.286*	3.074*	3.047*
	(1.87)	(1.90)	(1.69)	1.72
$Size$	-0.685***	-0.686***	-0.612***	-0.614***
	(-4.03)	(-3.99)	(-4.38)	(-4.33)
Lev	-0.571	-0.598	-0.996	-1.010
	(-0.60)	(-0.64)	(-1.22)	(-1.27)
Roa	0.498	0.554	0.117	0.131
	(0.13)	(0.14)	(0.03)	(0.03)
$Occupy$	0.118	0.206	1.320	1.368
	(0.08)	(0.14)	(0.95)	(0.98)
$Dual$	-0.610*	-0.596*	-0.548	-0.535
	(-1.82)	(-1.74)	(-1.61)	(-1.53)
$Grow$	0.011	0.024	0.003	0.038
	(0.03)	(0.07)	(0.01)	(0.11)
$Top10$	2.161	2.202	1.620	1.672
	(1.38)	(1.38)	(1.11)	(1.12)
$Constant$	17.343***	17.372***	15.245***	15.313***
	(5.01)	(5.04)	(6.60)	(6.62)
Year	Yes	No	Yes	No
Industry	Yes	Yes	No	No
N	178	178	178	178
Adj R^2	0.465	0.455	0.402	0.392
F_value	23.30***	6.95***	10.15***	12.04***

续表

变量	*Tobin'Q*	*Tobin'Q*	*Tobin'Q*	*Tobin'Q*
估计方法	OLS+聚类稳健标准差	OLS+聚类稳健标准差	OLS+聚类稳健标准差	OLS+聚类稳健标准差

注：*、**、*** 分别表示在 0.1、0.05、0.01 的水平上显著（双尾），括号内数值为 t 值。

6.3.3 稳健性检验

为了验证上述回归结果的可靠性，本书进行了如下稳健性检验：参照池国华和杨金（2013）[218]对企业价值创造能力从 Eva（企业价值创造效果）和 $Evaa$（企业价值创造效率）方面进行衡量的方法，本书以"Eva = 税后净营业利润 - 资本成本 = 税后净营业利润 - 调整后资本 × 加权平均资本成本（Weighted Average Cost of Capital，WACC）"和"$Evaa = Eva/$年末总资产 × 100%"作为企业价值创造能力的替代指标，重新对模型进行了检验。

表 6-4 是对 Eva 和 $Evaa$ 的描述性统计分析，结果显示两者的均值均为负值，Eva 在样本企业之间的差异很大。

表 6-4 *Eva* 和 *Evaa* 的描述性统计

变量	观测数	均值	标准差	最小值	最大值
Eva	178	-3.910E+08	6.760E+09	-4.690E+10	3.070E+10
Evaa	178	-0.009	0.053	-0.181	0.154

表 6-5 是分别用 Eva 和 $Evaa$ 作为衡量企业价值创造能力替代变量后的回归结果。回归结果表明，资本混合度与企业价值创造能力仍然呈显著的"倒 U 形"关系，只是对称轴的顶点位置向右偏移了。因此，稳健性检验证明本书上述回归结果可靠。

表 6-5 稳健性检验回归结果

变量	Eva	$Evaa$
Cmr^2	−2.300E+10*	−0.019*
	(−1.67)	(−1.79)
Cmr	2.340E+10*	0.027*
	(1.84)	(1.92)
$Size$	−2.100E+08**	−0.004***
	(−2.41)	(−3.16)
Lev	−3.030E+09	−0.022
	(−0.76)	(−0.92)
Roa	1.720E+10*	0.696***
	(1.90)	(10.36)
$Occupy$	5.170E+09	0.010
	(0.61)	(0.23)
$Dual$	−1.800E+09	−0.002
	(−1.33)	(−0.19)
$Grow$	4.780E+08	0.001
	(0.70)	(0.10)
$Top10$	3.160E+09	0.008
	(1.41)	(0.25)
$Constant$	−7.680E+09	−0.126**
	(−1.07)	(−2.28)
$Year$	Yes	Yes
$Industry$	Yes	Yes
N	178	178
$Adj\ R^2$	0.199	0.650
F_value	23.64***	22.96***
估计方法	OLS+聚类稳健标准差	OLS+聚类稳健标准差

注：*、**、*** 分别表示在 0.1、0.05、0.01 的水平上显著（双尾），括号内数值为 t 值。

6.4 研究结论与启示

我们以共生理论和价值创造理论为基础，从共生单元、共生模式以及共生环境等方面，对央企混合所有制改革中的资本共生系统进行了分析；借鉴生态学 Logistic 模型构建了国有资本与非国有资本价值创造的共生模型并进行了分析；在此基础上，分析了混合所有制改革央企中资本共生实现价值创造的路径；最后提出了资本混合度对央企混合所有制改革价值创造影响的假设，并进行了实证分析和稳健性检验。可以发现：国有资本和非国有资本是央企混合所有制改革中资本共生系统的两种不同共生单元，两者之间存在互惠共生行为模式，在共生系统中存在着共生的外部环境和内部环境；在对央企混合所有制改革资本价值创造共生模型的分析中可以发现，国有资本和非国有资本之间存在非对称性互惠共生或对称性互惠共生模式；央企混合所有制改革中的资本共生实现价值创造的路径中存在企业内价值创造的两个层次，即资本自身价值创造的层次和企业本身价值创造的层次；国有资本与非国有资本的股权对抗力度，即资本混合度对混合所有制改革央企价值创造能力的回归结果表明，两者之间呈显著的"倒 U 形"函数关系；以 Eva 和 $Evaa$ 作为企业价值创造能力的替代指标对上述回归结果进行稳健性检验，发现实证分析结论同样成立。

基于上述理论分析和实证检验结果，结合相关学者的有益研究成果，可得出以下几点结论和启示。

1) 央企混合所有制改革中，由于资本的异质性和逐利性，国有资本和非国有资本之间存在基于资本价值创造的共生系统。在该共生系统中，国有资本和非国有资本是不同的共生单元；基于经济学的理性假设和资本市场的现实情况，在国有资本与非国有资本组成的共生系统中，应该是短期的非对称性互惠共生行为模式、长期的对称性互惠共生模式；影响两种资本共生关系的共生环境包括内部环境和外部环境。在央企混合所有制改革的进程中，通过在国家层面为两种异质性资本搭建更加公平的竞争平台、在企业层面完善内部治理机制，可以有利于两种资本的共生价值创造，最终实现企业的价值创造。

2）央企混合所有制改革中的国有资本与非国有资本价值创造存在着动态的共生模型。对央企混合所有制改革中的国有资本与非国有资本价值创造 Logistic 共生模型的分析结果表明，基于经济学的理性假设和现实意义，国有资本与非国有资本之间只有在互惠共生行为模式下，其共生模型才可以得出稳定平衡点，在该平衡点可以实现两种资本各自的价值创造和实现企业整体的价值创造。因此，在央企混合所有制改革进程中，不仅要完美实现国有资本与非国有资本之间的优势互补，同时要保证两者在深度融合中实现双赢以求共同发展，只有这样才能形成长期的一体化共生模式。

3）在央企混合所有制改革的资本共生实现价值创造的路径中存在两种价值创造层次。基于资本异质性理论，国有资本和非国有资本均具有各自的优劣势，在实施混合所有制改革之前，两种资本的优势长期被资本市场低估，而其劣势一度被无形放大。在国家大力推出混合所有制改革举措的背景下，两种资本存在着明显的价值创造空间。由于资本具有逐利性，两种资本在央企中通过深度融合最终会实现优势互补，实现各自的保值增值，在为自身创造价值的同时，能够激发央企混合所有制改革整体资产和资本的活力和效率，从而最终实现企业整体层面的价值创造。

4）存在央企混合所有制改革价值创造达到最佳状态的资本混合度。资本混合度与央企混合所有制改革价值创造呈显著的"倒 U 形"函数关系。资本混合度的本质在于其直接反映了央企混合所有制改革中国有资本与非国有资本之间在公司治理中决策权力量的差异，间接反映了两种资本在各自利益目标诉求上的抗衡程度。因此，在央企混合所有制改革的进程中，既不是"一混就好"，也不是"一改就好"，而是要在"混改"中达成各异质性资本之间利益平衡的基础上，实现企业整体价值创造的最大化。

6.5　本章小结

本章对央企混合所有制改革中资本的价值创造效应进行了理论分析和实证检验。首先，基于共生理论从共生单元、共生模式和共生环境等方面分析了央企混合所有制改革中国有资本与非国有资本的共生系统；其次，借鉴生态学中的 Logistic 模型构建了央企混合所有制改革中资本价值创造的共生模型，并进行了分析，同时基于共生理论和价值创造理论，分析了央企混合所有制改革中资本共生效应的价值创造路径；最后，分析了资本混合度与央企混合所有制改革价值创造之间的关系，在提出相关研究假设的基础上，构建回归模型，进行了实证分析和稳健性检验。

通过上述分析，本章得出结论：在实施混合所有制改革的央企中，国有资本与非国有资本之间存在基于价值创造的共生系统；在央企混合所有制改革资本价值创造的 Logistic 共生模型中，存在国有资本与非国有资本互惠共生的平衡点；在央企混合所有制改革中，资本共生价值创造路径存在资本自身价值创造层次和企业整体价值创造层次；资本混合度与央企混合所有制改革价值创造之间存在显著的"倒 U 形"函数关系。

第7章 央企混合所有制改革的社会效应与经济效应

基于资本管理视角的央企混合所有制改革，通过国有资本与非国有资本之间的深度融合实现优势互补，在实现各资本自身价值创造和企业价值创造的同时，必然存在由改革带来的其他成效。央企是我国国民经济健康发展的重要支柱，在很多关系国计民生的重要领域占据着大量的社会资源，承担着主要的经济责任和政治责任。随着企业和社会的发展，对央企社会责任的要求也在不断提高。因此，有必要从经济效应和社会效应两个层面对央企混合所有制改革效应进行分析与评价。目前，国内外学者主要对央企混合所有制改革经济效应进行了评价，但大多是针对经济效应某一方面的研究，鲜少涉及对社会效应的评价。鉴于此，本章基于资本管理的视角，从央企混合所有制改革社会效应和经济效应构成要素、评价指标体系以及评价结果等方面展开深入研究，以期对央企混合所有制改革社会效应和经济效应进行综合评价，并为央企混合所有制改革效应相关研究提供有益借鉴。本章逻辑框架如图7-1所示。

7.1 央企混合所有制改革社会效应与经济效应构成要素

7.1.1 央企混合所有制改革社会效应构成要素

央企既是特殊的经济组织，也是社会责任的承担主体，对国家宏观调控和经济结构调整具有重要影响，关乎社会经济的可持续发展。履行社会责任既是社会各界对央企的一贯要求，也是央企发展的必然趋势。

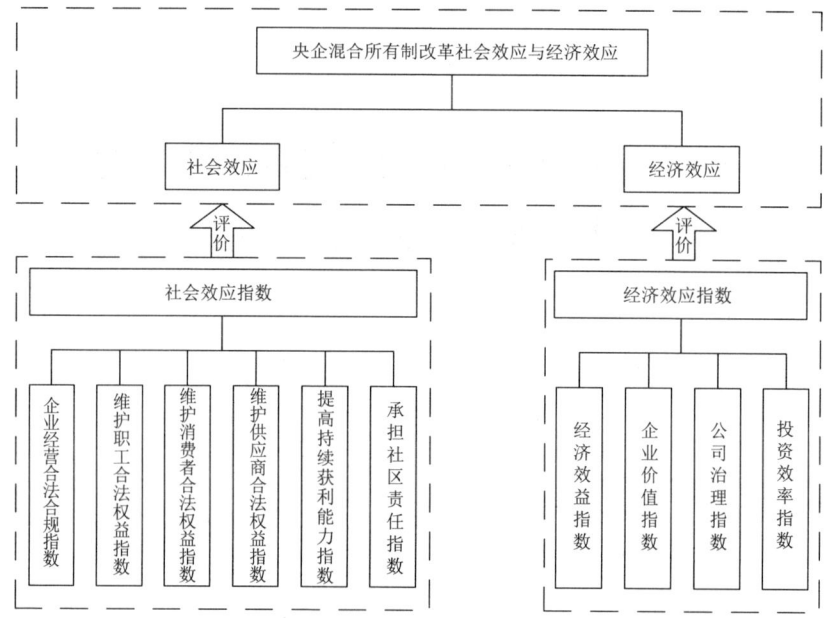

图7-1 央企混合所有制改革社会效应和经济效应分析与评价的逻辑分析框架

2008年,国务院首次针对央企履行社会责任发布指导意见,肯定了其在社会经济稳定发展中的积极作用,并提出央企应在社会责任中发挥表率作用,为央企社会责任的深入发展奠定了基础。2011年《中央企业"十二五"发展规划纲要》,进一步强调了央企的最终目标是实现经济效益、社会效益和环境效益的最大化,央企应努力成为履行社会责任、构建和谐企业的榜样。2013年党的十八届三中全会提出,央企应进行全面深化改革,履行社会责任能帮助央企正确处理改革与发展、效率与公平的关系,既是央企发展的应有之义,也是央企改革的重点环节。新时期对央企履行社会责任有了更高的标准和要求,履行社会责任既是混合所有制改革的突出特征,也是新时期改革的重点工作。中共中央、国务院于2015年印发了《指导意见》,指出央企应自觉成为履行社会责任的表率,将履行社会责任与国有资本保值增值、国有经济结构调整、国有资产优化配置放在同等战略高度,作为央企改革的指导方针,共同为我国社会、经济的可持续发展做出新的贡献。近年来,央企在履行社会责任方面取得了明显成效,部分央企建立并逐步完善社会责任管理体系，人才队伍的能力不断增强，对促进央企经济、社会、环境综合价值提升发挥了重要作用，得到国家和社会各界的广泛肯定。但现阶段，部分央企对社会责任的认识和实践还存在很大差距，并未将履行社会责任作为其重要的工作内容，央企改革有待进一步深化。

本书基于利益相关者理论对央企混合所有制改革社会效应进行研究，主要原因在于利益相关者理论与央企社会责任存在密切关系。利益相关者理论的核心是：企业是不同利益相关者合作和冲突的载体，其最终目标不再是实现所有者利润最大化，而是实现不同利益相关者和社会财富的最大化。该理论是央企社会责任理论的基础。随着混合所有制改革的推进，央企经营主体呈多元化发展趋势，不再是国有股东"一股独大"，而是不同利益相关者之间的结合，股权所有人、债权人、高层管理人员、员工、消费者、供应商、政府部门等都会给央企生产经营活动和利益分配带来实质性影响，央企必须充分考虑各方诉求，在所有利益相关者之间寻求平衡，这也符合利益相关者理论和社会责任的基本内涵。此外，在新的时代背景下，积极承担社会责任是央企核心竞争力的重要来源，其认证标准在全球范围内得到越来越广泛的推广，员工持股计划、经理人储备等措施的推行，使央企在关注企业自身利益的同时，能够兼顾不同利益关系人的利益，关注社会整体利益并自觉、主动承担社会责任，为国家经济和社会发展全局做出贡献。

综合上述分析，基于利益相关者理论构成要素，结合新一轮以"管资本"为主导的央企混合所有制改革诉求，围绕"放大国有资本功能、实现国有资本保值增值"的终极目标，本书从资本管理的视角提出了我国央企混合所有制改革社会效应的构成要素，如图7-2所示。

7.1.2 央企混合所有制改革经济效应构成要素

混合所有制改革为我国特色社会主义经济带来了深远影响，对管理体制、经济结构进行了深入调整，提高了经济增长速度，同时对提高央企经

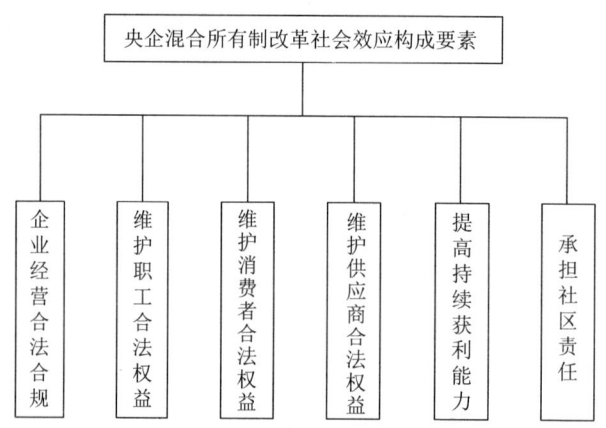

图 7-2 央企混合所有制改革社会效应的构成要素

济效益发挥了重要作用。因此,本章从经济效益、企业价值、公司治理与投资效率四个方面对混合所有制改革央企的经济效应进行分析。

(1) 混合所有制改革与经济效益的关系

混合所有制改革的主要原因之一是传统央企经济效益较低,难以实现资源的优化配置。近年来,央企数量虽然逐渐减少,但资产负债率仍然较高,给国家经济的稳定发展带来了负面影响。随着混合所有制改革的全面深化,能够有效发挥多种所有制资本的协同效应,进而提升企业经济效益(郭天超和程志超,2016)[223]。

在宏观层面:政府部门以国家政权为依托,履行行政管理职能,其行为目标既包括经济目标,也包括政治目标和社会目标,如促进社会就业、维持社会稳定、确保经济增长等,导致政府以软预算约束政策使央企的努力方向与其目标一致。央企经济职能弱化,混合所有制改革转变了央企"重经营轻管理"的理念,进一步地增强了央企持续发展动力,使其充分利用闲置资产,提高资源利用效率。长期以来,政府在央企的生产经营中扮演了重要角色,通过行使管理职能干预、控制企业的经营决策,部分央企甚至存在明显的个人利益倾向,"政企不分"现象严重,混合所有制改革坚持"政企分开"的原则,只在政策上对企业进行宏观调控和指导,在经营方面不过多干预,逐渐放宽央企的自主经营权,使之满足现代企业制度建设的要求,提高经营管理水平和国民经济综合竞争力。

在微观层面:多环节的委托代理行为导致央企代理成本较高,"寻租"行为屡见不鲜,严重影响央企经济效益,混合所有制改革是央企发展的重要突破口,其实质是加快改革企业产权制度,建立完善的公司治理结构和内部监管机制,有效解决国有资本股权集中问题,规范央企经营行为,降低代理成本。代理人或经理层存在短期行为,导致央企逐渐亏空,国有资产流失严重,混合所有制改革以混合所有制经济为载体,强调产权的清晰划分,使所有者更加关注央企的长期运营,建立市场化运营机制,有效抑制投资决策的短期行为。央企缺乏创新活力(Liu et al.,2013)[224],混合所有制改革鼓励国有资本、集体资本和非公有资本交叉持股,通过股权多元化发展实现不同性质资本的优势互补,发挥各种所有制资本的协同效应,优化经济结构,在一定程度上激发了央企持续创新活力,满足市场需求的多样化发展,实现良性发展。

(2)混合所有制改革与企业价值的关系

混合所有制改革影响企业价值的路径主要基于优化股权结构、优化财务结构、优化治理结构三个方面,如图7-3所示。

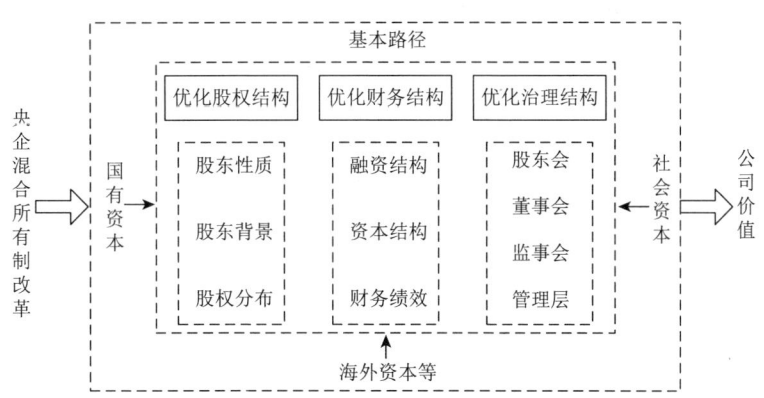

图7-3 混合所有制改革影响央企公司价值的基本路径

混合所有制改革有助于优化央企股权结构。从企业价值的角度出发,改革使央企股东性质、股东背景、股权分布更为科学合理,国有资本流动性增强，降低了国有资本的控股比例，进一步带动央企利润增长。而国有资本持股比例与企业价值呈负相关，利润增长与企业价值呈正相关（李亚静等，2006；袁涛，2017）[225,226]。因此，股权优化对提升央企企业价值有着积极影响。

混合所有制改革有助于优化央企财务结构。央企混合所有制改革实现了融资渠道的多元化，各种所有制资本能够有效发挥协同效应，对降低财务杠杆以及改善融资结构和资本结构产生了重要作用，有助于发挥资本组合效应，提高资源优化配置效率和净资产收益率，进而为央企创造更大的经济效益，提升企业价值。

混合所有制改革有助于优化央企公司治理结构。国有资本、社会资本、海外资本的协同发展，为央企带来了先进的技术和经营管理理念，同时带来了丰富的人力资源和创新活力，使央企产权结构变得更为明晰，股东会、董事会、监事会以及管理层等构成的公司治理结构更为完善，能够有效发挥各职能机构的监督管理职能和股权激励机制，促使央企经营管理决策兼顾不同的利益相关方并降低企业相关代理成本，增强央企市场运行的有效性，实现股东利益最大化，进而提升企业价值（孙秀妍，2016）[227]。

（3）混合所有制改革与公司治理的关系

从"管人管事管资产"到"管资本"，我国央企混合所有制改革取得了较大进展，但尚未取得实质性突破，主要原因之一是忽视了现代企业与央企所有者性质的本质区别，缺乏对央企公司治理的专项研究。央企长期以来受政府部门的监督管理，国有资本占绝对主导地位，使央企公司治理结构形式化现象严重，重大生产经营决策、重大人事任免都由大股东决定，陷入治理僵局，股东会、董事会、监事会等职能机构难以独立发挥作用。尽管央企推行了外部董事制度，但由于缺乏直接的利益驱动，成效并不明显。因此，在大力倡导国有资本、社会资本、海外资本等多种所有制资本共同发展的同时，还应考虑其对央企公司治理的影响。

规范的公司治理结构对提高企业运营效率具有积极作用，能够有效实现企业所有权与经营权分离，平衡不同利益相关者之间的利益分配，达到多种所有制资本的效率最大化（王方红，2010；杨红英和童露，2015；佟健和宋小宁，2016）[228,135,88]。公司治理既是央企混合所有制改革的关键环节，也是提高央企国有资本保值增值率和央企运营效率的重要保障。央企公司治理具有特殊性，主要体现在：股东会制度——央企的最高权力机构是股东会，并由国务院国资委代为行使该职权；董事会制度——除职工成员外，其他成员（包括董事长、副董事长）均由国务院国资委派产生或更换，而非董事会选举；监事会制度——在人员构成上，既包括国务院国资委外派的监事，又包括职工代表大会选举产生的职工监事，其职能主要是针对央企国有资产运作、高层管理人员是否存在违法行为、是否损害央企利益等行为实施监督管理。

（4）混合所有制改革与投资效率的关系

阿尔梅达（Almeida）和丹尼尔（Daniel，2006）[229]研究发现，当企业股权结构处于"金字塔"形时，所有权越集中，大股东拥有的决策权越多，并倾向于进一步扩大企业规模，导致企业过度投资，严重影响投资效率。长期以来，央企由国有资本独资或占绝对控股地位，普遍表现为投资效率低下、国有资产流失严重等，这是制约企业发展的主要因素之一。其原因主要表现在：央企缺乏完全竞争的市场环境，尤其在关系国计民生的重点行业和领域存在垄断性，市场壁垒较高，导致央企发展动力严重不足；央企投资成本与收益不对称，导致软预算约束；央企资本运营能力不足，无法完全应对发展变化的市场环境，导致投资项目失败。

混合所有制改革为提高央企投资效率提供了良好契机。一方面，混合所有制改革强调多种所有制经济共同发展，鼓励非公有制资本参与央企的经营活动和经营决策，有效降低了非国有资本在国有资本垄断行业和重点领域的进入门槛，有助于优化行业所有制结构，建立完全竞争的市场环境，解决央企发展动力问题，同时倒逼央企进行投资体制机制改革；另一方面，投资体制机制改革有助于央企改善政企关系，完善公司治理结构，进而缓解软预算约束。主要表现在：混合所有制改革是股权的多元化发展，通过引入多种所有制资本，企业经营目标和政府目标将出现"错位"，政府软预算约束政策不仅要考虑国有股东,还要考虑非国有股东等其他利益相关方,有助于提高非国有股东话语权,降低投资决策的盲目性;股权的多元化发展有效缓解了国有资本"一股独大"的内部控制人现象,使央企决策能够同时兼顾各中小股东的利益,实现真正的"同股同权",提高投资决策的科学性,减少因投资决策错误导致的国有资产流失、成本与收益不对称问题;在改革全面深化的新时期,央企致力于不断完善各类国有资产的管理体制、改革国有资本监管体制和授权经营体制,有利于建立相互制衡的股权结构和完善的监督机制,提高国有资本运营能力(徐丹丹和孙梦超,2015)[230]。因此,混合所有制改革是央企提高投资效率的重要保障。

综上所述,混合所有制改革对央企经济效益、企业价值、公司治理、投资效率等方面的影响并不是相互独立的,而是相互影响的,共同为提高央企经济效应发挥作用,如图7-4所示。

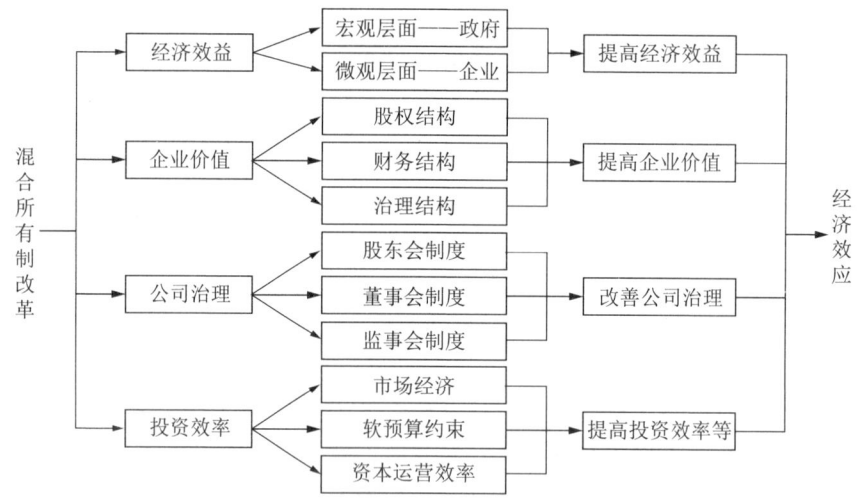

图7-4 混合所有制改革对央企经济效应的作用机理

通过上述分析,本书提出央企混合所有制改革经济效应的构成要素,如图7-5所示。

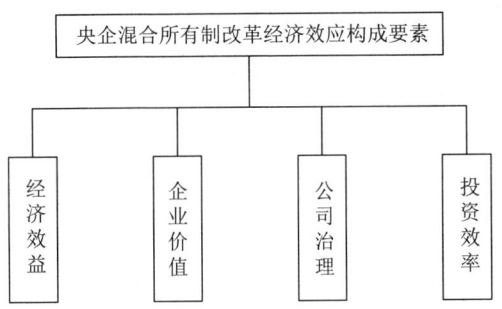

图 7-5 央企混合所有制改革经济效应构成要素

7.2 央企混合所有制改革社会效应与经济效应评价指标体系

7.2.1 评价指标体系构建原则

为保证对央企混合所有制改革社会效应和经济效应评价的科学性、实用性和准确性，在构建央企混合所有制改革社会效应和经济效应的评价指标体系时，应遵循以下原则。

1）系统性原则。央企混合所有制改革社会效应和经济效应是一个复杂系统，均由若干子系统构成。在进行评价时，应分层次分类别选取不同的指标，应考虑对其影响的各个因素。

2）科学性原则。社会效应和经济效应的评价指标体系构建应结合央企生产经营特点、承担的社会责任、法律法规要求等，设置科学合理的评价指标，既要保证指标的全面性，又要避免指标的重叠。每个指标都应按照理论依据和科学方法进行选取，以确保评价结果的客观性和准确性。

3）可获取、可量化原则。应充分考虑数据的可测性，确保评价体系在实际操作中具有可应用性，对数据进行量化处理后有利于直观反映评价结果，较好地衡量改革带来的社会效应和经济效应。

4）动态性原则。央企的经营活动、财务成果是不断发展变化的，评价指标应考虑动态性原则，选取连续经营期间内具有具体数值的指标进行衡量，便于分析社会效应和经济效应的动态变化。

7.2.2 央企混合所有制改革社会效应评价指标体系

企业的社会责任最早由美国学者鲍恩于1953年提出，并逐渐受到社会各界的认可，但如何对企业的社会责任进行衡量是学术界探讨的热点和难点问题（李国平和韦晓茜，2014）[231]。在20世纪80年代之前，国外学者主要采用声誉指数法和内容分析法对企业社会责任进行评价。声誉指数法由莫斯科维茨（Moskowitz）和Liu于1972年提出，将企业的社会声誉作为其承担社会责任的评价标准[232]，虽然是最简单的衡量方法，但具有较强的主观性，可信度和应用性较差。内容分析法是根据企业的公开文件，从产品、环境、机会平等、社会活动等方面建立相应的评价指标，具有客观性、有效性和可检验性，但该评价方法未考虑企业信息披露的真实性，且部分指标难以被量化。随着利益相关者理论的广泛应用，自20世纪80年代之后，学术界基于不同利益相关方提出了社会责任衡量模型，如KLD指数、内部利益相关方模式、外部利益相关方模式、RADP模式等，更具体、详细地评价企业社会责任。此外，还有财富指数法、道琼斯可持续发展指数法等，为企业社会责任的评价提供了新的视角。

央企既是国家和企业经济目标的承担主体，也是政治目标和社会责任的承担主体，鉴于现阶段我国央企社会责任体系尚不健全、相关数据难以收集等，以上方法应用性较差。因此，本书在借鉴国内外学者研究的基础上考虑数据的可获得性，从央企不同的利益相关者入手，即股东、债权人、职工、客户、供应商、政府等（熊凌云和柯丛颖，2012；王冰，2013；宋岩等，2017）[233,234,235]，建立央企混合所有制改革社会效应评价指标体系，包括6个二级指标、8个三级指标和17个四级指标，其中二级指标包括企业经营合法合规、维护职工合法权益、维护消费者合法权益、维护供应商合法权益、提高持续获利能力和承担社区责任，如表7-1所示。

表 7-1 央企混合所有制改革社会效应评价指标体系

一级指标	二级指标	三级指标	四级指标
社会效应（Z）	企业经营合法合规（X_1）	维护股东权益（X_{11}）	基本每股收益（X_{111}）
			每股税前现金股利（X_{112}）
		维护债权人利益（X_{12}）	流动比率（X_{121}）
			速动比率（X_{122}）
			现金流量比率（X_{123}）
		维护政府利益（X_{13}）	税费净额（X_{131}）
			资产纳税率（X_{132}）
	维护职工合法权益（X_2）	工资福利（X_{21}）	工资支付率（X_{211}）
			人均年收入（X_{212}）
	维护消费者合法权益（X_3）	价格与服务水平（X_{31}）	营业成本率（X_{311}）
			营业收入增长率（X_{312}）
			研发费用率（X_{313}）
	维护供应商合法权益（X_4）	供应商利益（X_{41}）	应付账款周转率（X_{411}）
			现金与应付账款比率（X_{412}）
	提高持续获利能力（X_5）	业务发展水平（X_{51}）	资本保值增值率（X_{511}）
	承担社区责任（X_6）	社会发展与责任（X_{61}）	就业人数（X_{611}）
			社会捐助率（X_{612}）

（1）企业经营合法合规

企业经营合法合规采用维护股东权益、维护债权人利益和维护政府利益三个指标进行评价。

1）维护股东权益。基本每股收益：普通股股东当期净利润与普通股加权平均数的比值。该数值越大，说明混合所有制改革央企维护股东权益的程度越高。每股税前现金股利：税前现金股利与企业总股数的比值。该数值越大，说明混合所有制改革央企维护股东权益的程度越高。

2）维护债权人利益。流动比率：流动资产与流动负债的比值。该数值越大，说明混合所有制改革央企维护债权人利益的程度越高。速动比率：流动资产与存货的差值同流动负债的比值。该数值越大，说明混合所有制改革央企维护债权人利益的程度越高。现金流量比率：经营活动产生的现金净流量与期末流动负债的比值。该数值越大，说明混合所有制改革央企维护债权人利益的程度越高。

3）维护政府利益。税费净额：企业支付的各项税费扣除返还的税费后的净额。该数值越大，说明混合所有制改革央企维护政府利益的程度越高。资产纳税率：企业实际缴纳的税费与资产总额的比值。该数值越大，说明混合所有制改革央企维护政府利益的程度越高。

（2）维护职工合法权益

维护职工合法权益主要采用工资福利指标进行评价。工资福利包括工资支付率和人均年收入。工资支付率：本期支付给职工的现金金额与本年应支付的工资总额的比值。该数值越大，说明混合所有制改革央企工资福利越高。人均年收入：本期支付给职工的现金金额与企业职工总数的比值。该数值越大，说明混合所有制改革央企工资福利越高。

（3）维护消费者合法权益

维护消费者合法权益主要采用价格与服务水平指标进行评价。价格与服务水平包括营业成本率、营业收入增长率和研发费用率。营业成本率：企业当期营业成本与营业收入的比值。该数值越大，说明混合所有制改革央企价格与服务水平越高。营业收入增长率：本期营业收入与上期同期营业收入的比值。该数值越大，说明混合所有制改革央企价格与服务水平越高。研发费用率：企业研发费用与营业收入的比值。该数值越大，说明混合所有制改革央企价格与服务水平越高。

（4）维护供应商合法权益

维护供应商合法权益主要采用供应商利益指标进行评价。供应商利益包括应付账款周转率和现金与应付账款比率。应付账款周转率：营业成本与应付账款平均余额的比值。该数值越大，说明混合所有制改革央企的供应商利益越大。现金与应付账款比率：经营活动现金净流量与应付账款平均余额的比值。该数值越大，说明混合所有制改革央企的供应商利益越大。

（5）提高持续获利能力

提高持续获利能力主要采用业务发展水平指标进行评价。业务发展水平用资本保值增值率指标进行评价，即采用本期期末所有者权益与本期期初所有者权益的比值进行评价。该数值越大，说明混合所有制改革央企资本保值增值率越高。

（6）承担社区责任

承担社区责任主要采用社会发展与责任指标进行评价。社会发展与责任包括就业人数和社会捐助率。就业人数：用本年职工总数表示。该数值越大，说明混合所有制改革央企社会发展与责任越高。社会捐助率：本期社会捐助额与本期净利润的比值。该数值越大，说明混合所有制改革央企社会发展与责任越高。

7.2.3 央企混合所有制改革经济效应评价指标体系

根据前文分析，混合所有制改革影响央企经济效益、企业价值、公司治理结构、投资效率等，且各方面存在交叉影响。鉴于数据的可获得性，本书主要以财务指标建立相应的评价体系，包括 4 个二级指标、12 个三级指标和 36 个四级指标，其中二级指标包括经济效益、企业价值、公司治理和投资效率，如表 7-2 所示。

表 7-2 央企混合所有制改革经济效应评价指标体系

一级指标	二级指标	三级指标	四级指标
经济效应（Z）	经济效益（X_1）	偿债能力（X_{11}）	资产负债率（X_{111}）
			流动比率（X_{112}）
			现金流动负债比率（X_{113}）
		盈利能力（X_{12}）	营业利润率（X_{121}）
			总资产报酬率（X_{122}）
		资产营运能力（X_{13}）	总资产周转率（X_{131}）
			应收账款周转率（X_{132}）
			股东权益周转率（X_{133}）

续表

一级指标	二级指标	三级指标	四级指标
经济效应（Z）	经济效益（X_1）	持续发展能力（X_{14}）	营业收入增长率（X_{141}）
			资本保值增值率（X_{142}）
			总资产增长率（X_{143}）
	企业价值（X_2）	财务绩效（X_{21}）	每股收益（X_{211}）
			每股净资产（X_{212}）
			成本费用利润率（X_{213}）
			净现金流量（X_{214}）
	公司治理（X_3）	股东会治理（X_{31}）	股权集中度（X_{311}）
			股权制衡度（X_{312}）
			股东会会议次数（X_{313}）
			流通股比例（X_{314}）
		董事会治理（X_{32}）	董事会规模（X_{321}）
			两职合一（X_{322}）
			独立董事规模（X_{323}）
			董事会会议次数（X_{324}）
			董事薪酬水平（X_{325}）
		监事会治理（X_{33}）	监事会规模（X_{331}）
			监事会会议次数（X_{332}）
			外部监事比例（X_{333}）
		管理层治理（X_{34}）	高管薪酬（X_{341}）
			代理成本（X_{342}）
	投资效率（X_4）	资本收益（X_{41}）	托宾Q（X_{411}）
			投资利润率（X_{412}）
			每股营业收入（X_{413}）
			总资产贡献率（X_{414}）
		技术创新（X_{42}）	无形资产投资率（X_{421}）
			技术人员比例（X_{422}）
		业务流程（X_{43}）	存货周转率（X_{431}）

(1) 经济效益

经济效益采用偿债能力、盈利能力、资产营运能力和持续发展能力四个指标进行评价。

1) 偿债能力。资产负债率：年末负债总额与资产总额的比值。该值越大，说明混合所有制改革央企的偿债能力越弱。流动比率：流动资产与流动负债的比值。该值越大，说明混合所有制改革央企的偿债能力越强。现金流动负债比率：经营现金流量净额与流动负债的比值。该值越大，说明混合所有制改革央企的偿债能力越强。

2) 盈利能力。营业利润率：营业利润与主营业务收入的比值。该值越大，说明混合所有制改革央企的盈利能力越强。总资产报酬率：息税前利润与平均总资产的比值。该值越大，说明混合所有制改革央企的盈利能力越强。

3) 资产营运能力。总资产周转率：主营业务收入与平均总资产的比值。该值越大，说明混合所有制改革央企的资产营运能力越强。应收账款周转率：主营业务收入与平均应收账款的比值。该值越大，说明混合所有制改革央企的资产营运能力越强。股东权益周转率：营业总收入与平均净资产的比值。该值越大，说明混合所有制改革央企的资产营运能力越强。

4) 持续发展能力。营业收入增长率：本期营业收入和上期同期营业收入的差值与上期同期营业收入的比值。该值越大，说明混合所有制改革央企的持续发展能力越强。资本保值增值率：本期期末所有者权益与本期期初所有者权益的比值。该值越大，说明混合所有制改革央企的持续发展能力越强。总资产增长率：本期期末总资产与上期期末总资产的差值同上期期末总资产的比值。该值越大，说明混合所有制改革央企的持续发展能力越强。

(2) 企业价值

企业价值主要采用财务绩效指标进行评价。财务绩效包括每股收益、每股净资产、成本费用利润率和净现金流量。每股收益：企业税后利润与企业总股数的比值。该值越大，说明混合所有制改革央企的财务绩效越好。每股净资产：企业股东权益与企业总股数的比值。该值越大，说明混合所有制改革央企的财务绩效越好。成本费用利润率：企业营业利润与成本费用总额的比值。该值越大，说明混合所有制改革央企的财务绩效越好。净现金流量：企业现金流入与现金流出的差值。该值越大，说明混合所有制改革央企的财务绩效越好。

（3）公司治理

公司治理主要采用股东会治理、董事会治理、监事会治理和管理层治理四个指标进行评价。

1）股东会治理。股权集中度：第一大股东持股数与公司总股数的比值。该值越小，说明混合所有制改革央企的股东会治理越好。股权制衡度：第二至第五大股东持股比例之和与第一大股东持股比例的比值。该值越大，说明混合所有制改革央企的股东会治理越好。股东会会议次数：企业当年举行股东会会议的次数。该值越大，说明混合所有制改革央企的股东会治理越好。流通股比例：企业流通股股数与企业总股数的比值。该值越大，说明混合所有制改革央企的股东会治理越好。

2）董事会治理。董事会规模：企业董事会董事总人数。该值越大，说明混合所有制改革央企的董事会治理越好。两职合一：董事长兼任总经理时取值为0，否则为1。当该指标值为1时，说明混合所有制改革央企的董事会治理好。独立董事规模：独立董事人数与董事会总人数的比值。该值越大，说明混合所有制改革央企的董事会治理越好。董事会会议次数：企业当年举行董事会会议的次数。该值越大，说明混合所有制改革央企的董事会治理越好。董事薪酬水平：董事前三名薪酬总额。该值越大，说明混合所有制改革央企的董事会治理越好。

3）监事会治理。监事会规模：企业监事会监事总人数。该值越大，说明混合所有制改革央企的监事会治理越好。监事会会议次数：企业当年举行监事会会议的次数。该值越大，说明混合所有制改革央企的监事会治理越好。外部监事比例：企业未领取薪酬的监事的比例。该值越大，说明混合所有制改革央企的监事会治理越好。

4）管理层治理。高管薪酬：高管前三名薪酬总额。该值越大，说明混合所有制改革央企的管理层治理越好。代理成本：年度管理费用与年度总营业收入的比值。该值越小，说明混合所有制改革央企的管理层治理越好。

（4）投资效率

投资效率主要采用资本收益、技术创新和业务流程三个指标进行评价。

1）资本收益。托宾Q：企业市值与总资产和无形资产及商誉净额差值的比值。该值越大，说明混合所有制改革央企的资本收益越高。投资利润率：息税前利润与总投资的比值。该值越大，说明混合所有制改革央企的资本收益越高。每股营业收入：本期营业收入与企业总股数的比值。该值越大，说明混合所有制改革央企的资本收益越高。总资产贡献率：企业利润总额与利税总额、利息支出总额的和同平均总资产的比值。该值越大，说明混合所有制改革央企的资本收益越高。

2）技术创新。无形资产投资率：企业无形资产投资总额与本期息税前利润的比值。该值越大，说明混合所有制改革央企的技术创新越强。技术人员比例：企业本期技术人员人数与本期员工总数的比值。该值越大，说明混合所有制改革央企的技术创新越强。

3）业务流程。存货周转率：企业营业成本与平均存货的比值。该值越大，说明混合所有制改革央企的业务流程越好。

7.3 央企混合所有制改革社会效应与经济效应评价

7.3.1 样本选取与数据来源

样本选取：样本公司为第 4 章确定的 2014—2016 年 73 家参与混合所有制改革央企上市公司的 178 个年度观测数据，具体样本选取原则不再赘述。

数据来源：研究样本各指标值的原始数据均来源于 CSMAR 数据库、万得资讯数据库，对两个库中均缺失的数据，通过查阅新浪财经网和巨潮资讯网上对应公司的年报数据手工整理获得。

7.3.2 评价方法与模型构建

在常见的综合评价方法中，加权法是最常使用的评价方法，其优势在于能够确定评价指标体系并设定各层级评价指标的权重。鉴于参与混合所有制改革的央企社会效应和经济效应评价指标数量较多，本书采用变异系数法确定各项指标的权重，并采用变异系数—加权法生成央企混合所有制改革效应评价的综合指数。因此，本书用以下思路构建央企混合所有制改革效应综合指数评价模型。

本书依据四级指标的标准差和平均值确定四级指标的变异系数和权重，并加权计算三级指标指数。采用模型（7-1）计算变异系数，利用模型（7-2）对四级指标进行赋权，通过模型（7-3）生成三级指标指数。

$$V_{ijk} = \frac{\sigma_{ijk}}{\overline{x_{ijk}}} \tag{7-1}$$

$(i=1,2,\cdots,m; j=1,2,\cdots,n; k=1,2,\cdots,p)$

$$W_{ijk} = \frac{V_{ijk}}{\sum_{k=1}^{p} V_{ijk}} \tag{7-2}$$

$(i=1,2,\cdots,m; j=1,2,\cdots,n; k=1,2,\cdots,p)$

$$Z_{ij} = \sum_{k=1}^{p} W_{ijk} \times x_{ijk} \tag{7-3}$$

$(i=1,2,\cdots,m; j=1,2,\cdots,n; k=1,2,\cdots,p)$

其中，V_{ijk} 为一级指标下第 i 项二级指标下第 j 项三级指标对应的第 k 项四级指标的变异系数；W_{ijk} 为第 k 项四级指标的权重；σ_{ijk} 为第 k 项四级指标的标准差；$\overline{x_{ijk}}$ 为第 k 项四级指标的平均数；x_{ijk} 为相应的第 k 项四级指标的取值；Z_{ij} 为一级指标下第 i 项二级指标下第 j 项三级指标的评价指数。

同理，依据上述 3 个模型计算得出的各项三级指标指数 Z_{ij} 的标准差和平均值确定三级指标的变异系数和权重，并加权计算二级指标指数。采用模型（7-4）计算三级指标变异系数，利用模型（7-5）对三级指标进行赋权，通过模型（7-6）生成二级指标指数。

$$V_{ij} = \frac{\sigma_{ij}}{\overline{Z}_{ij}} \quad (i=1,2,\cdots,m; j=1,2,\cdots,n) \tag{7-4}$$

$$W_{ij} = \frac{V_{ij}}{\sum_{j=1}^{n} V_{ij}} \quad (i=1,2,\cdots,m; j=1,2,\cdots,n) \tag{7-5}$$

$$Z_i = \sum_{j=1}^{n} W_{ij} \times Z_{ij} \quad (i=1,2,\cdots,m; j=1,2,\cdots,n) \tag{7-6}$$

其中，V_{ij} 为一级指标下第 i 项二级指标下第 j 项三级指标的变异系数；W_{ij} 为第 i 项二级指标下第 j 项三级指标的权重；σ_{ij} 为第 i 项二级指标下第 j 项三级指标的标准差；$\overline{Z}_{ij}$ 为第 i 项二级指标下第 j 项三级指标的平均数；Z_{ij} 为一级指标下第 i 项二级指标下第 j 项三级指标的评价指数；Z_i 为一级指标下第 i 项二级指标的指数。

同理，依据上述三个模型计算得出的各项二级指标指数 Z_i 的标准差和平均值确定二级指标的变异系数和权重，并加权计算一级指标指数。采用模型（7-7）计算二级指标变异系数，利用模型（7-8）对二级指标进行赋权，通过模型（7-9）生成一级指标指数。

$$V_i = \frac{\sigma_i}{\overline{Z}_i} \quad (i=1,2,\cdots,m) \tag{7-7}$$

$$W_i = \frac{V_i}{\sum_{i=1}^{m} V_i} \quad (i=1,2,\cdots,m) \tag{7-8}$$

$$Z = \sum_{i=1}^{m} W_i \times Z_i \quad (i=1,2,\cdots,m) \tag{7-9}$$

其中，V_i 为一级指标下第 i 项二级指标的变异系数；W_i 为第 i 项二级指标的权重；σ_i 为第 i 项二级指标的标准差；$\overline{Z}_i$ 为第 i 项二级指标的平均数；Z_i 为

一级指标下第 i 项二级指标的指数；Z 为一级指标的指数。

7.3.3 央企混合所有制改革社会效应评价

（1）央企混合所有制社会效应评价指标权重

对样本企业 17 项四级指标的数据按照变异系数法的要求，计算出四级指标的标准差和平均值，以此为依据计算出四级、三级、二级指标的变异系数和权重，二级、三级、四级指标变异系数及权重分别如表 7-3 和表 7-4 所示。

表 7-3 央企混合所有制改革社会效应评价指标变异系数

一级指标	二级指标	变异系数	三级指标	变异系数	四级指标	变异系数
社会效应 (Z)	企业经营合法合规 (X_1)	4.105	维护股东权益 (X_{11})	1.615	基本每股收益 (X_{111})	1.760
					每股税前现金股利 (X_{112})	1.871
			维护债权人利益 (X_{12})	1.277	流动比率 (X_{121})	1.378
					速动比率 (X_{122})	1.529
					现金流量比率 (X_{123})	1.930
			维护政府利益 (X_{13})	4.105	税费净额 (X_{131})	4.105
					资产纳税率 (X_{132})	1.735
	维护职工合法权益 (X_2)	1.037	工资福利 (X_{21})	1.037	工资支付率 (X_{211})	0.096
					人均年收入 (X_{212})	1.037

续表

一级指标	二级指标	变异系数	三级指标	变异系数	四级指标	变异系数
社会效应（Z）	维护消费者合法权益（X_3）	4.399	价格与服务水平（X_{31}）	4.399	营业成本率（X_{311}）	0.166
					营业收入增长率（X_{312}）	6.360
					研发费用率（X_{313}）	1.218
	维护供应商合法权益（X_4）	9.363	供应商利益（X_{41}）	9.363	应付账款周转率（X_{411}）	9.367
					现金与应付账款比率（X_{412}）	2.601
	提高持续获利能力（X_5）	0.265	业务发展水平（X_{51}）	0.265	资本保值增值率（X_{511}）	0.265
	承担社区责任（X_6）	2.161	社会发展与责任（X_{61}）	2.161	就业人数（X_{611}）	2.160
					社会捐助率（X_{612}）	9.519

从表7-4中央企混合所有制改革社会效应的评价指标权重来看，二级指标中企业经营合法合规的权重为19.2%，维护职工合法权益的权重为4.9%，维护消费者合法权益的权重为20.6%，维护供应商合法权益的权重为43.9%，提高持续获利能力的权重为1.2%，承担社区责任的权重为10.2%，二级指标之间的权重存在较大差异。可以看出，相比其他5个二级指标，维护供应商合法权益更能影响央企混合所有制改革中社会效应综合指数的大小。

从三级指标来看，工资福利、价格与服务水平、供应商利益、业务发展水平、社会发展与责任以及维护政府利益的权重均较大，对央企混合所有制改革的社会效应综合指数影响较大。

在四级指标方面，综合考虑二级和三级指标权重的影响，税费净额、人均年收入、营业收入增长率、应付账款周转率、资本保值增值率以及社会捐助率等指标权重较大，说明各样本企业之间的差异较大，对混合所有制改革央企社会效应综合指数的影响较大。

表7-4 央企混合所有制改革社会效应评价指标权重

一级指标	二级指标	权重	三级指标	权重	四级指标	权重
社会效应 (Z)	企业经营合法合规 (X_1)	0.192	维护股东权益 (X_{11})	0.231	基本每股收益 (X_{111})	0.485
					每股税前现金股利 (X_{112})	0.515
			维护债权人利益 (X_{12})	0.182	流动比率 (X_{121})	0.285
					速动比率 (X_{122})	0.316
					现金流量比率 (X_{123})	0.399
			维护政府利益 (X_{13})	0.587	税费净额 (X_{131})	0.703
					资产纳税率 (X_{132})	0.297
	维护职工合法权益 (X_2)	0.049	工资福利 (X_{21})	1	工资支付率 (X_{211})	0.084
					人均年收入 (X_{212})	0.916
	维护消费者合法权益 (X_3)	0.206	价格与服务水平 (X_{31})	1	营业成本率 (X_{311})	0.022
					营业收入增长率 (X_{312})	0.821
					研发费用率 (X_{313})	0.157

续表

一级指标	二级指标	权重	三级指标	权重	四级指标	权重
社会效应 (Z)	维护供应商合法权益 (X_4)	0.439	供应商利益 (X_{41})	1	应付账款周转率 (X_{411})	0.783
					现金与应付账款比率 (X_{412})	0.217
	提高持续获利能力 (X_5)	0.012	业务发展水平 (X_{51})	1	资本保值增值率 (X_{511})	1
	承担社区责任 (X_6)	0.102	社会发展与责任 (X_{61})	1	就业人数 (X_{611})	0.185
					社会捐助率 (X_{612})	0.815

(2) 央企混合所有制改革社会效应评价结果

对原始指标数据进行同向化和离差标准化处理后，计算出混合所有制改革央企社会效应综合评价指数，指数及排名见附录B。据附录B可知，178个年度观测值的社会效应综合指数平均值为0.141，其中有57个观测值高于平均值，2个观测值等于平均值，119个观测值低于平均值，表明央企在混合所有制改革中的社会效应整体水平并不高。

对社会效应综合指数及各二级指数进行描述性统计的分析结果如表7-5所示。在178个年度观测值中，社会效应综合指数最大值为0.489，最小值为0.070，标准差为0.039，有66.85%的样本企业社会效应综合指数低于平均值。企业经营合法合规指数最大值为0.601，最小值为0.070，平均值为0.158，说明样本企业间的差距很大，其中有123个观测值低于平均数，占样本观测总数的69.10%。维护职工合法权益指数整体水平较高，平均值为0.124，有45.51%的观测样本高于平均值。维护消费者合法权益指数最大值为0.848，最小值为0.005，平均值为0.224，标准差为0.097，说明观测样本之间的差距很大，有64.61%的观测值低于平均水平。维护供应商合法权益指数高于平均值的样本仅占24.16%。提高持续获利能力指数平均值为 0.596，最大值为 1.000，最小值为 0.000，有 35.96% 的样本观测值在平均水平以上。承担社区责任指数最大值为 0.834，最小值为 0.005，说明样本间差距较大，且平均值为 0.027，表明整体水平不高。

表 7-5 混合所有制改革央企社会效应评价指数描述性统计

指数	观测数	平均值	标准差	最小值	最大值	<平均值		=平均值		>平均值	
						观测数	占比(%)	观测数	占比(%)	观测数	占比(%)
Z	178	0.141	0.039	0.070	0.489	119	66.85	2	1.12	57	32.02
X_1	178	0.158	0.076	0.070	0.601	123	69.10	0	0.00	55	30.90
X_2	178	0.124	0.073	0.044	0.997	97	54.49	0	0.00	81	45.51
X_3	178	0.224	0.097	0.005	0.848	115	64.61	1	0.56	62	34.83
X_4	178	0.111	0.065	0.000	0.870	133	74.72	2	1.12	43	24.16
X_5	178	0.596	0.090	0.000	1.000	114	64.04	0	0.00	64	35.96
X_6	178	0.027	0.070	0.005	0.834	142	79.78	1	0.56	35	19.66

注：Z、X_1、X_2、X_3、X_4、X_5、X_6 分别为混合所有制改革央企社会效应综合指数、企业经营合法合规指数、维护职工合法权益指数、维护消费者合法权益指数、维护供应商合法权益指数、提高持续获利能力指数和承担社区责任指数。

（3）央企混合所有制改革社会效应评价结果分析与比较

在对观测样本进行整体分析的基础上，本书同时对社会效应综合指数以及二级指标指数进行了行业分类分析。表 7-6 是按照行业划分的混合所有制改革央企社会效应评价综合指数描述性统计表。其中，有 2 个行业的社会效应综合指数平均值等于观测样本的平均值，有 6 个行业的社会效应综合指数平均值低于观测样本的平均值，高于观测样本平均值的有 3 个行业，分别为采矿业、房地产业、租赁和商务服务业，而房地产业社会效应综合指数的平均值最高，为 0.195，显著高于其他行业；科学研究和技术服务业的社会效应综合指数的平均值最低，仅为 0.128；占观测样本比例高达 46.07% 的制造业社会效应综合指数平均值为 0.135，略低于观测总样本的平均水平；观测样本中社会效应综合指数最大值为 0.489，对应的企业属于房地产行业,而综合指数最小值为 0.070,对应的企业属于房地产业和制造业两个行业;其他行业的社会效应综合指数内部差异相对较小。

表 7-6 按照行业划分的混改央企社会效应评价指数描述性统计

行业	观测数	平均值	标准差	最小值	最大值
采矿业	15	0.164	0.044	0.100	0.239
电力、热力、燃气及水生产和供应业	15	0.141	0.022	0.124	0.204
房地产业	6	0.195	0.152	0.070	0.489
建筑业	13	0.137	0.010	0.117	0.154
交通运输、仓储和邮政业	22	0.141	0.028	0.080	0.193
科学研究和技术服务业	3	0.128	0.002	0.127	0.130
批发和零售业	8	0.135	0.016	0.116	0.168
水利、环境和公共设施管理业	1	0.130	—	0.130	0.130
信息传输、软件和信息技术服务业	12	0.139	0.015	0.125	0.173
制造业	82	0.135	0.029	0.070	0.265
租赁和商务服务业	1	0.142	—	0.142	0.142
总样本	178	0.141	0.039	0.070	0.489

在比较不同行业样本企业社会效应综合指数的基础上,进一步对不同行业样本企业的社会效应二级指标指数进行比较,以探索对综合指数影响最大的核心指标,表 7-7 至表 7-12 描述了社会效应二级指标指数在不同行业间的具体情况。

由表 7-7 可知,5 个行业的企业经营合法合规指数高于样本平均水平,以采矿业指数最高,为 0.278,显著高于其他行业,但在该行业内,样本企业间的差异较大,最大值为 0.601,最小值为 0.070,标准差为 0.185;房地产业的企业经营合法合规指数平均值最低,仅为 0.117,但该行业样本企业之间的差异较小,标准差仅为 0.011。

表 7-7 按照行业划分的混改央企企业经营合法合规指数描述性统计

行业	观测数	平均值	标准差	最小值	最大值
采矿业	15	0.278	0.185	0.070	0.601
电力、热力、燃气及水生产和供应业	15	0.171	0.089	0.118	0.482
房地产业	6	0.117	0.011	0.101	0.134
建筑业	13	0.161	0.036	0.127	0.264
交通运输、仓储和邮政业	22	0.138	0.023	0.095	0.191
科学研究和技术服务业	3	0.149	0.009	0.138	0.155
批发和零售业	8	0.155	0.028	0.114	0.189
水利、环境和公共设施管理业	1	0.159	—	0.159	0.159
信息传输、软件和信息技术服务业	12	0.134	0.012	0.122	0.164
制造业	82	0.144	0.042	0.090	0.309
租赁和商务服务业	1	0.204	—	0.204	0.204
总样本	178	0.158	0.076	0.070	0.601

由表 7-8 可知，5 个行业的维护职工合法权益指数高于样本平均水平，交通运输、仓储和邮政业的平均值最高，为 0.183，但标准差较高，为 0.186，说明该行业内样本企业之间的差异较大；水利、环境和公共设施管理业的平均值最低，为 0.065；而采矿业和房地产业的平均值都比较高，且行业内样本企业之间的差异较小。

表 7-8 按照行业划分的混改央企维护职工合法权益指数描述性统计

行业	观测数	平均值	标准差	最小值	最大值
采矿业	15	0.137	0.020	0.104	0.162
电力、热力、燃气及水生产和供应业	15	0.141	0.045	0.086	0.294
房地产业	6	0.142	0.032	0.092	0.177
建筑业	13	0.123	0.011	0.103	0.139
交通运输、仓储和邮政业	22	0.183	0.186	0.091	0.997
科学研究和技术服务业	3	0.146	0.002	0.144	0.148
批发和零售业	8	0.091	0.014	0.079	0.120

续表

行业	观测数	平均值	标准差	最小值	最大值
水利、环境和公共设施管理业	1	0.065	—	0.065	0.065
信息传输、软件和信息技术服务业	12	0.120	0.018	0.081	0.137
制造业	82	0.105	0.026	0.044	0.189
租赁和商务服务业	1	0.079	—	0.079	0.079
总样本	178	0.124	0.073	0.044	0.997

表7-9显示，仅有3个行业的维护消费者合法权益指数平均值高于观测样本总体水平，其中信息传输、软件和信息技术服务业的平均值最高，为0.277，采矿业的平均值最低，为0.176，两个行业差异较大，可能和行业之间的性质差异有关；房地产业和制造业的平均值均较高，分别为0.240和0.243，但由于两个行业的标准差相比其他行业较高，分别为0.108和0.124，说明这两个行业样本企业间的差异较大。

表7-9 按照行业划分的混改央企维护消费者合法权益指数描述性统计

行业	观测数	平均值	标准差	最小值	最大值
采矿业	15	0.176	0.040	0.121	0.264
电力、热力、燃气及水生产和供应业	15	0.197	0.026	0.161	0.253
房地产业	6	0.240	0.108	0.129	0.406
建筑业	13	0.208	0.021	0.162	0.239
交通运输、仓储和邮政业	22	0.194	0.038	0.069	0.259
科学研究和技术服务业	3	0.198	0.013	0.183	0.205
批发和零售业	8	0.209	0.102	0.123	0.451
水利、环境和公共设施管理业	1	0.211	—	0.211	0.211
信息传输、软件和信息技术服务业	12	0.277	0.083	0.196	0.462
制造业	82	0.243	0.124	0.005	0.848
租赁和商务服务业	1	0.207	—	0.207	0.207
总样本	178	0.224	0.097	0.005	0.848

据表 7-10 可知，4 个行业的维护供应商合法权益指数平均值高于观测样本的总体水平，其中房地产业的平均值最高，为 0.248，而信息传输、软件和信息技术服务业的平均值最低，为 0.096，与最高值相差一倍多，这可能与不同行业之间的性质差异性存在较大关系。

表 7-10 按照行业划分的混改央企维护供应商合法权益指数描述性统计

行业	观测数	平均值	标准差	最小值	最大值
采矿业	15	0.109	0.007	0.098	0.124
电力、热力、燃气及水生产和供应业	15	0.117	0.017	0.098	0.152
房地产业	6	0.248	0.327	0.014	0.870
建筑业	13	0.098	0.006	0.094	0.118
交通运输、仓储和邮政业	22	0.130	0.045	0.026	0.217
科学研究和技术服务业	3	0.098	0.002	0.096	0.100
批发和零售业	8	0.112	0.024	0.088	0.154
水利、环境和公共设施管理业	1	0.101	—	0.101	0.101
信息传输、软件和信息技术服务业	12	0.096	0.004	0.089	0.101
制造业	82	0.100	0.017	0.000	0.140
租赁和商务服务业	1	0.109	—	0.109	0.109
总样本	178	0.111	0.065	0.000	0.870

在表 7-11 中，6 个行业的提高持续获利能力指数平均值高于观测样本平均值，1 个等于平均值，批发和零售业最高，为 0.630，房地产业最低，为 0.558，但房地产业行业样本企业之间的差异较小；制造业行业样本企业提高持续获利能力指数最大，为 1.000，但在该行业内也存在指数最小的企业，为 0.000，标准差为 0.114，表明该行业样本企业之间存在较大差异。

表 7-11 按照行业划分的混改央企提高持续获利能力指数描述性统计

行业	观测数	平均值	标准差	最小值	最大值
采矿业	15	0.577	0.035	0.490	0.651

续表

行业	观测数	平均值	标准差	最小值	最大值
电力、热力、燃气及水生产和供应业	15	0.578	0.019	0.544	0.619
房地产业	6	0.558	0.029	0.515	0.583
建筑业	13	0.621	0.039	0.584	0.726
交通运输、仓储和邮政业	22	0.584	0.071	0.349	0.696
科学研究和技术服务业	3	0.623	0.035	0.582	0.644
批发和零售业	8	0.630	0.073	0.572	0.796
水利、环境和公共设施管理业	1	0.611	—	0.611	0.611
信息传输、软件和信息技术服务业	12	0.627	0.118	0.568	0.996
制造业	82	0.596	0.114	0.000	1.000
租赁和商务服务业	1	0.599	—	0.599	0.599
总样本	178	0.596	0.090	0.000	1.000

由表7-12可知，采矿业类样本企业承担社区责任指数的平均值最高，为0.128，远高于观测样本总体水平，是样本平均水平的近5倍，但采矿业中最大值为0.834，最小值为0.011，标准差为0.209，说明在该行业样本企业间的差异明显；而科学研究和技术服务业的平均值最低，为0.008，但该行业内企业间的差异不大，标准差为0.001。

表7-12 按照行业划分的混改央企承担社区责任指数描述性统计

行业	观测数	平均值	标准差	最小值	最大值
采矿业	15	0.128	0.209	0.011	0.834
电力、热力、燃气及水生产和供应业	15	0.021	0.032	0.006	0.134
房地产业	6	0.009	0.004	0.005	0.015
建筑业	13	0.061	0.040	0.008	0.107
交通运输、仓储和邮政业	22	0.016	0.012	0.006	0.040
科学研究和技术服务业	3	0.008	0.001	0.007	0.010
批发和零售业	8	0.010	0.005	0.006	0.021
水利、环境和公共设施管理业	1	0.014	—	0.014	0.014
信息传输、软件和信息技术服务业	12	0.009	0.005	0.006	0.022

续表

行业	观测数	平均值	标准差	最小值	最大值
制造业	82	0.014	0.016	0.005	0.095
租赁和商务服务业	1	0.010	—	0.010	0.010
总样本	178	0.027	0.070	0.005	0.834

综合上述按照行业划分的央企混合所有制改革样本企业的社会效应综合指数和二级指标指数的描述性统计分析可知，相较于科学研究和技术服务业以及水利、环境和公共设施管理业等行业而言，采矿业和房地产业因在社会效应6个二级指标指数中均呈现较高的排名，故表现出较高的社会效应综合评价指数。

7.3.4 央企混合所有制改革经济效应评价

（1）央企混合所有制经济效应评价指标权重

对样本企业的36项四级指标的数据按照变异系数法的要求，计算出四级指标的标准差和平均值，以此为依据计算出四级、三级、二级指标的变异系数和权重，二级、三级、四级指标变异系数及权重分别如表7-13和表7-14所示。

表7-13 央企混合所有制改革经济效应评价指标变异系数

一级指标	二级指标	变异系数	三级指标	变异系数	四级指标	变异系数
经济效应（Z）	经济效益（X_1）	9.310	偿债能力（X_{11}）	1.011	资产负债率（X_{111}）	0.379
					流动比率（X_{112}）	1.378
					现金流动负债比率（X_{113}）	1.930
			盈利能力（X_{12}）	29.851	营业利润率（X_{121}）	34.419
					总资产报酬率（X_{122}）	1.625

续表

一级指标	二级指标	变异系数	三级指标	变异系数	四级指标	变异系数
经济效应 (Z)	经济效益 (X_1)	9.310	资产营运能力 (X_{13})	9.314	总资产周转率 (X_{131})	0.745
					应收账款周转率 (X_{132})	9.368
					股东权益周转率 (X_{133})	1.792
			持续发展能力 (X_{14})	3.674	营业收入增长率 (X_{141})	6.360
					资本保值增值率 (X_{142})	0.265
					总资产增长率 (X_{143})	4.288
	企业价值 (X_2)	5.319	财务绩效 (X_{21})	5.319	每股收益 (X_{211})	1.725
					每股净资产 (X_{212})	0.618
					成本费用利润率 (X_{213})	2.579
					净现金流量 (X_{214})	5.319
	公司治理 (X_3)	0.687	股东会治理 (X_{31})	0.411	股权集中度 (X_{311})	0.376
					股权制衡度 (X_{312})	0.580
					股东会会议次数 (X_{313})	0.563
					流通股比例 (X_{314})	0.156
			董事会治理 (X_{32})	0.771	董事会规模 (X_{321})	0.216
					两职合一 (X_{322})	0.304
					独立董事规模 (X_{323})	0.170

续表

一级指标	二级指标	变异系数	三级指标	变异系数	四级指标	变异系数
经济效应 (Z)	公司治理 (X_3)	0.687	董事会治理 (X_{32})	0.771	董事会会议次数 (X_{324})	0.491
					董事薪酬水平 (X_{325})	0.771
			监事会治理 (X_{33})	0.231	监事会规模 (X_{331})	0.337
					监事会会议次数 (X_{332})	0.362
					外部监事比例 (X_{333})	0.563
			管理层治理 (X_{34})	0.706	高管薪酬 (X_{341})	0.706
					代理成本 (X_{342})	0.812
	投资效率 (X_4)	6.058	资本收益 (X_{41})	1.222	托宾Q (X_{411})	1.274
					投资利润率 (X_{412})	1.815
					每股营业收入 (X_{413})	1.426
					总资产贡献率 (X_{414})	1.508
			技术创新 (X_{42})	2.659	无形资产投资率 (X_{421})	2.778
					技术人员比例 (X_{422})	0.952
			业务流程 (X_{43})	6.369	存货周转率 (X_{431})	6.369

从表 7-14 央企混合所有制改革经济效应评价指标权重看，二级指标中经济效益的权重为 43.6%，企业价值的权重为 24.9%，公司治理的权重为 3.2%，投资效率的权重为 28.3%，二级指标之间的权重存在较大差异，可以看出相比其他 3 个二级指标，经济效益的权重更能影响央企混合所有制改革中经济效应综合指数的大小。

从三级指标来看，盈利能力、财务绩效、董事会治理、管理层治理和业务流程的权重均较大，对央企混合所有制改革的经济效应综合指数影响较大。

在四级指标方面，综合考虑二级和三级指标权重的影响，营业利润率、应收账款周转率、净现金流量、董事薪酬水平、代理成本以及存货周转率等指标的权重较大，说明各样本企业之间的差异较大，对混合所有制改革央企经济效应综合指数的影响较大。

表7-14 央企混合所有制改革经济效应评价指标权重

一级指标	二级指标	权重	三级指标	权重	四级指标	权重
经济效应（Z）	经济效益（X_1）	0.436	偿债能力（X_{11}）	0.023	资产负债率（X_{111}）	0.103
					流动比率（X_{112}）	0.374
					现金流动负债比率（X_{113}）	0.523
			盈利能力（X_{12}）	0.681	营业利润率（X_{121}）	0.955
					总资产报酬率（X_{122}）	0.045
			资产营运能力（X_{13}）	0.212	总资产周转率（X_{131}）	0.063
					应收账款周转率（X_{132}）	0.786
					股东权益周转率（X_{133}）	0.151
			持续发展能力（X_{14}）	0.084	营业收入增长率（X_{141}）	0.583
					资本保值增值率（X_{142}）	0.024
					总资产增长率（X_{143}）	0.393

续表

一级指标	二级指标	权重	三级指标	权重	四级指标	权重
经济效应（Z）	企业价值（X_2）	0.249	财务绩效（X_{21}）	1.000	每股收益（X_{211}）	0.168
					每股净资产（X_{212}）	0.061
					成本费用利润率（X_{213}）	0.252
					净现金流量（X_{214}）	0.519
	公司治理（X_3）	0.032	股东会治理（X_{31}）	0.194	股权集中度（X_{311}）	0.224
					股权制衡度（X_{312}）	0.346
					股东会会议次数（X_{313}）	0.336
					流通股比例（X_{314}）	0.094
			董事会治理（X_{32}）	0.364	董事会规模（X_{321}）	0.111
					两职合一（X_{322}）	0.156
					独立董事规模（X_{323}）	0.087
					董事会会议次数（X_{324}）	0.252
					董事薪酬水平（X_{325}）	0.394
			监事会治理（X_{33}）	0.109	监事会规模（X_{331}）	0.267
					监事会会议次数（X_{332}）	0.287
					外部监事比例（X_{333}）	0.446

续表

一级指标	二级指标	权重	三级指标	权重	四级指标	权重
经济效应（Z）	公司治理（X_3）	0.032	管理层治理（X_{34}）	0.333	高管薪酬（X_{341}）	0.465
					代理成本（X_{342}）	0.535
	投资效率（X_4）	0.283	资本收益（X_{41}）	0.120	托宾Q（X_{411}）	0.212
					投资利润率（X_{412}）	0.301
					每股营业收入（X_{413}）	0.237
					总资产贡献率（X_{414}）	0.250
			技术创新（X_{42}）	0.259	无形资产投资率（X_{421}）	0.745
					技术人员比例（X_{422}）	0.255
			业务流程（X_{43}）	0.621	存货周转率（X_{431}）	1.000

（2）央企混合所有制改革经济效应评价结果

对原始指标数据进行同向化和离差标准化处理后，计算出混合所有制改革央企经济效应综合评价指数，指数及排名见附录C。据附录C可知，178个年度观测值的经济效应综合指数平均值为0.392，其中有82个观测值高于平均值，5个观测值等于平均值，91个观测值低于平均值，可见央企在混合所有制改革中的经济效应整体水平较高。

对经济效应综合指数及各二级指数进行描述性统计分析，分析结果如表7-15所示。在178个年度观测值中，经济效应综合指数最大值为0.612，最小值为0.071，标准差为0.043，有51.12%的样本企业经济效应综合指数低于平均值。经济效益指数最大值为0.786，最小值为0.022，平均值为0.615，标准差为0.057，说明样本企业间的差距较大，其中有65个观测值低于平均数，占总样本的36.52%。企业价值指数整体水平不高，平均值为0.356，只有34.27%的观测样本高于平均值。公司治理指数的最大值为 0.491，最小值为 0.155，平均值为 0.284，标准差为 0.067，有 1.12% 的观测样本等于平均值、42.13% 的观测样本高于平均值。投资效率指数高于平均值的样本仅占 30.34%。

表 7-15　混合所有制改革央企经济效应综合指数描述性统计

指数	观测数	平均值	标准差	最小值	最大值	<平均值 观测数	<平均值 占比(%)	=平均值 观测数	=平均值 占比(%)	>平均值 观测数	>平均值 占比(%)
Z	178	0.392	0.043	0.071	0.612	91	51.12	5	2.81	82	46.07
X_1	178	0.615	0.057	0.022	0.786	65	36.52	10	5.62	103	57.87
X_2	178	0.356	0.078	0.082	0.769	117	65.73	0	0.00	61	34.27
X_3	178	0.284	0.067	0.155	0.491	101	56.74	2	1.12	75	42.13
X_4	178	0.094	0.055	0.037	0.692	124	69.66	0	0.00	54	30.34

注：Z、X_1、X_2、X_3、X_4 分别为混合所有制改革央企经济效应综合指数、经济效益指数、企业价值指数、公司治理指数、投资效率指数。

（3）央企混合所有制改革经济效应评价结果分析与比较

在对观测样本进行整体分析的基础上，本书同时对经济效应综合指数以及二级指标指数进行了行业分类分析。表 7-16 是按照行业划分的混合所有制改革央企经济效应评价综合指数描述性统计表。其中，有 1 个行业的经济效应综合指数平均值等于观测样本的平均值，有 2 个行业的经济效应综合指数平均值低于观测样本的平均值，高于观测样本平均值的有 8 个行业；房地产业经济效应综合指数的平均值最低，仅为 0.360，显著低于其他行业；除水利、环境和公共设施管理业仅有一个样本企业（平均值为 0.421）外，采矿业、建筑业、租赁和商务服务业的经济效应综合指数平均值均较高（平均值分别为 0.409、0.407 和 0.407），其次是电力、热力、燃气及水生产和供应业以及信息传输、软件和信息技术服务业（平均值分别为 0.404 和 0.403）；占观测样本比例高达 46.07% 的制造业经济效应综合指数平均值为 0.385，略低于观测总样本的平均水平；观测样本中经济效应综合指数最大值为 0.612，对应的企业属于电力、热力、燃气及水生产和供应业，而综合指数最小值为 0.071，对应的企业属于房地产业，其他行业的经济效应综合指数内部差异相对较小。

表7-16 按照行业划分的混改央企经济效应综合指数描述性统计

行业	观测数	平均值	标准差	最小值	最大值
采矿业	15	0.409	0.055	0.258	0.493
电力、热力、燃气及水生产和供应业	15	0.404	0.059	0.376	0.612
房地产业	6	0.360	0.144	0.071	0.462
建筑业	13	0.407	0.026	0.372	0.453
交通运输、仓储和邮政业	22	0.392	0.028	0.352	0.457
科学研究和技术服务业	3	0.399	0.008	0.390	0.407
批发和零售业	8	0.395	0.010	0.380	0.415
水利、环境和公共设施管理业	1	0.421	—	0.421	0.421
信息传输、软件和信息技术服务业	12	0.403	0.014	0.388	0.434
制造业	82	0.385	0.033	0.244	0.454
租赁和商务服务业	1	0.407	—	0.407	0.407
总样本	178	0.392	0.043	0.071	0.612

在比较不同行业样本企业经济效应综合指数的基础上，进一步对不同行业样本企业的经济效应二级指标指数进行比较，以探索对综合指数影响最大的核心指标，表7-17至表7-20描述了经济效应二级指标指数在不同行业间的具体情况。

由表7-17可知，8个行业的经济效益指数高于样本平均水平，水利、环境和公共设施管理业指数最高，为0.648，显著高于其他行业，其次为租赁和商务服务业（0.638）、批发和零售业（0.624）；房地产业的经济效益指数平均值最低，仅为0.572，但该行业内样本企业之间的差异较大，标准差为0.276，最小值为0.022，而最大值为0.786，囊括了总样本经济效益的最小值和最大值。

表 7-17　按照行业划分的混改央企经济效益指数描述性统计

行业	观测数	平均值	标准差	最小值	最大值
采矿业	15	0.610	0.040	0.477	0.655
电力、热力、燃气及水生产和供应业	15	0.623	0.013	0.608	0.655
房地产业	6	0.572	0.276	0.022	0.786
建筑业	13	0.619	0.009	0.611	0.648
交通运输、仓储和邮政业	22	0.623	0.024	0.587	0.677
科学研究和技术服务业	3	0.623	0.002	0.620	0.624
批发和零售业	8	0.624	0.008	0.609	0.636
水利、环境和公共设施管理业	1	0.648	—	0.648	0.648
信息传输、软件和信息技术服务业	12	0.620	0.010	0.608	0.642
制造业	82	0.612	0.041	0.355	0.692
租赁和商务服务业	1	0.638	—	0.638	0.638
总样本	178	0.615	0.057	0.022	0.786

由表 7-18 可知，4 个行业的企业价值指数平均值高于样本平均水平，除水利、环境和公共设施管理业的平均值为 0.440 外（该行业只有一个样本企业），采矿业平均值最高，为 0.429，但标准差为 0.176、最小值为 0.082、最大值为 0.769，说明该行业内样本企业之间的差异较大；其次是建筑业，为 0.406；房地产业指数平均值最低，为 0.327。在 11 个行业中，高达 7 个行业的企业价值指数平均值低于样本总体平均值，说明样本企业中企业价值的整体水平不高，尚有待提高。

表 7-18　按照行业划分的混改央企企业价值指数描述性统计

行业	观测数	平均值	标准差	最小值	最大值
采矿业	15	0.429	0.176	0.082	0.769
电力、热力、燃气及水生产和供应业	15	0.353	0.047	0.298	0.482
房地产业	6	0.327	0.080	0.169	0.385
建筑业	13	0.406	0.086	0.290	0.544
交通运输、仓储和邮政业	22	0.346	0.066	0.254	0.480

续表

行业	观测数	平均值	标准差	最小值	最大值
科学研究和技术服务业	3	0.339	0.009	0.329	0.345
批发和零售业	8	0.354	0.023	0.333	0.406
水利、环境和公共设施管理业	1	0.440	—	0.440	0.440
信息传输、软件和信息技术服务业	12	0.347	0.027	0.314	0.407
制造业	82	0.340	0.055	0.221	0.489
租赁和商务服务业	1	0.390	—	0.390	0.390
总样本	178	0.356	0.078	0.082	0.769

表7-19显示，有5个行业的公司治理指数平均值高于观测样本总体水平，其中批发和零售业的平均值最高，为0.335，其次是交通运输、仓储和邮政业，为0.329，电力、热力、燃气及水生产和供应业，为0.307；租赁和商务服务业的平均值最低，为0.225，其次是信息传输、软件和信息技术服务业，为0.240；制造业的平均值较低，为0.273，最小值为0.155、最大值为0.491。

表7-19 按照行业划分的混改央企公司治理指数描述性统计

行业	观测数	平均值	标准差	最小值	最大值
采矿业	15	0.285	0.047	0.225	0.399
电力、热力、燃气及水生产和供应业	15	0.307	0.041	0.240	0.354
房地产业	6	0.269	0.063	0.180	0.368
建筑业	13	0.269	0.028	0.232	0.336
交通运输、仓储和邮政业	22	0.329	0.047	0.206	0.424
科学研究和技术服务业	3	0.289	0.020	0.278	0.312
批发和零售业	8	0.335	0.089	0.204	0.419
水利、环境和公共设施管理业	1	0.251	—	0.251	0.251
信息传输、软件和信息技术服务业	12	0.240	0.044	0.171	0.313
制造业	82	0.273	0.075	0.155	0.491
租赁和商务服务业	1	0.225	—	0.225	0.225
总样本	178	0.284	0.067	0.155	0.491

据表7-20可知，5个行业的投资效率指数平均值高于观测样本的总体水平，其中以信息传输、软件和信息技术服务业的平均值最高，为0.137，其次是电力、热力、燃气及水生产和供应业，为0.121，以及科学研究和技术服务业，为0.118，房地产业的平均值最低，为0.073；制造业的投资效率指数平均值为0.086，略低于样本总体平均值，但整个样本投资效率指数最小值，为0.037属于在制造业，且制造业内投资效率最大值不高，仅为0.165。

表7-20 按照行业划分的混改央企投资效率指数描述性统计

行业	观测数	平均值	标准差	最小值	最大值
采矿业	15	0.096	0.033	0.072	0.205
电力、热力、燃气及水生产和供应业	15	0.121	0.158	0.059	0.692
房地产业	6	0.073	0.021	0.050	0.106
建筑业	13	0.099	0.025	0.066	0.134
交通运输、仓储和邮政业	22	0.083	0.015	0.065	0.120
科学研究和技术服务业	3	0.118	0.034	0.079	0.141
批发和零售业	8	0.087	0.010	0.075	0.106
水利、环境和公共设施管理业	1	0.074	—	0.074	0.074
信息传输、软件和信息技术服务业	12	0.137	0.069	0.081	0.293
制造业	82	0.086	0.023	0.037	0.165
租赁和商务服务业	1	0.086	—	0.086	0.086
总样本	178	0.094	0.055	0.037	0.692

综合上述按照行业划分的央企混合所有制改革样本企业的经济效应综合指数和二级指标指数的描述性统计分析可知，相较于房地产业和制造业等行业而言，电力、热力、燃气及水生产和供应业，水利、环境和公共设施管理业，采矿业，建筑业以及信息传输、软件和信息技术服务业等行业因在经济效应4个二级指标指数中均呈现较高的排名，故表现出较高的经济效应综合评价指数。

7.4 本章小结

本章首先基于资本管理的视角,从理论上梳理了央企混合所有制改革效应的构成要素。在此基础上,坚持系统性、科学性、可获取可量化、动态性等原则,并以可以量化的财务指标数据为主,构建了央企混合所有制改革的社会效应和经济效应评价指标体系,选取了 178 个混合所有制改革央企年度观测值作为样本,建立了变异系数—加权法评价模型,计算了相关指标的变异系数,并对各指标进行了客观赋权,最终生成相关指数。社会效应评价结果表明,企业经营合法合规、维护消费者合法权益以及维护供应商合法权益等指标,更能影响混合所有制改革央企社会效应的高低,以综合指数反映混合所有制改革央企社会效应的高低,其平均值为 0.141,有 57 个样本观测值综合指数超过平均值,总体结果一般;对不同行业的比较发现,房地产业综合指数平均值最高,科学研究和技术服务业综合指数平均值最低。经济效应评价结果表明,经济效益和投资效率对混合所有制改革央企经济效应的影响更大,以综合指数反映混合所有制改革央企经济效应的高低,其平均值为 0.392,有 82 个样本观测值综合指数超过平均值,5 个样本观测值综合指数等于平均值,总体结果较好;对不同行业的比较发现,水利、环境和公共设施管理业的综合指数平均值最高,其次是采矿业,房地产业综合指数平均值则最低。

第8章 研究结论与展望

8.1 全书总结

混合所有制改革在我国经历了近40年的发展历程,一直以来是我国经济发展中的重要议题之一,备受学术界和实践界的关注。党的十八届三中全会通过的《决定》明确提出,要积极发展混合所有制经济,国有资本和非国有资本交叉持股、相互融合的混合所有制经济,是我国基本经济制度的重要实现形式。在国有资产改革方向由"管人管事管资产"向"管资本"的转变中,资本管理则成为混合所有制改革的重要内容和实现国有资本保值增值的主要手段。央企在我国经济发展中一直处于支柱地位,随着央企改革的全面推进、央企混改试点范围的逐步扩大,基于资本管理视角研究央企混合所有制改革效应,具有较高的理论价值和现实意义。

鉴于此,本书基于资本管理、混合所有制改革以及效应评价等方面的相关研究成果,结合资本管理理论、资本异质性理论、政治关联理论、共生理论、价值创造理论等理论,综合运用多元回归方法、分位数回归方法、变异系数—加权法、混合截面数据模型、生态学 Logistic 模型等研究方法,从资本管理视角对央企混合所有制改革效应进行了深入研究。首先,对央企混合所有制改革的发展历程、新时期央企以"管资本"为主导的混合所有制改革的动因和目的进行了分析,从资本异质性的视角分析了国有资本与非国有资本各自的优缺点,在此基础上提出了资本管理视角下央企混合所有制改革鱼缸效应模型,并搭建了央企混合所有制改革效应研究的逻辑框架;其次,基于政治关联理论分析了具有产权属性政治关联的国有资本为混合所有制改革央企带来的各种优势富集效应，并在此基础上分析了国有资本带来的资本聚集和吸纳效应；再次，基于公司治理理论，探索了非国有资本的进入为混合所有制改革央企带来的提高公司内部治理能力和资本投资效率的鲇鱼效应，并基于价值创造理论和共生理论，研究了央企混合所有制改革中资本的价值创造效应；最后，分析了央企混合所有制改革社会效应和经济效应的构成要素，在构建相关效应评价指标体系的基础上，对央企混合所有制改革社会效应和经济效应进行了评价和分析。

通过本书的研究，得出以下研究结论。

1）基于资本管理的央企混合所有制改革效应研究框架的相关结论。央企混合所有制改革的发展先后经历了初步探索、制度创新、混改推进、全面深化四个不同阶段；新时期央企面临的国有资产运营效率不高、国有资产管理体制不健全、央企定位布局不合理、内部治理机制不完善等问题，是央企以"管资本"为主导进行混合所有制改革的动因；新时期央企实施以"管资本"为主导的混合所有制改革目的是转变经济增长方式以实现国有资本的保值增值，盘活国有资产存量以增强资产的流动性和提高资产的利用率，促进央企顺利转制以健全公司治理机制，实现从"管资产"向"管资本"转型，以提高国有资本收益和企业运营效率；国有资本作为一种产权属性政治关联的载体，虽然具有资源获取优势和管制优势，但也存在缺乏活力、流动性不强和利用率较低的缺点，而非国有资本在具有市场化运营机制灵活、资本流动性强和较强的发展活力等优点的同时，也存在融资约束、壁垒行业准入等方面的劣势；在新一轮混合所有制改革背景下，国有资本与非国有资本存在通过深度融合实现优势互补、共同发展的价值创造空间。基于此，本书提出了资本管理视角下央企混合所有制改革鱼缸效应模型，并搭建了央企混合所有制改革效应研究的逻辑框架。

2）央企混合所有制改革中国有资本优势富集效应的相关结论。央企混合所有制改革中的国有资本因具有产权属性层面的政治关联，在税收优惠、融资便利、壁垒行业准入便利和政府补贴等方面存在着优势，同时国有资本因具有这种优势能为混合所有制改革央企带来资本的聚集与吸纳效应。运用混合截面数据、采用聚类稳健标准差 OLS 和分位数回归法,对央企混合所有制改革中国有资本优势富集效应进行实证分析,回归结果表明,在参与混合所有制改革的央企中,国有资本在央企获得税收优惠、融资便利、壁垒行业准入便利以及政府补贴中存在着明显的优势,具有优势富集效应。对国有资本、税收优惠、融资便利和政府补贴等变量进行替换后的稳健性检验回归分析结果验证了上述结论,且国有资本在融资便利和政府补贴的优势富集效应中的回归系数变大,优势富集效应更加显著。运用混合截面数据、采用聚类稳健标准差 OLS,针对国有资本在混合所有制改革央企中的资本聚集与吸纳效应进行实证分析和稳健性检验,发现国有资本与混合所有制改革央企的股权融资和债权融资均具有显著的正相关关系。

3) 央企混合所有制改革中非国有资本鲇鱼效应的相关结论。基于公司内部治理能力的视角,分析了央企混合所有制改革中非国有资本对股东会治理能力、董事会治理能力、监事会治理能力、管理层治理能力以及公司内部治理能力的影响路径,并探讨了非国有资本对央企混合所有制改革资本投资效率的影响。央企对混合所有制改革混合截面数据样本进行实证分析,回归结果表明,央企混合所有制改革中非国有资本对股东会治理能力、董事会治理能力、监事会治理能力、管理层治理能力、公司内部治理能力以及企业资本投资效率均具有显著的正向影响,对股东会治理能力和监事会治理能力的影响比对其他能力的影响力度更大。在更换非国有资本衡量方法后,对实证分析结果进行稳健性检验,回归结果验证了上述结论的成立。对样本企业股权混合度按高、中、低进行分类,并进行分样本回归检验,发现在中股权混合度下,央企混合所有制改革中非国有资本对股东治理能力、董事会治理能力、监事会治理能力、管理层治理能力、公司内部治理能力以及企业资本投资效率的影响变得更加显著。

4) 央企混合所有制改革中资本价值创造效应的相关结论。以共生理论和价值创造理论为基础,对央企混合所有制改革中的资本共生系统进行分析，国有资本和非国有资本是资本共生系统中的两种不同共生单元，两者之间存在互惠共生行为模式，有着共生的外部环境和内部环境。借鉴生态学中的 Logistic 模型构建国有资本与非国有资本价值创造共生模型并进行分析，发现国有资本和非国有资本之间存在互惠共生模式。分析央企混合所有制改革中资本共生实现价值创造的路径，发现存在企业内价值创造的两个层次为资本自身价值创造的层次和企业本身价值创造的层次。最后，提出资本混合度对央企混合所有制改革价值创造的影响假设，并进行实证分析，回归结果表明资本混合度与央企混合所有制改革价值创造能力之间呈显著的"倒 U 形"函数关系。以企业价值创造效果和企业价值创造效率作为企业价值创造能力的替代指标，对上述回归结果进行稳健性检验，发现实证分析结论同样成立。

5) 央企混合所有制改革社会效应与经济效应分析与评价的相关结论。在提出央企混合所有制改革社会效应和经济效应构成要素的基础上，构建了相关效应评价指标体系，其中社会效应评价指标体系包含企业经营合法合规、维护职工合法权益、维护消费者合法权益、维护供应商合法权益、提高持续获利能力和承担社区责任等二级指标，经济效应评价指标体系则包含经济效益、企业价值、公司治理以及投资效率等二级指标。选取 178 个年度观测值作为样本，建立变异系数—加权法评价模型，生成相关指数。社会效应评价结果表明，企业经营合法合规、维护消费者合法权益以及维护供应商合法权益更能影响央企混合所有制改革社会效应的高低，以综合指数反映央企混合所有制改革社会效应的高低，其平均值为 0.141，有 57 个样本观测值综合指数超过平均值，总体结果一般；对不同行业的比较发现，房地产业综合指数平均值最高，科学研究和技术服务业综合指数平均值最低。经济效应评价结果表明，经济效益和投资效率对央企混合所有制改革经济效应的影响更大，以综合指数反映央企混合所有制改革经济效应的高低，其平均值为 0.392，有 82 个样本观测值综合指数超过平均值，5 个样本观测值综合指数等于平均值，总体结果较好；对不同行业的比较发现，水利、环境和公共设施管理业的综合指数平均值最高，其次是采矿业,而房地产业综合指数平均值最低。

8.2　主要创新点

本书主要创新点体现在以下三方面。

1) 提出了资本管理视角下央企混合所有制改革效应研究的鱼缸效应模型和逻辑分析框架。混合所有制改革"管资本"的本质是对企业所有者权益资本的管理,是一种宏观资本的管理,基于混合所有制改革层面的研究尚处于起步阶段,并没有形成完整的研究框架体系。本书基于资本管理理论、资本异质性理论、政治关联理论、公司治理理论、共生理论和价值创造理论等多种理论,在对央企混合所有制改革发展历程、新时期央企以"管资本"为主导的混合所有制改革动因和目的分析基础上,分析了国有资本与非国有资本的特质,依据鲇鱼效应原理提出了资本管理视角下央企混合所有制改革鱼缸效应模型,并以此确立了"国有资本的优势富集效应—非国有资本的鲇鱼效应—资本的价值创造效应—央企混合所有制改革社会效应和经济效应"的研究路径,作为资本管理视角下央企混合所有制改革效应研究的逻辑框架,以期为央企混合所有制改革"管资本"提供理论支撑。

2) 构建了基于资本价值创造的生态学 Logistic 共生模型。以共生理论为基础,对央企混合所有制改革中资本共生系统进行了分析。在此基础上,结合价值创造理论,借鉴生态学中的 Logistic 模型,构建了央企混合所有制改革的资本价值创造 Logistic 共生模型,并对模型进行了分析,求解出模型达到平衡稳定点的条件,得出央企混合所有制改革中国有资本与非国有资本在价值创造效应中存在互惠共生模式的结论。该模型能够为央企混合所有制改革中的最佳资本混合度提供理论借鉴。

3) 建立了央企混合所有制改革社会效应和经济效应的评价指标体系。在分析央企混合所有制改革社会效应和经济效应构成要素的基础上,从资本管理的视角出发,基于利益相关者理论,建立了央企混合所有制改革的社会效应评价指标体系；基于混合所有制改革对央企经济效应的作用机理，构建了央企混合所有制改革的经济效应评价指标体系。以变异系数—加权法对各级指标进行赋权，以此对央企混合所有制改革样本进行评价，最终生成反映央企混合所有制改革社会效应和经济效应大小的综合指数。该套效应评价指标体系可以为相关部门制订央企混合所有制改革社会效应和经济效应的考核方案提供理论支撑和方法借鉴。

8.3 研究展望

本书基于资本管理理论、资本异质性理论、政治关联理论、公司治理理论、共生理论和价值创造理论等相关理论，综合运用混合截面数据模型、变异系数—加权法、多元回归模型、分位数回归法、生态学 Logistic 共生模型等研究方法，对资本管理视角下央企混合所有制改革效应进行了理论分析与实证检验，具有一定的理论价值和现实意义。但由于作者能力有限及现实条件限制，本书所做的研究还存在一些需要完善的地方，表现为以下三方面。

1）虽然央企改革正在全面推进，央企混改试点范围正在逐步扩大，但在本书进行数据收集时，前十大股东中至少有一个单个国有资本股东和非国有资本股东持股比例均在 5% 及以上的央企 A 股沪深上市公司样本企业较少，在 2014—2016 年的 3 年样本期间内，总共收集到 11 个行业 73 家央企上市公司共计 178 个年度观测数据，故本书只能做混合截面数据分析。随着央企混改的大力实施，未来符合前十大股东中单个国有资本股东和单个非国有资本股东持股比例均在 5% 及以上的央企样本将会逐渐增多，届时可以进行平衡面板数据分析，各模型回归效果可能更好，同时能够对央企混合所有制改革的社会效应和经济效应在不同样本期间进行纵向对比，从而可以判断央企混合所有制改革效应的成果。

2）在采用分位数回归法对央企混合所有制改革中国有资本的优势富集效应进行实证检验时，由于样本数量较少，导致回归结果中的部分回归系数并未达到预计的显著水平。在后续研究中，随着时机的成熟，通过获取更多的样本进行分位数回归，可能效果更好。

3）央企混合所有制改革社会和经济效应评价指标体系有待进一步完善。央企混合所有制改革社会和经济效应评价指标体系尚处于初步研究阶段，本书在构建评价指标体系时遵循了科学性、系统性、可获取、可量化和动态性等原则，在指标的选择上主要以可获得的财务指标数据为主，虽然比较真实地反映了央企混合所有制改革社会效应和经济效应的大小，但随着央企混合所有制改革的深入推行，必然会产生更多的影响央企混合所有制改革社会效应和经济效应的因素。因此，在后续研究中，需要对评价指标体系进一步完善，同时加入一些可以量化的非财务数据指标。

参考文献

[1] 央企混改将拓展广度和深度，逾三分之二央企已实现混合所有制[EB/OL].[2018-02-01].http://news.sina.com.cn/c/2018-02-01/doc-ifyremfz2989916.shtml.

[2] 阎达五，杜胜利.资本管理论：控股公司资本控制研究[M].北京：中国人民大学出版社，1999.

[3] 鞠晓生，卢荻，虞义华.融资约束、营运资本管理与企业创新可持续性[J].经济研究，2013（1）：4-16.

[4] 李阳.金融环境约束对商业银行经济资本管理的影响机理研究[J].上海金融，2014（11）：38-41.

[5] 李相银，姚洁.高科技企业智力资本管理研究[J].科技进步与对策，2011（1）：80-83.

[6] 王胜邦.商业银行资本管理：挑战和对策[J].中国金融，2010（10）：62-64.

[7] 钟建军，张英.心理资本管理：企业资本管理的新方向[J].前沿，2011（3）：110-112.

[8] 宇红.企业社会资本管理手段的探讨[J].社会科学辑刊，2012（3）：167-170.

[9] 彭璧玉.现代企业的客户资本管理[J].经济管理，2002（2）：65-68.

[10] DURAND D.Cost of Debt and Equity Funds for Business：Trends and Problems of Measurement[M].Cambridge：National Bureau of Economic Research，Inc，1952：215-262.

[11] MODIGLIANI F，MILLER M H.The Cost of Capital，Corporation Finance and the Theory of Investmient：Comment[J].American Economic Review，1958，148（6）：261-297.

[12] MODIGLIANI F, MILLER M H. Corporate Income Taxes and the Cost of Capital: A Correction [J]. American Economic Review, 1962, 53 (3): 433-443.

[13] FARRAR D E, FARRAR D F, Selwyn L L. Taxes, Corporate Financial Policy and Return to Investors [J]. National Tax Journal, 1967, 20 (4): 444-454.

[14] BAXTER N D. Leverage, Risk of Ruin and the Cost of Capital [J]. Journal of Finance, 1967, 22 (3): 395-403.

[15] ROBICHEK A A, MYERS S C. Problems in the Theory of Optimal Capital Structure [J]. Journal of Financial & Quantitative Analysis, 1966, 1 (2):1-35.

[16] JENSEN M, MECKLING W. The Theory of the Firm: Managerial Behaviour, Agency Costs and Ownership Structure [J]. Social Science Electronic Publishing, 1976, 3 (4): 305-360.

[17] MYERS S C, MAJLUF N S. Corporate Financing and Investment Decisions When Firms Have Information That Investors do not Have [J]. Journal of Financial Economics, 1984, 13 (2): 187-221.

[18] 夏天. 资本结构理论发展历程述评 [J]. 商业时代, 2014 (9): 62-63.

[19] TITMAN S, WESSELS R. The Determinants of Capital Structure Choice [J]. Journal of Finance, 1988, 43 (1): 1-19.

[20] 陆正飞, 辛宇. 上市公司资本结构主要影响因素之实证研究 [J]. 会计研究, 1998 (8): 36-39.

[21] 冯根福, 吴林江, 刘世彦. 我国上市公司资本结构形成的影响因素分析 [J]. 经济学家, 2000 (5): 59-66.

[22] 邢天才, 袁野. 我国上市公司资本结构决定因素的实证研究 [J]. 宏观经济研究, 2013 (2): 34-40.

[23] FRANK M Z, GOYAL V K. Testing the Pecking Order Theory of Capital Structure [J]. Journal of Financial Economics, 2003, 67 (2): 217-248.

[24] 王静, 张悦. 资本结构与盈利能力的关系分析：基于房地产行业上市公司的实证 [J]. 东岳论丛, 2015 (2): 140-146.

[25] 张怡晨. 资本结构的公司治理效应研究：以制造业上市公司为研究样本的实证分析 [J]. 东岳论丛, 2013 (9): 184-188.

[26] 梁文潮, 龙瑶. 经济新常态下企业资本结构对战略转型绩效的影响：基于交

易成本理论的研究[J].经济与管理,2016(1):59-63.

[27] 杨楠.基于中国上市公司的资本结构、社会责任与企业绩效分析[J].管理学报,2015(6):896-902.

[28] 武力超,乔鑫皓,陈玉春,等.资本结构对企业绩效影响的新证据:基于产品市场竞争程度的研究[J].金融论坛,2016(8):62-80.

[29] 金辉,李秋浩.资本结构、成长性与中小企业价值:基于面板门槛模型的实证研究[J].商业研究,2015(2):144-151.

[30] 李露.资本结构与企业价值的倒U型关系研究:基于企业风险承担的中介效应[J].江苏社会科学,2016(3):109-115.

[31] 阮素梅,杨善林,张莉.公司治理与资本结构对上市公司价值创造能力综合影响的实证研究[J].中国管理科学,2015(5):168-176.

[32] 王茂昌.台湾生技医疗产业之智慧资本附加价值与公司治理关联性研究[J].管理学报,2011(9):1393-1397.

[33] ZAMANI F G, NAHANDI Y B, LALEPOUR M, et al. The Relation between Corporate Governance and Intellectual Capital Stressing Human Capital Characteristics[J]. International Journal of Business and Management Tomorrow, 2012, 2(7):1-7.

[34] 傅传锐.大股东治理对智力资本价值创造效率的影响:来自我国A股上市公司2007—2013年的经验证据[J].中南财经政法大学学报,2016(3):106-116.

[35] 曾蔚,周光琪.公司治理、内部控制与智力资本价值创造效率[J].中南大学学报:社会科学版,2016(6):108-116.

[36] 李连燕,张东廷.高新技术企业智力资本价值创造效率的影响因素分析:基于研发投入、行业竞争与内部现金流的角度[J].数量经济技术经济研究,2017(5):55-71.

[37] 傅传锐.增值税转型对企业智力资本价值创造效率的影响:基于我国上市公司2007—2012年的面板双重差分估计[J].经济管理,2015(1):98-108.

[38] 邵洪波,王诗梓.共享经济与价值创造:共享经济的经济学分析[J].中国流通经济,2017(10):100-109.

[39] 郝晓彤,何岗.论企业智力资本的价值创造功能[J].科学学与科学技术管理,2006(5):153-156.

[40] 李冬伟,李建良.智力资本、冗余资源与企业价值:基于一个调节效应模型

的实证分析[J].科学学与科学技术管理,2010(11):119-128.

[41] 李博,李桦.中小企业智力资本要素对企业价值的影响:基于不同规模价值创造差异视角[J].企业经济,2013(7):87-90.

[42] LACHMANN L M.Capital and Its Structure[J].Journal of Political Economy,1956,24(1-2):265-266.

[43] 徐静,茅宁.创业者主观性、异质资本与创业判断:基于主观创业理论的分析[J].科学学与科学技术管理,2010(8):178-183.

[44] RIORDAN M H,WILLIAMSON O E.Asset Specificity and Economic Organization[J].International Journal of Industrial Organization,1985,3(4):365-378.

[45] GROSSMAN S J,HART O D.The Costs and Benefits of Ownership:A Theory of Vertical and Lateral Integration[J].Journal of Political Economy,1986,94(4):691-719.

[46] LIPPMAN S A,RUMELT R P.A Bargaining Perspective on Resource Advantage[J].Strategic Management Journal,2003,24(11):1069-1086.

[47] ALCHIAN A A,DEMSETZ H.Production,Information Costs,and Economic Organization[J].IEEE Engineering Management Review,2007,3(2):21-41.

[48] 汪平,邹颖,兰京.异质股东的资本成本差异研究:兼论混合所有制改革的财务基础[J].中国工业经济,2015(9):129-144.

[49] 李心合,王亚星,叶玲.债务异质性假说与资本结构选择理论的新解释[J].会计研究,2014(12):3-10.

[50] 陈艳,郑雅慧,秦妍.负债融资、资本成本与公司投资效率:基于债务异质性视角的实证分析[J].经济与管理评论,2016(4):79-86.

[51] 兰俏枝,尹晶晶."混合经济"与"混合所有制经济"辨析[J].现代管理科学,2015(4):45-47.

[52] 赵春雨.混合所有制发展的历史沿革及文献述评[J].经济体制改革,2015(1):48-53.

[53] 刘长庚,张磊.理解"混合所有制经济":一个文献综述[J].政治经济学评论,2016(6):25-41.

[54] 黄群慧.新时期如何积极发展混合所有制经济[J].行政管理改革,2013(12):49-54.

[55] 薛暮桥. 我国生产资料所有制的演变 [J]. 经济研究, 1987 (2): 15-28.

[56] 潘石. 中国"混合经济"论 [J]. 当代经济研究, 1999 (9): 18-23.

[57] 何伟. 论混合经济 [J]. 经济学家, 2004 (4): 15-19.

[58] 余菁. "混合所有制"的学术论争及其路径找寻 [J]. 改革, 2014 (11): 26-35.

[59] 刚成军, 刘玉廷. 关于优先股在国有控股上市公司中优先推广的路径分析 [J]. 经济师, 2014 (5): 171-172.

[60] 王华荣. 论混合所有制经济 [J]. 经济问题, 1998 (9): 14-16.

[61] 黄速建. 中国国有企业混合所有制改革研究 [J]. 经济管理, 2014 (7): 1-10.

[62] 荣兆梓. 发展混合所有制经济视角的国有经济改革新问题 [J]. 经济纵横, 2014 (9): 71-74.

[63] 刘伟. 发展混合所有制经济是建设社会主义市场经济的根本性制度创新 [J]. 经济理论与经济管理, 2015 (1): 5-14.

[64] 董梅生, 洪功翔. 中国混合所有制企业股权结构选择与绩效研究 [J]. 上海经济研究, 2017 (3): 71-77.

[65] 杜媛, 孙莹, 王苑琢. 混合所有制改革推动资本管理创新和营运资金管理发展: 中国企业营运资金管理研究中心协同创新回顾及2014年论坛综述 [J]. 会计研究, 2015 (1): 93-95.

[66] 裴长洪. 中国公有制主体地位的量化估算及其发展趋势 [J]. 中国社会科学, 2014 (1): 4-29.

[67] 陈东, 董也琳. 中国混合所有制经济生产率测度及变动趋势研究 [J]. 经济与管理研究, 2014 (6): 33-43.

[68] 张卓元. 积极发展混合所有制经济促进各种资本优势互补共同发展 [J]. 经济理论与经济管理, 2014 (12): 5-9.

[69] 陈宗胜, 高玉伟. 我国公有经济规模测度与深化混合经济改革潜力 [J]. 经济社会体制比较, 2015 (1): 17-32.

[70] 周绍朋, 朱晓静. 论加快混合所有制经济发展 [J]. 中国行政管理, 2015 (4): 99-102.

[71] 刘凤义. 论发展混合所有制经济中的两个理论问题 [J]. 中国特色社会主义

研究，2015（1）：33-38.

[72] 顾钰民. 混合所有制经济是基本经济制度的重要实现形式 [J]. 毛泽东邓小平理论研究，2014（1）：35-39.

[73] 李成瑞. 关于我国目前公私经济比重的初步测算 [J]. 探索，2006（4）：190-192.

[74] 周娜，鲍晓娟. 国企混合所有制改革轨迹与现实例证 [J]. 改革，2017（2）：77-87.

[75] 顾钰民. 混合所有制的制度经济学分析 [J]. 福建论坛：人文社会科学版，2006（10）：16-20.

[76] 张文魁. 中国混合所有制企业的兴起及其公司治理研究 [M]. 北京：经济科学出版社，2010：20-28.

[77] 何自力. 混合所有制经济：性质、目的与根本方向 [J]. 人民论坛·学术前沿，2014（9）：62-68.

[78] 郭放，潘中华. 对我国混合所有制企业发展的若干思考 [J]. 经济纵横，2015（4）：65-68.

[79] 周娜，庄玲玲. 新一轮国企改革的功能定位：沪渝两地城投集团比较 [J]. 改革，2016（2）：116-124.

[80] 郑志刚. 国企公司治理与混合所有制改革的逻辑和路径 [J]. 证券市场导报，2015（6）：4-12.

[81] 殷军，皮建才，杨德才. 国有企业混合所有制的内在机制和最优比例研究 [J]. 南开经济研究，2016（1）：18-32.

[82] 庄序莹，丁珂. 混合所有制改革对经济增长的作用机制及效应分析 [J]. 财政科学，2016（6）：98-105.

[83] 梁永福，苏启林，陈林. 混合所有制改革的优先顺序及其影响因素：基于国家、企业与社会三方合力视角 [J]. 产业经济研究，2017（2）：88-101.

[84] 吴振宇，张文魁. 国有经济比重对宏观经济运行的影响：2000—2012年的经验研究 [J]. 管理世界，2015（2）：12-16.

[85] 潘妙丽，邓舒文. 混改潮起：养老金入市正当时 [N]. 上海证券报，2015-04-17.

[86] 陈林，唐杨柳. 混合所有制改革与国有企业政策性负担：基于早期国企产权

改革大数据的实证研究[J].经济学家,2014(11):13-23.

[87] 张辉,黄昊,闫强明.混合所有制改革、政策性负担与国有企业绩效:基于1999—2007年工业企业数据库的实证研究[J].经济学家,2016(9):32-41.

[88] 佟健,宋小宁.混合所有制改革与国有企业治理[J].广东财经大学学报,2016(1):45-51.

[89] 江玮滢,段丙蕾,赵璨,等.经济新常态下的企业改革与资金管理:2015营运资金管理高峰论坛暨混合所有制与资本管理高峰论坛综述[J].财务与会计,2016(3):72-75.

[90] 李春玲,李瑞萌,袁润森.国有企业混合所有制改革的投资效率[J].企业经济,2017(4):47-53.

[91] 赵放,刘雅君.混合所有制改革对国有企业创新效率影响的政策效果分析:基于双重差分法的实证研究[J].山东大学学报:哲学社会科学版,2016(6):67-73.

[92] 王业雯,陈林.混合所有制改革是否促进企业创新?[J].经济与管理研究,2017(11):112-121.

[93] 刘晔,张训常,蓝晓燕.国有企业混合所有制改革对全要素生产率的影响:基于PSM-DID方法的实证研究[J].财政研究,2016(10):63-75.

[94] 李建标,王高阳,李帅琦,等.混合所有制改革中国有和非国有资本的行为博弈:实验室实验的证据[J].中国工业经济,2016(6):109-126.

[95] 杨志强,石水平,石本仁,等.混合所有制、股权激励与融资决策中的防御行为:基于动态权衡理论的证据[J].财经研究,2016(8):108-120.

[96] 董梅生,洪功翔.发展混合所有制经济的内在机制研究:基于效率和社会福利视角[J].统计与信息论坛,2016(12):46-53.

[97] 张卓元.积极推进国有企业混合所有制改革[J].中国浦东干部学院学报,2015(2):11-14.

[98] 程承坪,黄华.影响混合所有制企业发展的深层次因素分析[J].华东经济管理,2017(5):5-11.

[99] 王竹泉,孙莹,张先敏,等.中国上市公司营运资金管理调查:2013[J].会计研究,2014(12):72-78.

[100] 张兆国,陈华东,郑宝红.资本结构视角下国企混合所有制改革中几个问

题的思考[J]. 宏观经济研究, 2016 (1): 86-92.

[101] 刘树艳. 混合所有制企业资本融合: 问题、机制[J]. 会计之友, 2015 (13): 46-48.

[102] 张炳雷, 王振伟. 国有企业资本运营管理的问题探析[J]. 经济体制改革, 2016 (2): 24-28.

[103] 王淼. 政府干预、公司治理与国有企业的资本配置效率[J]. 华东经济管理, 2016 (3): 34-41.

[104] 吴国鼎, 鲁桐. 混合所有制下国有资本管理的思考[J]. 中国国情国力, 2017 (2): 9-11.

[105] 中共中央马克思恩格斯列宁斯大林著作编译局. 马克思恩格斯选集: 第1卷[M]. 北京: 人民出版社, 1995: 50-57.

[106] 厉以宁. 厉以宁经济文选[M]. 北京: 中国时代经济出版社, 2010.

[107] 杨明宜. 什么是混合所有制经济 如何正确认识它的功能和作用[J]. 前线, 1998 (1): 42-44.

[108] 邹硕. 国有企业混合所有制改革对策研究[D]. 武汉: 湖北工业大学, 2016.

[109] 周葆. 混合所有制: 中国传媒产业的一种选择[J]. 现代传播, 2005 (1): 129-131.

[110] 张卓元. 混合所有制经济是什么样的经济[J]. 求是, 2014 (8): 29-31.

[111] 范恒山. 如何理解大力发展混合所有制经济[N]. 人民日报, 2003-11-03.

[112] 张晓玫, 朱琳琳. 混合所有制公司的治理结构、高管薪酬和经营绩效: 基于分行业的研究视角[J]. 金融经济, 2016 (2): 153-155.

[113] 张文魁. 民营化: 国企改革的终极目标[J]. 北大商业评论, 2015 (2): 104-115.

[114] 张文魁. 混合所有制的公司治理与公司业绩[M]. 北京: 清华大学出版社, 2015.

[115] 谢军. 中国混合所有制企业国有产权管理研究[D]. 武汉: 武汉理工大学, 2013.

[116] 吴振信. 资本管理[M]. 北京: 经济管理出版社, 2006.

[117] 庞巴维克. 资本实证论 [M]. 陈端, 译. 北京: 商务印书馆, 1964.

[118] 萨缪尔森. 经济学: 第 14 版 [M]. 北京: 商务印书馆, 1982.

[119] 曾艳玲. 英汉西方经济学词典 [M]. 北京: 机械工业出版社, 2003.

[120] 郭元晞. 资本扩张 [M]. 成都: 西南财经大学出版社, 1998.

[121] 王健. 优势富集效应: 一种新的发展观 [J]. 社会科学战线, 2004 (1): 233-237.

[122] 李宏巍. 从行为经济学看优势富集效应的发生机制 [D]. 上海: 同济大学, 2008.

[123] KRUEGER A O. The Political Economy of the Rent-Seeking Society [J]. American Economic Review, 1974, 64 (3): 291-303.

[124] BUSHMAN R M, PIOTROSKI J D, SMITH A J. What Determines Corporate Transparency? [J]. Journal of Accounting Research, 2004, 42 (2): 207-252.

[125] ADHIKARI A, DERASHID C, ZHANG H. Public Policy, Political Connections, and Effective Tax Rates: Longitudinal Evidence from Malaysia [J]. Journal of Accounting & Public Policy, 2006, 25 (5): 574-595.

[126] FREEMAN R E, REED D L. Stockholders and Stakeholders: A New Perspective on Corporate Governance [J]. California Management Review, 1983, 25 (3): 88-106.

[127] 袁纯清. 共生理论及其对小型经济的应用研究: 上 [J]. 改革, 1998 (2): 100-104.

[128] 王德利, 高莹. 竞争进化与协同进化 [J]. 生态学杂志, 2005, 24 (10): 1182-1186.

[129] 袁东升. 国有资产管理体制调整探究 [J]. 社会科学家, 2012 (5): 50-53.

[130] 罗华伟, 干胜道. 顶层设计: "管资本": 国有资产管理体制构建之路 [J]. 经济体制改革, 2014 (6): 130-134.

[131] BOYCKO M, SHLEIFER A, VISHNY R W. A Theory of Privatisation [J]. Economic Journal, 1996, 106 (435): 309-319.

[132] 卢俊. 推进混合所有制 深化国有企业改革 [J]. 宏观经济管理, 2014 (9): 18-20.

[133] JIANG F, ZHANG M, ZHANG W, et al. Regional Unemployment and the Restructuring of Distressed State-owned Enterprises: Evidence from China [J]. Emerging

Markets Finance & Trade, 2014, 50 (S6): 69-86.

[134] 袁恩桢. 关于发展混合所有制的几点思考 [J]. 上海市经济管理干部学院学报, 2014 (5): 1-5.

[135] 杨红英, 童露. 论混合所有制改革下的国有企业公司治理 [J]. 宏观经济研究, 2015 (1): 42-51.

[136] 傅白水. 鲇鱼效应: 浙江国企崛起的秘密 [J]. 浙江经济, 2007 (8): 32-34.

[137] 路德维希·拉赫曼. 资本及其结构 [M]. 上海: 上海财经大学出版社, 2015.

[138] PENROSE E T. The Theory of Growth of The Firm [M]. Oxford: Oxford University Press, 1995: 192-193.

[139] KHANNA T, PALEPU K. Is Group Affiliation Profitable in Emerging Markets? An Analysis of Diversified Indian Business Groups [J]. Journal of Finance, 2000, 55 (2): 867-891.

[140] 杨中仑, 冯莉茗, 宋增基. 制度环境与国有股权的政治关联效应: 对中国民营控股上市公司的一项实证研究 [J]. 投资研究, 2014 (7): 144-157.

[141] 余汉, 蒲勇健, 宋增基. 国有股权、企业经营环境与进入行业壁垒: 一项基于民营控股上市公司的实证研究 [J]. 华东经济管理, 2017 (3): 154-162.

[142] 陈海生, 冯素晶. 产权性质、企业税负与并购绩效 [J]. 财会通讯, 2015 (18): 48-51.

[143] DERASHID C, ZHANG H. Effective Tax Rates and the "Industrial Policy" Hypothesis: Evidence from Malaysia [J]. Journal of International Accounting Auditing & Taxation, 2003, 12 (1): 45-62.

[144] 吴联生. 国有股权、税收优惠与公司税负 [J]. 经济研究, 2009 (10): 109-120.

[145] 宋增基, 冯莉茗, 谭兴民. 国有股权、民营企业家参政与企业融资便利性: 来自中国民营控股上市公司的经验证据 [J]. 金融研究, 2014 (12): 133-147.

[146] 姚耀军, 董钢锋. 中小银行发展与中小企业融资约束: 新结构经济学最优金融结构理论视角下的经验研究 [J]. 财经研究, 2014 (1): 105-115.

[147] 余汉, 杨中仑, 宋增基. 国有股权能够为民营企业带来好处吗?——基于

中国上市公司的实证研究[J].财经研究,2017(4):109-119.

[148] BAIN J S. Barriers to New Competition:Their Character and Consequences in Manufacturing Industries[M]. Cambridge:Harvard University Press,1956.

[149] STIGLER G J.The Theory of Economic Regulation[J]. Bell Journal of Economics & Management Science,1971,2(1):3-21.

[150] BROADMAN H G. Reducing Structural Dominance and Entry Barriers in Russian Industry[J]. Review of Industrial Organization,2000,17(2):155-176.

[151] 林家彬,项安波,刘洁.中国民营企业发展报告[M].北京:社会科学文献出版社,2014.

[152] 罗党论,赵聪.什么影响了企业对行业壁垒的突破:基于中国上市公司的经验证据[J].南开管理评论,2013(6):95-105.

[153] 余明桂,回雅甫,潘红波.政治联系、寻租与地方政府财政补贴有效性[J].经济研究,2010(3):65-77.

[154] 邵敏,包群.地方政府补贴企业行为分析:扶持强者还是保护弱者?[J].世界经济文汇,2011(1):56-72.

[155] 林毅夫,刘明兴,章奇.政策性负担与企业的预算软约束:来自中国的实证研究[J].管理世界,2004(8):81-89.

[156] 潘孝珍.税收优惠政策对企业技术创新的影响研究:基于上市公司的微观视角[J].杭州电子科技大学学报:社会科学版,2015(3):27-34.

[157] 郑春美,李佩.政府补助与税收优惠对企业创新绩效的影响:基于创业板高新技术企业的实证研究[J].科技进步与对策,2015(16):83-87.

[158] 郭婵.官员独董与上市公司融资便利性研究[J].河南财政税务高等专科学校学报,2016(2):53-56.

[159] 陈斌,佘坚,王晓津,等.我国民营上市公司发展实证研究[J].证券市场导报,2008(4):42-47.

[160] 罗党论,刘晓龙.政治关系、进入壁垒与企业绩效:来自中国民营上市公司的经验证据[J].管理世界,2009(5):97-106.

[161] 杜兴强,曾泉,杜颖洁.关键高管的政治联系能否有助于民营上市公司打破行业壁垒?[J].经济与管理研究,2011(1):89-99.

[162] 叶红雨,徐雪莲.政府补贴对企业绩效的门槛效应实证研究[J].科技和

产业, 2017 (2): 99-103.

[163] 范英杰, 刘文秀. 股权融资对研发投资的影响: 分行业比较 [J]. 财政监督, 2017 (4): 110-113.

[164] 代文, 董一楠. 环境信息披露、债权融资与企业投资效率: 来自 A 股重污染上市公司的经验数据 [J]. 财会通讯, 2016 (12): 37-39.

[165] 徐凤菊, 代飞. 管理者自信程度与企业价值之间的动态影响关系研究 [J]. 财会月刊, 2017 (12): 18-22.

[166] KOENKER R W, BASSETT G. Regression Quantile [J]. Econometrica, 1978, 46 (1): 33-50.

[167] 陈强. 高级计量经济学及 Stata 应用 [M]. 北京: 高等教育出版社, 2014.

[168] 柳光强. 税收优惠、财政补贴政策的激励效应分析: 基于信息不对称理论视角的实证研究 [J]. 管理世界, 2016 (10): 62-71.

[169] 敖小波. 政治关联、融资便利与公司绩效: 来自房地产行业的经验证据 [J]. 会计之友, 2014 (7): 70-74.

[170] 耿强, 胡睿昕. 企业获得政府补贴的影响因素分析: 基于工业企业数据库的实证研究 [J]. 审计与经济研究, 2013 (6): 80-90.

[171] 唐跃军, 李维安. 大股东对治理机制的选择偏好研究: 基于中国公司治理指数 [CCGI~ (NK)] [J]. 金融研究, 2009 (6): 72-85.

[172] 平新乔, 范瑛, 郝朝艳. 中国国有企业代理成本的实证分析 [J]. 经济研究, 2003 (11): 42-53.

[173] 白重恩, 路江涌, 陶志刚. 国有企业改制效果的实证研究 [J]. 经济研究, 2006 (8): 4-13.

[174] 李寿喜. 产权、代理成本和代理效率 [J]. 经济研究, 2007 (1): 102-113.

[175] 章卫东, 张江凯, 成志策, 等. 政府干预下的资产注入、金字塔股权结构与公司绩效: 来自我国地方国有控股上市公司资产注入的经验证据 [J]. 会计研究, 2015 (3): 42-49.

[176] 唐婧清, 刘树海, 张俊民. 大股东治理体制对现金持有价值的影响: 基于"掏空"与"支持"双重动机视角 [J]. 管理评论, 2016 (7): 53-65.

[177] ATTIG N, GHOUL S E, GUEDHAMI O, et al. The Governance Role of Multiple Large Shareholders: Evidence from the Valuation of Cash Holdings [J]. Journal of

Management & Governance, 2013, 17 (2): 419-451.

[178] SANTOS M S, MOREIRA A C, VIEIRA E S. Governance with Complex Structures: Evidence from Western European Countries [J]. Journal of Business Economics & Management, 2015, 16 (3): 542-557.

[179] 汪平, 兰京. 混合所有制会影响资本成本吗? [J]. 经济与管理研究, 2016 (5): 129-136.

[180] 郑志刚, 殷慧峰, 胡波. 我国非上市公司治理机制有效性的检验: 来自我国制造业大中型企业的证据 [J]. 金融研究, 2013 (2): 142-155.

[181] 曾诗韵, 蔡贵龙, 程敏英. 非国有股东能改善会计信息质量吗?——来自竞争性国有上市公司的经验证据 [J]. 会计与经济研究, 2017 (4): 28-44.

[182] 祝继高, 叶康涛, 陆正飞. 谁是更积极的监督者: 非控股股东董事还是独立董事? [J]. 经济研究, 2015 (9): 170-184.

[183] 李维安, 孙文. 董事会治理对公司绩效累积效应的实证研究: 基于中国上市公司的数据 [J]. 中国工业经济, 2007 (12): 77-84.

[184] 高明华, 谭玥宁. 董事会治理、产权性质与代理成本: 基于中国上市公司的实证研究 [J]. 经济与管理研究, 2014 (2): 5-13.

[185] 高明华, 苏然, 方芳. 中国上市公司董事会治理评价及有效性检验 [J]. 经济学动态, 2014 (2): 24-35.

[186] 丁忠明, 王振富. 公司董事会治理研究: 综述与启示 [J]. 上海经济研究, 2008 (1): 100-106.

[187] 高明华. 公司治理与国企发展混合所有制 [J]. 比较管理, 2014 (2): 8-14.

[188] 马连福, 王丽丽, 张琦. 混合所有制的优序选择: 市场的逻辑 [J]. 中国工业经济, 2015 (7): 5-20.

[189] 高明华, 杜雯翠, 谭玥宁, 等. 关于发展混合所有制经济的若干问题 [J]. 政治经济学评论, 2014 (4): 122-139.

[190] 李文贵, 余明桂. 民营化企业的股权结构与企业创新 [J]. 管理世界, 2015 (4): 112-125.

[191] JOHN K, LITOV L, YEUNG B. Corporate Governance and Risk-Taking [J]. Journal of Finance, 2008, 63 (4): 1679-1728.

[192] GUPTA N. Partial Privatization and Firm Performance [J]. Journal of Finance, 2005, 60 (2): 987-1015.

[193] 赵美辰. 国有上市公司监事会监督效果的实证研究 [J]. 商业会计, 2017 (19): 29-31.

[194] BHAGAT S, BLACK B. The Uncertain Relationship Between Board Composition and Firm Performance [J]. Business Lawyer, 1999, 54 (3): 921-963.

[195] 李维安, 郝臣. 中国上市公司监事会治理评价实证研究 [J]. 上海财经大学学报, 2006, 8 (3): 78-84.

[196] 郑伯阳, 丰华, 刘家国. 河南省国有上市公司监事会治理现状与公司绩效 [J]. 山西财经大学学报, 2010 (S1): 105-107.

[197] 陈立君. 深化经济改革背景下国有资产监督的组织创新 [J]. 商业经济研究, 2017 (5): 117-119.

[198] 王世权, 宋海英. 上市公司应该实施独立监事制度吗?——来自中国证券市场的证据 [J]. 会计研究, 2011 (10): 69-76.

[199] 杨瑞龙, 王元, 聂辉华. "准官员"的晋升机制: 来自中国央企的证据 [J]. 管理世界, 2013 (3): 23-33.

[200] 代飞. 国有企业高管政治关联、公司治理与企业价值: 基于董事长、总经理个人动机的视角 [J]. 云南财经大学学报, 2018 (2): 103-112.

[201] 刘丁荧. 国有控股公司党委治理能抑制高管腐败吗? [D]. 昆明: 云南财经大学, 2017.

[202] 刘运国, 郑巧, 蔡贵龙. 非国有股东提高了国有企业的内部控制质量吗?——来自国有上市公司的经验证据![J]. 会计研究, 2016 (11): 61-68.

[203] 魏明海, 蔡贵龙, 柳建华. 中国国有上市公司分类治理研究 [J]. 中山大学学报: 社会科学版, 2017 (4): 175-192.

[204] DITTMAR A, MAHRT-SMITH J. Corporate Governance and the Value of Cash Holdings [J]. Journal of Financial Economics, 2007, 83 (3): 599-634.

[205] BILLETT M T, GARFINKEL J A, JIANG Y. The Influence of Governance on Investment: Evidence from a Hzard Model [J]. Journal of Financial Economics, 2011, 102 (3): 643-670.

[206] 谢伟峰, 陈省宏. 公司治理质量、债务期限与投资效率: 来自中国上市公

司的证据 [J]. 工业技术经济, 2016 (7): 104-111.

[207] 李维安, 张耀伟. 中国上市公司董事会治理评价实证研究 [J]. 当代经济科学, 2005 (1): 17-23.

[208] 王世权. 上市公司大股东与监事会治理 [J]. 山西财经大学学报, 2006 (2): 90-94.

[209] 白重恩, 刘俏, 陆洲, 等. 中国上市公司治理结构的实证研究 [J]. 经济研究, 2005 (2): 81-91.

[210] 刘银国, 朱龙. 公司治理与企业价值的实证研究 [J]. 管理评论, 2011 (2): 45-52.

[211] RICHARDSON S. Over-Investment of Free Cash Flow [J]. Review of Accounting Studies, 2006, 11 (2-3): 159-189.

[212] 李延喜, 曾伟强, 马壮, 等. 外部治理环境、产权性质与上市公司投资效率 [J]. 南开管理评论, 2015 (1): 25-36.

[213] 曹玉姣, 蒋惠园, 汪浪. 基于L-V模型的城市群物流与经济共生系统共生模式研究 [J]. 经济体制改革, 2015 (5): 52-58.

[214] 杨松令, 刘亭立. 基于共生理论的上市公司股东行为研究: 一个研究框架及设想 [J]. 会计研究, 2009 (1): 81-87.

[215] 杨青, 彭金鑫. 创业风险投资产业和高技术产业共生模式研究 [J]. 软科学, 2011 (2): 11-14.

[216] 杨松令, 刘亭立. 上市公司大小股东关系: 基于共生理论的研究 [M]. 北京: 中国经济出版社, 2012.

[217] 韵江, 刘立, 高杰. 企业集团的价值创造与协同效应的实现机制 [J]. 财经问题研究, 2006 (4): 79-86.

[218] 池国华, 杨金. 高质量内部控制能够改善公司价值创造效果吗?——基于沪市A股上市公司的实证研究 [J]. 财经问题研究, 2013 (8): 94-101.

[219] 贺小刚, 张远飞, 连燕玲, 等. 政治关联与企业价值: 民营企业与国有企业的比较分析 [J]. 中国工业经济, 2013 (1): 103-115.

[220] 汤吉军, 刘仲仪. 混合所有制、控制权博弈与政府管制 [J]. 经济与管理研究, 2016 (12): 82-89.

[221] 陈艳利, 姜艳峰. 国有资本经营预算制度、过度负债与企业价值创造

[J]. 财经问题研究, 2017 (2): 43-51.

[222] 杨清香, 廖甜甜. 内部控制、技术创新与价值创造能力的关系研究 [J]. 管理学报, 2017 (8): 1190-1198.

[223] 郭天超, 程志超. 混合所有制改革对企业经济效益的提升机制研究: 基于多元资本的协同 [J]. 商业经济研究, 2016 (2): 75-77.

[224] LIU G S, BEIRNE J, SUN P. The Performance Impact of Firm Ownership Transformation in China: Mixed Ownership vs. Fully Privatised Ownership [J]. Social Science Electronic Publishing, 2013, 27 (6): 697-711.

[225] 李亚静, 朱宏泉, 黄登仕, 等. 股权结构与公司价值创造 [J]. 管理科学学报, 2006, 9 (5): 65-74.

[226] 袁涛. 股权结构、关联方交易与企业价值相关性研究 [J]. 财会通讯, 2017 (3): 40-44.

[227] 孙秀妍. 混合所有制改革中整体上市对企业价值的影响 [J]. 商场现代化, 2016 (27): 136-137.

[228] 王方红. 央企在现代市场体系中进一步深化改革的方向 [J]. 现代经济探讨, 2010 (2): 74-78.

[229] ALMEIDA H V, DANIEL W. A Theory of Pyramidal Ownership and Family Business Groups [J]. Journal of Finance, 2006, 61 (6): 2637-2680.

[230] 徐丹丹, 孙梦超. 混合所有制与国有资本运营效率研究综述 [J]. 商业经济研究, 2015 (17): 105-106.

[231] 李国平, 韦晓茜. 企业社会责任内涵、度量与经济后果: 基于国外企业社会责任理论的研究综述 [J]. 会计研究, 2014 (8): 33-40.

[232] MOSKOWITZ N, LIU J C. Central Projections of the Spiral Ganglion of the Squirrel Monkey [J]. Journal of Comparative Neurology, 1972, 144 (3): 335.

[233] 熊凌云, 柯丛颖. 中央企业社会责任评价指标体系构建的新视角 [J]. 经营管理者, 2012 (5): 228.

[234] 王冰. 我国中央企业社会责任评价指标体系改进探讨 [D]. 南昌: 江西财经大学, 2013.

[235] 宋岩, 滕萍萍, 秦昌才. 企业社会责任与盈余管理: 基于中国沪深股市A股制造业上市公司的实证研究 [J]. 中国管理科学, 2017 (5): 187-196.

附　录

附录 A　混合所有制改革央企公司内部治理能力指数

Stock	Year	$CIGC_1$	$CIGC_2$	$CIGC_3$	$CIGC_4$
000021	2014	0.277	0.629	0.299	0.482
000022	2014	0.359	0.405	0.420	0.137
000550	2014	0.343	0.350	0.497	0.259
000666	2014	0.301	0.335	0.261	0.086
000736	2014	0.374	0.383	0.469	0.079
000777	2014	0.280	0.272	0.374	0.049
000819	2014	0.330	0.241	0.401	0.138
000875	2014	0.585	0.315	0.261	0.272
000898	2014	0.344	0.378	0.263	0.167
000922	2014	0.402	0.156	0.096	0.087
000985	2014	0.311	0.255	0.331	0.084
002017	2014	0.274	0.149	0.420	0.101
002106	2014	0.250	0.341	0.374	0.080
002116	2014	0.315	0.395	0.478	0.165
002232	2014	0.349	0.240	0.244	0.029
002415	2014	0.298	0.478	0.282	0.299
002419	2014	0.439	0.402	0.393	0.323
002544	2014	0.234	0.255	0.439	0.158
300105	2014	0.422	0.315	0.393	0.107
300212	2014	0.325	0.329	0.376	0.103
600011	2014	0.445	0.376	0.471	0.200

续表

Stock	Year	$CIGC_1$	$CIGC_2$	$CIGC_3$	$CIGC_4$
600026	2014	0.439	0.390	0.433	0.186
600027	2014	0.343	0.353	0.412	0.208
600028	2014	0.340	0.419	0.542	0.229
600029	2014	0.292	0.513	0.580	0.277
600101	2014	0.211	0.289	0.350	0.065
600115	2014	0.332	0.366	0.439	0.189
600176	2014	0.465	0.336	0.340	0.134
600262	2014	0.312	0.267	0.244	0.079
600320	2014	0.232	0.219	0.115	0.119
600335	2014	0.279	0.244	0.393	0.652
600378	2014	0.397	0.372	0.229	0.137
600396	2014	0.391	0.278	0.244	0.111
600552	2014	0.333	0.305	0.282	0.103
600685	2014	0.443	0.416	0.248	0.096
600688	2014	0.350	0.191	0.416	0.204
600720	2014	0.296	0.327	0.435	0.085
600850	2014	0.229	0.388	0.459	0.131
600875	2014	0.315	0.331	0.115	0.094
600876	2014	0.368	0.349	0.280	0.031
600890	2014	0.389	0.263	0.420	0.031
600970	2014	0.324	0.330	0.057	0.126
601088	2014	0.399	0.352	0.282	0.148
601111	2014	0.420	0.389	0.420	0.226
601179	2014	0.276	0.285	0.388	0.054
601186	2014	0.307	0.402	0.096	0.172
601390	2014	0.272	0.391	0.210	0.163
601600	2014	0.386	0.137	0.393	0.160
601618	2014	0.302	0.359	0.225	0.116
601766	2014	0.245	0.365	0.244	0.112

续表

Stock	Year	$CIGC_1$	$CIGC_2$	$CIGC_3$	$CIGC_4$
601808	2014	0.325	0.283	0.263	0.247
601857	2014	0.352	0.372	0.591	0.182
601866	2014	0.338	0.378	0.359	0.200
601898	2014	0.339	0.249	0.393	0.117
601919	2014	0.386	0.319	0.359	0.208
601991	2014	0.604	0.357	0.357	0.096
000016	2015	0.297	0.155	0.469	0.252
000021	2015	0.276	0.657	0.242	0.422
000022	2015	0.460	0.312	0.439	0.135
000039	2015	0.311	0.569	0.431	0.518
000550	2015	0.419	0.377	0.420	0.263
000727	2015	0.396	0.272	0.412	0.031
000736	2015	0.450	0.334	0.393	0.096
000819	2015	0.238	0.228	0.382	0.110
000898	2015	0.387	0.390	0.302	0.127
000922	2015	0.392	0.113	0.302	0.044
002017	2015	0.328	0.167	0.459	0.105
002039	2015	0.449	0.299	0.420	0.269
002106	2015	0.202	0.395	0.393	0.096
002116	2015	0.276	0.362	0.401	0.146
002140	2015	0.286	0.311	0.263	0.105
002232	2015	0.279	0.224	0.244	0.025
002415	2015	0.327	0.489	0.172	0.328
002419	2015	0.476	0.416	0.374	0.354
002544	2015	0.241	0.278	0.420	0.165
300105	2015	0.302	0.293	0.374	0.059
300212	2015	0.221	0.386	0.431	0.095
600011	2015	0.399	0.380	0.359	0.193
600026	2015	0.349	0.417	0.414	0.215

续表

Stock	Year	$CIGC_1$	$CIGC_2$	$CIGC_3$	$CIGC_4$
600027	2015	0.362	0.339	0.350	0.193
600028	2015	0.338	0.332	0.458	0.149
600029	2015	0.294	0.516	0.369	0.243
600101	2015	0.311	0.302	0.439	0.065
600115	2015	0.430	0.350	0.459	0.191
600176	2015	0.383	0.431	0.388	0.233
600206	2015	0.169	0.383	0.431	0.100
600262	2015	0.375	0.252	0.244	0.054
600320	2015	0.245	0.404	0.096	0.123
600335	2015	0.382	0.370	0.431	0.491
600378	2015	0.458	0.454	0.478	0.159
600677	2015	0.243	0.309	0.263	0.056
600685	2015	0.387	0.231	0.299	0.110
600688	2015	0.266	0.177	0.395	0.160
600720	2015	0.418	0.348	0.359	0.114
600787	2015	0.417	0.353	0.469	0.211
600850	2015	0.316	0.415	0.497	0.138
600875	2015	0.236	0.334	0.282	0.090
600876	2015	0.437	0.367	0.407	0.031
600890	2015	0.417	0.344	0.427	0.031
600970	2015	0.307	0.334	0.096	0.134
600980	2015	0.272	0.304	0.497	0.039
601088	2015	0.371	0.294	0.244	0.105
601111	2015	0.391	0.364	0.459	0.219
601179	2015	0.270	0.289	0.331	0.070
601186	2015	0.455	0.461	0.172	0.182
601390	2015	0.369	0.421	0.267	0.154
601600	2015	0.429	0.308	0.357	0.254
601618	2015	0.408	0.357	0.115	0.120

续表

Stock	Year	$CIGC_1$	$CIGC_2$	$CIGC_3$	$CIGC_4$
601766	2015	0.399	0.394	0.096	0.099
601808	2015	0.434	0.272	0.263	0.208
601857	2015	0.319	0.348	0.572	0.147
601866	2015	0.374	0.431	0.331	0.243
601888	2015	0.278	0.278	0.223	0.137
601898	2015	0.346	0.263	0.487	0.099
601919	2015	0.319	0.400	0.340	0.293
601991	2015	0.570	0.396	0.395	0.118
000016	2016	0.283	0.161	0.431	0.235
000021	2016	0.273	0.739	0.374	0.387
000022	2016	0.392	0.269	0.439	0.141
000039	2016	0.369	0.575	0.489	0.411
000069	2016	0.246	0.288	0.244	0.217
000550	2016	0.385	0.463	0.459	0.259
000736	2016	0.609	0.443	0.431	0.124
000786	2016	0.319	0.330	0.431	0.110
000819	2016	0.265	0.246	0.459	0.096
000898	2016	0.287	0.308	0.561	0.165
000901	2016	0.361	0.319	0.431	0.056
000922	2016	0.429	0.283	0.115	0.047
000953	2016	0.279	0.254	0.244	0.021
002017	2016	0.299	0.356	0.459	0.089
002106	2016	0.201	0.565	0.450	0.297
002116	2016	0.307	0.349	0.459	0.124
002232	2016	0.246	0.261	0.374	0.028
002415	2016	0.314	0.526	0.153	0.312
002419	2016	0.391	0.379	0.412	0.380
300105	2016	0.367	0.268	0.393	0.028
300212	2016	0.289	0.337	0.412	0.094

续表

Stock	Year	$CIGC_1$	$CIGC_2$	$CIGC_3$	$CIGC_4$
600011	2016	0.432	0.363	0.378	0.189
600026	2016	0.348	0.406	0.637	0.129
600027	2016	0.340	0.271	0.350	0.185
600028	2016	0.339	0.326	0.439	0.136
600029	2016	0.328	0.539	0.459	0.246
600101	2016	0.312	0.316	0.388	0.072
600115	2016	0.363	0.402	0.497	0.213
600176	2016	0.328	0.447	0.408	0.260
600206	2016	0.242	0.319	0.431	0.110
600262	2016	0.429	0.269	0.263	0.069
600320	2016	0.245	0.390	0.134	0.127
600335	2016	0.257	0.365	0.412	0.502
600378	2016	0.424	0.264	0.478	0.083
600448	2016	0.415	0.294	0.115	0.176
600482	2016	0.473	0.360	0.535	0.104
600536	2016	0.311	0.338	0.134	0.064
600677	2016	0.255	0.281	0.244	0.079
600685	2016	0.376	0.381	0.280	0.111
600688	2016	0.346	0.188	0.261	0.166
600720	2016	0.320	0.333	0.340	0.094
600787	2016	0.494	0.386	0.172	0.181
600850	2016	0.341	0.403	0.478	0.133
600875	2016	0.269	0.139	0.282	0.063
600876	2016	0.364	0.372	0.380	0.029
600890	2016	0.364	0.181	0.264	0.042
600970	2016	0.278	0.386	0.096	0.170
600980	2016	0.216	0.323	0.497	0.062
601088	2016	0.304	0.342	0.115	0.114
601111	2016	0.528	0.331	0.516	0.225

续表

Stock	Year	$CIGC_1$	$CIGC_2$	$CIGC_3$	$CIGC_4$
601179	2016	0.294	0.305	0.350	0.075
601186	2016	0.269	0.414	0.172	0.142
601390	2016	0.311	0.355	0.248	0.144
601600	2016	0.371	0.312	0.412	0.248
601618	2016	0.408	0.317	0.153	0.127
601766	2016	0.266	0.399	0.115	0.094
601808	2016	0.467	0.306	0.302	0.151
601857	2016	0.352	0.353	0.572	0.149
601866	2016	0.576	0.547	0.454	0.191
601898	2016	0.312	0.235	0.412	0.101
601919	2016	0.398	0.512	0.397	0.328
601991	2016	0.570	0.420	0.433	0.125

注：$Stock$ 为参与混合所有制改革央企上市公司的股票代码；$Year$ 为所在样本年度；$CIGC_1$ 为股东会治理能力指数，$CIGC_2$ 为董事会治理能力指数，$CIGC_3$ 为监事会治理能力指数，$CIGC_4$ 为管理层治理能力指数，$CIGC$ 为公司内部治理能力指数。

附录 B 混合所有制改革央企社会效应综合指数

排名	股票代码	年度	Z	排名	股票代码	年度	Z	排名	股票代码	年度	Z
1	000736	2015	0.489	61	600688	2014	0.140	121	600970	2014	0.127
2	600482	2016	0.265	62	600115	2016	0.140	122	002232	2016	0.127
3	601857	2014	0.239	63	600115	2015	0.139	123	002116	2016	0.127
4	000901	2016	0.235	64	601186	2014	0.139	124	601866	2014	0.127
5	000736	2014	0.218	65	601600	2016	0.139	125	600320	2016	0.127
6	600028	2016	0.215	66	002017	2015	0.138	126	600970	2015	0.126
7	600685	2015	0.209	67	600011	2016	0.138	127	601898	2016	0.126
8	601857	2015	0.208	68	600029	2016	0.138	128	601991	2014	0.126
9	600028	2014	0.204	69	600029	2015	0.138	129	601991	2016	0.125
10	601857	2016	0.203	70	600027	2014	0.137	130	600875	2014	0.125
11	601898	2014	0.201	71	000819	2016	0.137	131	601919	2014	0.125
12	600028	2015	0.201	72	600850	2015	0.137	132	600027	2016	0.125
13	600026	2015	0.193	73	601766	2016	0.136	133	600320	2014	0.125
14	601766	2015	0.189	74	600101	2014	0.136	134	600875	2015	0.124
15	600685	2014	0.189	75	000819	2014	0.136	135	000021	2014	0.124
16	000022	2015	0.185	76	002419	2015	0.135	136	601991	2015	0.124
17	600026	2016	0.181	77	600850	2014	0.135	137	300105	2016	0.123
18	000022	2016	0.181	78	002017	2016	0.135	138	000898	2014	0.123
19	000022	2014	0.179	79	601111	2014	0.135	139	601600	2015	0.123
20	002415	2014	0.177	80	600115	2014	0.135	140	000016	2016	0.122
21	601088	2016	0.176	81	002017	2014	0.135	141	600378	2014	0.122
22	300212	2014	0.173	82	600396	2014	0.135	142	600875	2016	0.121
23	002039	2015	0.170	83	600335	2015	0.135	143	000021	2016	0.120
24	600677	2016	0.168	84	600206	2016	0.134	144	600378	2016	0.119
25	002415	2015	0.168	85	002106	2014	0.134	145	601919	2015	0.119
26	000550	2014	0.167	86	600029	2014	0.134	146	000021	2015	0.119
27	600536	2016	0.164	87	002232	2015	0.134	147	601808	2015	0.118

续表

排名	股票代码	年度	Z	排名	股票代码	年度	Z	排名	股票代码	年度	Z
28	000736	2016	0.162	88	300212	2015	0.134	148	600970	2016	0.117
29	600980	2015	0.162	89	601088	2015	0.134	149	600677	2015	0.116
30	002415	2016	0.160	90	600335	2014	0.134	150	600685	2016	0.116
31	600688	2016	0.159	91	600101	2016	0.134	151	600320	2015	0.116
32	600011	2015	0.159	92	600448	2016	0.133	152	600378	2015	0.116
33	000985	2014	0.158	93	601618	2014	0.133	153	600980	2016	0.116
34	601808	2014	0.157	94	600552	2014	0.133	154	601866	2016	0.115
35	600688	2015	0.155	95	002419	2014	0.133	155	600262	2014	0.115
36	601088	2014	0.154	96	000666	2014	0.133	156	000016	2015	0.114
37	000550	2015	0.153	97	002544	2015	0.132	157	601898	2015	0.114
38	000550	2016	0.152	98	000727	2015	0.132	158	601866	2015	0.113
39	600176	2015	0.151	99	002544	2014	0.132	159	000039	2016	0.113
40	300212	2016	0.150	100	002232	2014	0.132	160	600720	2015	0.113
41	600176	2014	0.148	101	600720	2014	0.132	161	600787	2015	0.112
42	600876	2014	0.148	102	601179	2016	0.132	162	300105	2015	0.112
43	600176	2016	0.148	103	601618	2016	0.131	163	000039	2015	0.112
44	002106	2016	0.148	104	601618	2015	0.131	164	601600	2014	0.112
45	000786	2016	0.147	105	000777	2014	0.131	165	000922	2014	0.111
46	601766	2014	0.146	106	000898	2016	0.130	166	000922	2016	0.111
47	600335	2016	0.145	107	000069	2016	0.130	167	600876	2015	0.110
48	601390	2014	0.144	108	002116	2014	0.130	168	000898	2015	0.109
49	601390	2016	0.144	109	002140	2015	0.130	169	600876	2016	0.108
50	601111	2015	0.143	110	601179	2014	0.129	170	600262	2015	0.106
51	601186	2016	0.143	111	600101	2015	0.129	171	600890	2015	0.106
52	600011	2014	0.143	112	002106	2015	0.129	172	000922	2015	0.106
53	601111	2016	0.143	113	600720	2016	0.128	173	601808	2016	0.100
54	300105	2014	0.143	114	600850	2016	0.128	174	600206	2015	0.100
55	601390	2015	0.143	115	601179	2015	0.128	175	000953	2016	0.092

续表

排名	股票代码	年度	Z	排名	股票代码	年度	Z	排名	股票代码	年度	Z
56	601888	2015	0.142	116	601919	2016	0.128	176	600787	2016	0.080
57	600027	2015	0.142	117	600262	2016	0.127	177	600890	2014	0.070
58	000819	2015	0.141	118	002419	2016	0.127	178	600890	2016	0.070
59	601186	2015	0.141	119	002116	2015	0.127	平均值			0.141
60	600026	2014	0.140	120	000875	2014	0.127				

附录 C 混合所有制改革央企经济效应综合指数

排名	股票代码	年度	Z	排名	股票代码	年度	Z	排名	股票代码	年度	Z
1	002039	2015	0.612	61	600980	2015	0.398	121	600206	2015	0.385
2	600028	2015	0.493	62	000039	2016	0.398	122	002017	2015	0.384
3	600028	2016	0.493	63	600688	2015	0.398	123	600320	2015	0.384
4	000736	2015	0.462	64	600875	2014	0.398	124	601600	2016	0.384
5	000022	2016	0.457	65	600115	2015	0.398	125	000021	2015	0.383
6	000022	2015	0.454	66	600685	2015	0.397	126	000898	2014	0.382
7	000666	2014	0.454	67	601618	2016	0.396	127	600720	2016	0.382
8	002415	2014	0.454	68	601111	2016	0.396	128	601857	2015	0.382
9	601186	2015	0.453	69	600970	2015	0.396	129	000777	2014	0.382
10	600482	2016	0.451	70	600720	2014	0.396	130	000021	2016	0.382
11	002415	2015	0.450	71	002106	2016	0.396	131	600028	2014	0.382
12	002415	2016	0.445	72	600029	2014	0.396	132	601600	2015	0.381
13	000022	2014	0.443	73	000736	2016	0.395	133	600720	2015	0.381
14	601390	2015	0.438	74	002419	2014	0.394	134	600677	2015	0.380
15	601857	2014	0.437	75	600378	2015	0.394	135	601111	2014	0.380
16	601088	2014	0.434	76	002140	2015	0.394	136	000898	2016	0.380
17	002232	2015	0.434	77	600335	2015	0.393	137	601991	2014	0.380
18	601857	2016	0.430	78	600335	2016	0.393	138	002017	2014	0.379
19	000550	2014	0.430	79	002232	2016	0.393	139	600206	2016	0.379
20	601088	2015	0.429	80	601111	2015	0.393	140	600320	2014	0.379
21	601808	2014	0.427	81	002419	2016	0.393	141	601390	2014	0.379
22	601186	2016	0.427	82	600029	2016	0.393	142	601991	2016	0.378
23	000550	2015	0.425	83	601766	2014	0.392	143	600787	2016	0.378
24	601088	2016	0.425	84	000922	2014	0.392	144	601179	2014	0.378
25	002232	2014	0.425	85	600677	2016	0.392	145	601618	2015	0.378
26	601390	2016	0.425	86	600536	2016	0.392	146	600115	2014	0.378
27	600890	2015	0.424	87	601898	2015	0.392	147	601866	2016	0.377

续表

排名	股票代码	年度	Z	排名	股票代码	年度	Z	排名	股票代码	年度	Z
28	000069	2016	0.421	88	600176	2014	0.391	148	600688	2014	0.377
29	000736	2014	0.419	89	000819	2015	0.391	149	600262	2016	0.377
30	600688	2016	0.419	90	600552	2014	0.391	150	600448	2016	0.377
31	600027	2015	0.419	91	600396	2014	0.391	151	600026	2014	0.376
32	600176	2015	0.418	92	600980	2016	0.391	152	000016	2016	0.374
33	000550	2016	0.416	93	000875	2014	0.390	153	601618	2014	0.372
34	002419	2015	0.415	94	600970	2016	0.390	154	600875	2016	0.371
35	601186	2014	0.414	95	002116	2014	0.390	155	600115	2016	0.371
36	000786	2016	0.414	96	600685	2014	0.390	156	600029	2015	0.368
37	600011	2014	0.414	97	601991	2015	0.390	157	601866	2015	0.366
38	600176	2016	0.413	98	601179	2015	0.389	158	002106	2014	0.365
39	600850	2015	0.412	99	002544	2014	0.389	159	600876	2014	0.364
40	600335	2014	0.412	100	600970	2014	0.388	160	000727	2015	0.363
41	300212	2014	0.409	101	601898	2016	0.388	161	601919	2015	0.363
42	600875	2015	0.409	102	600378	2016	0.388	162	300105	2015	0.360
43	600850	2014	0.407	103	002544	2015	0.388	163	601919	2014	0.360
44	600026	2016	0.407	104	002017	2016	0.387	164	600876	2016	0.356
45	000901	2016	0.407	105	600787	2015	0.387	165	000898	2015	0.355
46	601888	2015	0.407	106	601866	2014	0.387	166	601919	2016	0.352
47	002116	2015	0.407	107	600262	2014	0.387	167	000016	2015	0.349
48	600027	2014	0.407	108	000819	2014	0.386	168	601600	2014	0.347
49	600011	2015	0.405	109	000819	2016	0.386	169	600876	2015	0.333
50	601898	2014	0.404	110	601179	2016	0.386	170	300105	2016	0.327
51	600378	2014	0.403	111	600320	2016	0.386	171	002106	2015	0.327
52	600685	2016	0.403	112	600026	2015	0.386	172	000953	2016	0.326
53	600850	2016	0.402	113	600027	2016	0.386	173	600262	2015	0.325
54	601808	2015	0.402	114	600101	2015	0.386	174	000922	2015	0.315
55	600011	2016	0.401	115	600101	2014	0.386	175	000922	2016	0.307

续表

排名	股票代码	年度	Z	排名	股票代码	年度	Z	排名	股票代码	年度	Z
56	300212	2015	0.400	116	000985	2014	0.385	176	601808	2016	0.258
57	300105	2014	0.400	117	601766	2016	0.385	177	600890	2014	0.244
58	000039	2015	0.399	118	600101	2016	0.385	178	600890	2016	0.071
59	002116	2016	0.399	119	601766	2015	0.385	平均值			0.392
60	300212	2016	0.399	120	000021	2014	0.385